이미지와 생명, 들뢰즈의 예술철학

DELEUZE: A GUIDE FOR THE PERPLEXED

DELEUZE: A GUIDE FOR THE PERPLEXED

Copyright © Claire Colebrook, 2006

All rights reserved

Korean translation copyright © 2008 by Greenbee Publishing Company

This translation of Deleuze: A Guide for the Perplexed is published by arrangement with Comtinuum International Publishing Group through Shin Won Agency Co.

이미지와 생명, 들뢰즈의 예술철학 —『시네마』, 예술, 정치학

초판 1쇄 인쇄 _ 2008년 7월 30일
초판 1쇄 발행 _ 2008년 8월 5일

지은이 · 클레어 콜브룩 | 옮긴이 · 정유경

펴낸이 · 유재건 | 주 간 · 김현경 | 책임편집 · 박재은
편집 · 박순기, 주승일, 강혜진, 임유진, 진승우, 김신회
마케팅 · 이경훈, 이은정, 정승연, 서현아 | 영업관리 · 노수준
경영지원 · 양수연 | 유통지원 · 고균석

펴낸곳 · 도서출판 그린비 | 등록번호 · 제10–425호
주소 · 서울시 마포구 동교동 201–18 달리빌딩 2층 | 전화 · 702–2717 | 팩스 · 703–0272

ISBN 978-89-7682-315-1 04100
      978-89-7682-302-1 (세트)

이 도서의 국립중앙도서관 출판시도서목록(CIP)은 e-CIP홈페이지(http://www.nl.go.kr/cip.php)에서
이용하실 수 있습니다.(CIP제어번호: CIP2008002317)

이 책의 한국어판 저작권은 신원에이전시를 통하여 저작권자와 독점계약한 도서출판 그린비에
있습니다. 저작권법에 의해 한국 내에서 보호를 받는 저작물이므로 무단전재와 복제를 금합니다.
책값은 뒤표지에 있습니다.잘못 만들어진 책은 서점에서 바꿔 드립니다.

그린비 출판사 나를 바꾸는 책, 세상을 바꾸는 책
홈페이지 · www.greenbee.co.kr | 전자우편 · editor@greenbee.co.kr

「시네마」
예 술
정치학

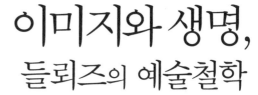

이미지와 생명,
들뢰즈의 예술철학

클레어 콜브룩 지음 | 정유경 옮김

ßB
그린비

이 책을 완성하도록
관대함과 친절함으로 서가를 제공해 준
로지 브라이도스와 아네케 스멜리크를 위해

이미지와 생명,
GILLES DELEUZE
들뢰즈의 예술철학

| 일러두기 |

1 이 책의 주는 지은이주와 옮긴이주로 구분되어 있다. 지은이주는 일련 번호(1, 2, 3……)로 표시되며, 후주로 정리되어 있다. 옮긴이주는 별표(*)로 표시되며, 각주로 삽입되어 있다. 또 옮긴이가 본문에 첨가한 내용은 대괄호([ ])로 묶어 표시했다.

2 본문 가운데 지은이가 영어판 원서에서 강조를 위해 이탤릭체로 표기한 부분은 고딕으로, 대문자로 표기한 부분은 굵은 글씨를 사용하여 표시했다.

3 본문에 인용된 원서 가운데 국역본이 있는 경우에는 그 책명을 그대로 사용하였다. 단 『앙띠 오이디푸스』와 『천 개의 고원』은 각각 『안티 오이디푸스』와 『천의 고원』으로 표기했다.

4 단행본과 장편소설에는 겹낫표(『 』)를, 영화·단편소설·시 등에는 낫표(「 」)를 사용했다.

5 외국 인명이나 지명, 작품명은 2002년에 〈국립국어원〉에서 펴낸 '외래어 표기법'을 따라 표기했다.

6 본문에서 저자가 인용한 들뢰즈 혹은 들뢰즈·가타리의 저서는 모두 영어판으로서 후주에 '약어, 쪽수'로 표기했다(예 : AO, 40). 인용된 영어판의 약어는 아래와 같다. 영어판의 자세한 서지 사항과 프랑스어 원서의 제목은 이 책 뒤의 참고문헌에 따로 정리했다. 또 들뢰즈·가타리 저서 외의 인용한 저서들 역시 전부 영역본이며, 후주 뒤에 '저자명, 영역본 발간연도, 쪽수'로 표기했다. 자세한 서지 사항은 역시 참고문헌에 정리했다.

AO Anti-Oedipus: Capitalism and Schizophrenia 1　*B* Bergsonism
C1 Cinema 1: The Movement-Image　*C2* Cinema 2: The Time-Image
CC Essays Critical and Clinical　*DR* Difference and Repetition
ES Empiricism and Subjectivity: An Essay on Hume's Theory of Human Nature
F Foucault　*K* Kafka: Toward a Minor Literature
KCP Kant: Critical Philosophy　*LB* The Fold: Leibniz and the Baroque
LS The Logic of Sense　*N* Nietzsche and Philosophy　*PS* Proust and Signs
S Expressionism in Philosophy: Spinoza
TP A Thousand Plateaus: Capitalism and Schizophrenia 2
WP What is Philosophy?

서론_ 이미지와 테크놀로지

이 책은 질 들뢰즈Gilles Deleuze의 철학에 대한 개관인 동시에 옹호이다. 하지만 이 책은 들뢰즈가 영화에 관해 쓴 책들을 길게 논의하며 시작한다. 들뢰즈 사유의 '표본'과는 거리가 멀지만, 영화에 대한 들뢰즈의 개입이나 그의 철학이 그와 같은 개입의 형식을 취한다는 사실은 들뢰즈 철학의 본성에서 핵심적이다. 들뢰즈의 사유를 길들여 온 관념idea을 하나 꼽자면 그를 생기론자로 보는 입장을 들 수 있다.[1] 여타 프랑스 후기구조주의 사상가들이 생명, 현전, 존재, 현실이 (언어와 같은) 체계를 통해 구성되는 방식에 집요하게 매달린 데 반해, 들뢰즈는 언제나 생명으로부터 체계의 발생을 설명했다. 그럴 때 들뢰즈 사상에 신비주의가 있다고 보는 것이 가능했다. 그래서 그가 어떤 궁극적인 생기적 생명vital life을 긍정하며, 그 생명은 그것이 창조하는 살아 있는 형식들 속에서만 직관할 수 있을 뿐, 그것 자체를 직관할 수는 없다는 주장도 가능했다. (왜냐하면 그와 같은 모델에서는 생명 그 자체는 있을 수 없고 오직 생명의 창조들만이 있을 수 있기 때문이다.) 이런 생각은 들뢰즈 철학에서 생명의 개념과, 생명 개념의 형성에 대한 천착이 결정적이라는 점에서 부분적으로 옳다. 그러나 들뢰즈가 그의 철학적 삶 전체를 바쳐 창조한 생명 개념은 차이*difference*의 개념이다. 요컨대 생명을 차이로 직관할 수 있다는 것이다——그것은 어떤 것으로 먼저 존재하고 비로소 변화하고 차이화하는 것이 아니라, 차이화하는*to differ* 역능이라는 것이다. 들뢰즈가 주장하듯, 철학이 개념들의 능동적인 창조이고, 선善으로 여겨지는 것 혹은 상-식적commonsensical 사유함으로 여겨지는 것에 대해 기존에 형성된 이미지들을 받아들이는 것이 아니라면, 그 탁월한 철학적 개념은 차이의 개념이 될 것이다. 그러므로 들뢰즈는 철학이 순수하다거나 순수하게 형식적이라는 관념을 거부한다. 또한 철학은 오류들의 정돈도, 일상의 사유함에서 추상된 논리의 창조도, 어떤 참되고 합리적인 주체에 의해 요구되어야 할 것으로의 환원도 아니다. 반대로, 사유함*thinking*은 생명의 활동이되, 그것은 반드시 불가피하게 혹은 필연적으로 사유해야 하는 것은 아닌 생명이다. 철학과 합리주의의 주장에도 불구하고, 주변의 모든 것에서 우리는 오류를 거뜬히 넘어서는 사유함의 부재, 악의, 어리석음과 조우한다. 그러므로 사유함이 필연적이지 않고 다만 잠재적인 것일 뿐이라면 우리는 이런 두 질문을 던질 필요가 있다. 사유함이 가능하게 되는 생명이란 무엇인가? 생명의 사유와 같은 것은 어떻게 출현하는가?

들뢰즈는 진화하고 분투하며 발전하는 어떤 역능으로서의 생명이 있어서 먼저 인간의 두뇌를 창조하고, 그것[인간의 두뇌]이 비로소 그 창조하는 생명을 이해할 수 있다고 주장하지 않는다. 그는 사유가 출현하지 않을 수 있었다는 가능성——사유함의 부재를 향한 경향을 대면한다. 그와 펠릭스 가타리Félix Guattari는 『안티 오이디푸스』에서 우리가 먼저 고려해야 할 것은 욕망이고, 생명과 죽음은 욕망이 유기체들과 그것들의 사멸을 생산하는 방식들이라고 주장하고자 한다. 이것은 들뢰즈·가타리가 창조적으로 흐르는 생명과 부정적이고 파괴적인 죽음을 대립시키는 대신, 생명과 죽음이 출현하는 하나의 면 혹은 실체를 가정함을 의미한다. 그들은 한편에 유기체의 생명, 특정하고 안정된 연속성을 가지고 있다가 죽는 인간 신체의 생명이 있다고 주장한다. 서구의 사유함은 너무나 자주 생명을 이런 살아 있는 신체의 이미지에서 정의해 왔다. 이에 반하여 제시되는 것이 들뢰즈·가타리의 욕망 개념이다. 이것은 생명인 동시에 죽음인데 왜냐하면 지극히 문자적인 수준에서는 이 신체나 저 신체의 죽음은 전혀 부정적인 것이 아니기 때문이다. 유기체의 죽음이 없다면 변화도 진화도 생명도 그 근본적인 의미에서 존재하지 않을 것이다. 이러한 근본적인 의미에서의 생명 ──그 자신의 생명에 결박된 유기체의 것이 아닌 생명── 을 들뢰즈·가타리는 '탈脫기관체' 라 부른다. 『안티 오이디푸스』에서 탈기관체는 닫힌 유기체가 아니다.

> 탈기관체는 죽음의 모델이다. …… 죽음의 모델은 탈기관체가 기관들을 떨쳐 버리고 배제할 때, 그러니까 입도, 혀도, 이도 없는──자기-절단self-mutilation의 지점, 자살의 지점에 이를 때 나타난다. 그러나 탈기관체와 부분대상들로서의 기관들 사이에 실재적인 대립은 없다. 즉 유일한 실재적 대립은 그 둘에게 공통의 적인 몰적 유기체에 대한 것이다. …… 따라서 아마도 삶 욕동에 대한 질적 대립일 죽음 욕동에 관해 말하는 것은 부조리하다. 죽음은 욕망되지 않으며, 다만 탈기관

체 혹은 부동의 동력immobile motor의 힘으로 욕망하는 죽음, 또한 작동하는 기관들의 힘으로 욕망하는 삶[생명]이 있을 뿐이다.[2)]

그렇다면 한편에 자기-증식적이고 다산적이며 세계를-드러내는 생명이 있고, 다른 한편에 점點으로 존재하는 [혹은 점적인] 불활성의 고립된 신체가 있는 것이 아니다. 이는 생명과 죽음의 원리를 대립시키는 것이 유기체임을, 그리고 그 유기체의 이미지가 욕망에 실제로 대립하는 것임을 우리가 이해해야 하기 때문이라고 들뢰즈·가타리는 주장한다. 흐르는 생명과 불활성의 죽음의 대립이 아니라, 속박된 유기체와 욕망 사이의 관계가 있다. 그렇다면 생명을 극대화하는 흐름, 발생, 생산을 재생하는re-living 윤리학은 비관계적인 것 혹은 불활성인 것과 대립하지 않는다. 대신 (차이의 복수적 정도들로서의) 생명인 동시에 강도=0의 죽음이기도 한 욕망의 사유에서 우리는──사유함과 같은──어떠한 생명의 형식이라도 0으로 환원되는 것을 상상할 수도, 또한 이 0도에 접근해 갈 때의 생명의 여러 지점들(고문이나 신체적 소진이나 문화적 공허의 경우)에 대해서 생각해 볼 수도 있다. 실증적 사물들의 명료하고 일상적인 세계 이외에 강도=0의 필연적인 세계도 존재하는데, 왜냐하면 강도=0, 즉 더 이상 차이를 만들거나 차이가 느껴지지 않게 되는 지점의 가능성이 없다면 어떠한 질도 상상할 수 없기 때문이다.

죽음의 경험은 무의식에서의 일어남들 가운데 가장 공통된 것으로, 이것은 바로 그것이 생명 안에서 생명을 위하여, 모든 이행 또는 생성

속에서, 이행 또는 생성으로서의 모든 강도 안에서 일어나기 때문이다. 모든 강도는 바로 그 본성에서, 자기 안에 스스로가 그로부터 시작되어 생산된 강도 0을 투여한다.[3]

가타리와 더불어 『안티 오이디푸스』를 구성하기 훨씬 전부터 들뢰즈는 생명을 그로부터 정신과 신체, 언어가 흘러 나오는 어떤 궁극적인 정초foundation로 보는 비非창조, 불활성, 비차이, 죽음에 대립되는 생명 관념을 거부하는 데 대한 엄정한 철학적 이유를 제시해 왔다. 들뢰즈는 '생명'이 그 가장 근본적인 의미에서 이미 우리가 통상 죽음으로 여기는 것까지 포함한다는 점을 지속적으로 주장했다. 그는 일탈, 잉여, 파괴, 잔혹성, 우발성을 생명의 외부에서 일어나거나 외부에 놓인 우유偶有, accident들로 보기를 거부했다. 생명과 죽음은 욕망 또는 '내재면'의 측면들인 것이다. 이는 우리에게 들뢰즈 철학의 유일무이한 도전이 무엇인지 보여 준다. 모든 전통적 철학──모든 사유하지 않는 도덕성──은 생명과 죽음의 대립에서 출발한다. 선이 생명을 증식하는 것이라면, 악은 생명을 파괴하는 것이다. 악은 생명에 대립되거나 그 외부에 존재한다. 이를테면 우리는 예술이 한낱 생명의 모사물, 다만 하나의 이미지 혹은 왜곡이라는 이유로 그것이 타락한 것이라고 말할 수 있을 것이다. 아니면 우리는 예술이 생명에 생기를 주고 우리가 우리 자신의 창조적 영혼이 지닌 역능을 느낄 수 있도록 도와준다고 말할 수도 있다. 그러나 들뢰즈는 어떤 것이든 그런 선先결정된 대립에 의존하지 않는다. 무엇인가가 생명을 촉진하므로 선하다고 말하는 대신, 그는 훨씬 어려운 질문을 던진다. 어떤 것──하나의 정치적 형식, 예술 작품 혹은 철학——이 생명의 어떤 스타일을 가능케 하는지를 묻는 것이다. 그러므로 들뢰즈의 생명 개념은 두 가지 이유에서 생기론적이지 않다. 첫째, 비록 그가 어떠한 활동이나 사건이 어떻게 출현하는지를 질문할——그리하여 우리가 합리적인 '인간' man* 에서 시작하는 대신 '인간'이 어떻게 가능하며 그가 표현하는 생명이 무엇인지 물을——책임이 있다고 여김에도 불구하고, 들뢰즈는 또한 발생과 출현을 현실성이 아닌 잠세성potentiality의 관점에서 연구한다. 요컨대 우리는 합리적 개인에서 출발하여 이성이 가능한 삶은 어떤 것이어야 하는지를 물어야 하는 것이 아니라, 훨씬 광대한 포텐셜 potential이 표현되는 한 방식으로 합리성을 보아야 한다. 이것은 생명이 현실적으로 생산된 것으로,[4] 펼쳐진 세계로 환원될 수 없음을 뜻한다. 왜냐하면 정당하게 사유해 볼 때 생명은 창조하는 역능 혹은 포텐셜이(고 어떤 고유하거나 예정된 목적의 창조가 아니)기 때문이다.[5] 둘째로 들뢰즈는 생명이 어느 정도만 사유될 수 있을 뿐이며, 우리는 사유가 그 자체가 아닌 것과 조우할 때 비로소 사유함의 완전한 포텐셜을 해방시킬 수 있음을 보여 주었다. 철학은 그것이 정신과 이성 **그리고** 인간성humanity에 대한 그 고유한 이미지들 밖으로 걸어 나갈 때 비로소 사유하기 시작할 수 있다.[6] 이 때문에 들뢰즈는 테크놀로지를 철학 **그리고** 생명의 심장부에 앉힌다. 인간의 생명은 사유하는 역능이나 포

---

* 콜브룩이 특별히 이 단어에 따옴표를 단 것은 인간=남성이라는, 이 단어 자체에 담긴 남성 중심주의를 강조하면서 동시에 비판하기 위함이다. 다시 말해 인간중심주의의 맥락에서 인간human이 인간과 인간의 범주 바깥에 있는 존재를 구별하기 위한 말이라면, '인간'은 서구 전통 사회의 표준적 인간을 이루는 요건으로서의 남성성을 함의하는 표현이다.

텐셜을 가지고 있으며, 우리는 다만 이 역능을, 그것이 스스로 전개될 때가 아니라 다른 역능들과 조우할 때만 이해할 수 있다. 인간의 두뇌는 그 자체가 아닌 것과 대면할 때 비로소 최대치로 끌어올려질 수 있으며, 비사유*unthought*, 우유, 비사유함*unthinking*을 대면할 때 우리는 비로소 사유를 시작할 수 있다. 인간이 탈인간적인inhuman 것을 만날 때 비로소 우리는 인간 신체가 무엇을 할 수 있는지 알 수 있고, 생명이 폭력, 파괴, 죽음, 강도=0을 향해 열릴 때 무엇이 '하나의' 단일한 생명으로 여겨지는지 ─ 존재하지 않는 그것의 모든 포텐셜들로부터의 그것의 불확실한 거리距離와 그것의 출현을 ─ 비로소 식별할 수 있게 된다. 이런 이유에서 이 책의 첫 부분은 들뢰즈의『시네마』두 권을 다룰 것이다. 바로 이 책들에서 우리가 우리와 기계들의 관계를 대면할 때 창조적 철학과 인간의 두뇌가 어떻게 생성할 수 있는지가 밝혀지기 때문이다.

전통적인 이해에 따르면, 테크놀로지는 생명에 부가된다. 분투하고 자기 확장적이며 성장하는 생명이 우선 있고, 비로소 테크놀로지가 생명의 고유한 역능을 연장한다. 우리는 그럴 때 테크놀로지가 더 이상 생명에 봉사하지 않고 생명을 예속시킨다고 비난할 수 있다. 우리는 사유하고 기억하고 상상하는 살아 있는 역능들이 먼저 있고 비로소 글쓰기, 기록, 상징주의와 같은 기술적 장치들이 생겨나 살아 있는 형식을 보다 규칙적이고 체계적이고 안정적으로 묘사한다고 상상한다. 그와 같은 이해를 따를 때 우리는 생명을 현실적으로 주어진 것으로 ─ 사유하는 인간 생명으로 ─ 여기고 테크놀로지를 연장延長으로 본다. 테크놀로지를 부가적인 것이나 **실재적으로** 살아 있지 않은 것으로 여기는 이런 관념은 잠재적인 것에 대해 제한된 이해를 초래한다. 이미지, 창조, 생명의 재생은 부차적인 것 혹은 생명에 덧붙여진 것으로 여겨지고, 따라서 '잠재적 현실'은 한낱 추가물로 여겨진다. 이 대목에서 들뢰즈는 생명과 이미지의 관계를 전복하는 두 주요한 책략을 고안해 낸다. 이는 그의 『시네마』에서 가장 명료하게 드러나지만 초기 저작에서 플라톤주의의 전복을 정의할 때도 명백하게 나타난다.

첫째로 들뢰즈는 시뮬라크르simulacrum가 생명의 부차적 이미지가 아니라 생명 자체라고 재정의한다.[7] 요컨대 자족적이고 완전히 현실화된, 완전하게 현전하는 생명이 우선 있고 비로소 이미지와 재현들을 형성함으로써 생명이 그 자체가 아닌 것과 관계를 맺는 것이 아니다. 그러므로 들뢰즈는 어떤 식으로든 그 바깥의 세계를 알거나 발견하게 되는 정신 혹은 의식으로부터 출발하지 않으며, "우리는 무엇을 알 수 있는가?"라거나 "우리가 세계에 대해 가지고 있는 이미지들은 얼마나 정확한가?" 하는 따위의 질문으로 철학을 시작하지 않는다. 그는 인간의 생명이나 유기체의 생명에서 시작해 의식이 어떻게 존재하게 되는지를 묻지 않는다. 왜냐하면 그는 우선 생명을 사물이나 유기체의 집합으로 보고 비로소 지각하지 않기 때문이다. 오히려 생명이 지각작용이고, 혹은 관계 짓고 이미지화하는 잠재적 역능이다.[8] 예컨대 뇌, 신체 기관들, 외부의 자극 사이의 접속이 없다면 정신이나 의식은 있을 수 없다. 인간 유기체 그리고 인간 유기체와 세계가 맺는 모든 관계를 형성하는 신체 부분들 사이의 이러한 접속들이 지각작용들 혹은 이미지들인 것이다. 진화하는 생명은 지각하는 반응들의 그물망에 다름 아니다——세포들은 다른 세포들에 반응하고 적응하여 단순한 생명 형식들을 형성하고, 그 생명 형식들은 환경에 반응하거나 환경을 '지각한다'. 정신이나 생명이 먼저 존재하고 비로소 이미지들의 지각 작용이 있는 것이 아니다. 생명은, 바로 어떤 것이 그것의 반응들로 '있기' 때문에 이미지화imaging이고, '지각작용'의 형식을 취하는 관계들의 면이기 때문이다. 현실적인 조건—한편에는 '정신', 다른 편에는 '세계'—이 있기 전에 관계를 위한 포텐셜이 있다. 그리고 들뢰즈는 '이미지들'이 관계들을 가장 잘 설명할 수 있는 말이라고 본다.

들뢰즈는 인간의 의식이나 정신을 이미지와 관계의 유일한 지점으로 보지 않는다. 그는 분명히 세계가 외양들을 어떤 의미 있는 전체로 종합하는 의식에 의해 구성된다고 주장하는 것이 아니다. 의식 이전에, 그리고 의식을 넘어서 이미지나 자극이나 지각작용이 있기 때문이다. 한 세포의 생명은 그것이 다른 세포들과 맺는 관계들에 의해 현실화된다. 각각의 세포는 관계들의 다양성을 위한 포텐셜을 갖고 있지만 이 세계에서는 지금과 같은 관계 속에 현실화된 것이다(그러나 다른 관계들, 다른 가능한 세계들이 있을 수 있다). 말벌은 살기 위해, 그리고 한 마리 말벌이기 위해 양란洋蘭과 접속해야만 하고, 양란은 오직 이 양란에서 저 양란으로 옮겨 다니는 말벌에 의해서만 그 생명을 보존할 수 있다. 그러므로 생명은 한 존재로 먼저 있은 후에 비로소 진화하거나 차이를 만드는 것이 아니라 차이를 생성하는 포텐셜이며, 역능들 사이의 접속과 관계 속에서 현실화된 하나의 포텐셜이다. 이러한 접속들과 생산을 시뮬레이션이나 '이미지화'의 과정으로 말하는 이유는 무엇인가? 요점은 들뢰즈가 역능이나 포텐셜이 미리 결정된 관계들을 갖지 않는다고 본다는 것이고, 그러므로 빛의 파동이 눈에 의해 색채로 지각될 수 있다면 색채가 다르게 현실화될 수 있는 포텐셜을 가진 다른 세계를 상상할 수도 있다는 것이다. 빛의 파동은 열熱로 지각될 수도 있다. 그리고 눈 자체가 빛의 문제에 대한 반응으로 진화되어 왔다면 다른 창조의 선들도 있을 수 있다.

관계들을 지각작용이나 이미지들로 기술함으로써 들뢰즈는 앙리 베르그손Henri Bergson의 순수 지각작용 관념에 의존하고 그것을 확장한다. 우리는 '순수 지각작용'의 한정된 경우를 상상해 볼 수 있다. 그럴 때 하나의 항은 다른 항에 비매개적이고 완전하게 관련된다—예컨대 빛의 모든 광선과 파동을 완전하고 전적으로 흡수할 하나의 눈이 그렇다. (이것은 신의 시점이 될 수밖에 없다. 모든 현실의 눈은 시점에 적응해야 하고 그 나름의 방식으로 빛을 지각하기 때문이다.) 우리는 분자적 생명이 그 같은 비매개적 지각작용에 가까운 어떤 것을 가진다고 상상할 수 있다. 하나의 분자는 자신과 다른 것의 관계를 결정하거나 상상하지 않는다. 그러나 각각의 분자는 자신의 외부에 반응하고 외부와 조응하는 한 지각하는 것이다. 수소 원자는 산소와 접속할 때 특정한 방식으로 움직인다—혹은 존재한다. 거꾸로 이런 접속들은 그들의 접속에 따라 움직이거나 지각한다. 우리는 생산된 관계가 각 항들의 포텐셜이 다른 역능이나 포텐셜과 맺는 구체적인 관계를 통해 실현되는 방식에 따라 규정되는 한 이것을 '분자적 지각'이라고 부를 수 있을 것이다. 관념적으로 '순수 지각작용'은 지연遲延 없는 관계일 것이다. 이와는 대조적으로 인간의 지각작용은 그 나름의 조건 속에서 그 자신이 아닌 것을 지각한다. 눈은 파동과 차이의 복잡성을 안정된 사물들의 세계로 환원시킨다. 인간의 지각작용은 '비결정의 지대'에 실존하는 것으로서, 그러므로 눈의 역능은——이미지가 접수되지만 가공되지는 않는——관조적 감응contemplative affection에 의해서가 아니면——이미지가 인간 신체의 감각-운동 장치sensory-motor apparatus를 자극해 움직이고 행동하게 하는——행위에 의해 실현될 것이다. 그러므로 인간의 지각작용은 지연이나 결단 없이 오로지 그것이 받아들이는 것 자체인 분자적 지각작용——순수 행동——과 행동하거나 운동하거나 수용된 이미지들을 선별하지 않는 가운데 현시된 것의 차이와 복수적 포텐셜을 지각할 수 있는 순수 지각작용(신의 시점 혹은 생명 전체의 포착) 사이에 위치될 수 있다.[9] 그러나 그와 같은 순수 지각작용이란 하나의 극단일 뿐이고, 생명에는 언제나 하나의 역능과 다른 역능 사이의 선별과 비대칭이 존재하기 마련이다. 하지만 들뢰즈는 지각작용이 아무런 차이나 관계를 만들지 않는 '강도=0'과, '무한한 속도'의 포텐셜, 혹은 모든 가능한 관계들 속의 포텐셜에 대한 사유인 철학이라는 두 가지를 모두 상상하면서 자신의 철학 전반에서 이 양 극단을 가지고 작업한다. 철학은 이미지들에 대한 **능동적인** 관계를 지연하는 뇌의 역능으로, 여기서 우리는 생명의 필요에 따라 선별하고 운동함으로써 이미지들의 모든 복잡성, 차이, 포텐셜이 사유되는 것을 허용하면서 순전히 관조적인 관계를 획득한다.

그럴 때 사유함이란 살아 있는 물질이 아닌 잠재적인 것의 최대화일 것이다. 특수하고, 현실화된 유기체, 즉 우리 자신을 위하여 우리와 대면하는 차이들을 좇는 대신에 우리는 그 이미지와 차이들을 그것들 자체로, 인간과 그 구체적인 조직화하는 이해利害 너머의 어떤 존재든 될 수 있는 것으로 사유할 수 있을 것이다. 모든 생명은 시뮬레이션이며, 고유의 이미지란 없다. 역능의 어떠한 현실화든 그것은 그 역능이 지닌 포텐셜의 한 특수한 제한일 뿐이다. 우리가 보는 세계는 하나의 가능한 세계, 다른 세계들 또는 '탈주선들'을 담지하고 있는 역능과 포텐셜들의 어떤 세계의 현실화 혹은 한 가지 표현이다. 이 탈주선들은 기존의 우리 자신을 강화함으로써가 아니라, 새로운 관계들, 이제까지 양-식, 상-식, 서구적 이성을 가진 '인간'을 양산해 온 포텐셜들의 새로운 현실화들을 창조함으로써 해방될 수 있다.[10]

이는 들뢰즈 저작의 두번째 주요한 개입으로 이어진다. 우리가 우리 자신을 인간적 관점으로부터 해방함으로써만 이미지화하는 생명의 잠재적 포텐셜을 실현할 수 있는 것이라면 테크놀로지는 인간 생명의 연장extension이나 인류가 자신의 역능을 지배하고 최대화하는 방식이 되지 않을 것이다. 테크놀로지는 새로운 접속과 횡단을——새로운 지각작용들을 가능하게 해줄 것이다. 들뢰즈가 영화가 새로운 철학을, 또는 사유하는 것이 무엇인가에 대한 새로운 고찰을 요구한다고 여기는 것은 이런 의미에서다. 영화는 인간을 그 자신의 현실적으로 무엇임으로부터 해방하여 그 자신을, 그리고 그의 세계를 다르게 상상하고 그의 탈인간적[11] 포텐셜을 해방하도록 해줄 테크놀로지다. 이런 이유로도 이 책의 첫 장은 들뢰즈의 『시네마』를 살펴보는 것으로 시작할 것이다. 들뢰즈를 생기론자로, 신플라톤주의자로 혹은 1차적으로 수학과 물리학에 경도된 사상가로 읽는 경향이 있다.[12] 그럴 때 영화, 문학, 회화, 과학, 정치학에 관한 그의 모든 저작들은 마치 표현하는 생명, 궁극적으로 근원적이고, 즉자적이며 모든 생성의 원인으로 존속하는 생명의 사례들instances에 불과한 것처럼 여겨진다.[13] 그런 독해에서는 어떠한 현실적 존재도 생명의 사유에 적절하지 않을 것이고, 그러므로 철학은 생명의 표현들을 극복하여 표현하는 차이 자체의 직관에 도달하려 애쓰게 될 것이다. 그러나 들뢰즈에 대한 그런 독해는 그가 생명의 새로운 전체를 창조하는 표현이나 생명의 현실화를 그처럼 강조한 것을 훼손하는 것임에 분명하다. '열린 전체'라는 관념은 그의 『시네마』에서 매우 결정적인 것으로, 자신의 표현들 바깥에 존재하지 않는 생명을 가리킨다. 즉 하나의 생명이 먼저 있고 비로소 시간이 흘러감에 따라 상이한 존재들로 펼쳐지는 것이 아니다. 오히려 시간의 펼쳐짐은 존재의 철회undoing, 차이의 증식, 여하한 닫힌 형식의 파괴이다. 영화, 이미지들 사이의 접속의 창조, 혹은 인간의 눈과 이미지들의 짝짓기는 특별하고 우발적인 접속——카메라와 눈——이 생명이 접속한다는 것이 무엇인가에 대한 새로운 사유를 열 수 있음을 보여준다. 이것은 역으로 새로운 생명, 새로운 포텐셜들을 열 것이다. 말하자면 철학, 과학, 예술의 창조들은 수동적으로 생명을 읽는 것이 아니라, 생명을 재-창조한다. 우리가 오늘날 영화의 출현으로 인해 시간에 대해 달리 생각하게 되었다면, 이것은 단순히 우리가 생명에 대한 다른 관념이나 이미지를 가지게 되었다는 의미만은 아니다. 이는 생명 자체가 다르다는 (그리고 우리는 '생명 자체'가 바로 이러한 다르게 될 수 있는 포텐셜임을 인식한다는) 것을 의미한다. 그렇다면 비록 이 책의 1, 2장이 영화에 초점을 맞추고 있기는 해도 그것은 다만 영화라는 것이 새로운 시작인 한에서다. 일단 영화가 가능하게 만든 것이 무엇이며 그로 인해 우리가 어떻게 다르게 사유하게 되었는지를 깨닫는다면, 우리는 비로소 정치학, 예술, 철학에 다르게 접근할 수 있을 것이다.

1_ 시네마, 사유, 시간

들뢰즈의 『시네마』

들뢰즈가 쓴 두 권의 『시네마』(프랑스에서는 각기 1983년과 1985년에 출간되었고, 영어로 번역된 때는 각각 1986년과 1987년이다)는 명백히 영화에 관한 책들이다——첫 권은 고전 영화, 혹은 2차 세계대전까지의 영화와 오손 웰스Orson Welles의 작품들을 다루고 있고, 둘째 권은 레네Alain Resnais, 브레송Robert Bresson, 고다르Jean-Luc Godard가 지배한 현대 영화를 다룬다. 그러나 보다 중요한 사실은 이 책들이 주로 시간과 공간에 관한 논의를 담고 있다는 점이다. 이 논의는 영화라는 주제를 넘어서 연장되고, 생명의 본성 자체에 대한 대담한 주장과 서로 얽혀 있다. 들뢰즈가 자신의 저작 전반을 통해 생명의 '기계들'을 언급한 것은 우연이 아니며, 은유로서도 아님이 확실하다. 왜냐하면 그의 전全 저작이 '기계적'인 생명 개념에, 즉 자연과 기술의 역능들 사이의 풍부한 접속들에 지배되고 있기 때문이다. 영화의 스크린과 조우한 눈은 하나의 기계를 형성한다. 그러나 대지와 조우한 손 또한 기계를 형성하고 하나의 도구로서 작동한다. 또한 여하한 생명-형식을 구성하는 유전적 물질의 흐름들은 바로 그들이 구성하는 형식들이 재배치하고 재접속하여 다른 형식들을 생산할 수 있다는 점에서 기계들이다. 들뢰즈가 주장하듯 '뇌는 스크린이다'라고 말할 수 있는 것은 뇌가 그것이 경험하는, 그리고 그것이 신체의 능동적이고 수동적인 역능들을 통해 조직하는 조우들로 구성되기 때문이다.[1] 영화사는 인간의 역사 내의 어떤 사건이 아니다. 왜냐하면 '인간성'은 그것이 생산하고 조우하는 기계들을 통해서 변형되어 왔기 때문이다. 또한 '인간'은 영화 장치cinematic apparatus와 짝 지어질 때 완전히 다른 기계가 된다. 생명이 매번의 창안과 더불어 차이화하는 가운데 그 산물들을 통해 교체된다고 주장하는 이외에 들뢰즈는──인간 테크놀로지의 역사와 같은──일련의 변화들 역시 질적인, 또는 판명한 도약을 만들어낼 수 있다고도 주장했다. 그럼으로써 하나의 기계가 전적으로 다른 생산 양식을 개시하게 될 수 있다는 것이다. 영화가 바로 이런 종류의 기계일 수 있다(그러나 생명을 실재적으로 변형시키는 것은 문학 기계나 건축 기계가 될 수도 있을 것이다. 즉 들뢰즈·가타리는 많은 기술들의 포텐셜들에 대해 열려 있으며 그들의 유산이 어떻게 확장될 것인지는 앞으로 두고 볼 문제이다[2]). 들뢰즈는 영화가 단지 우리에게 생명을 새롭고 흥미로운 방식으로 다루도록 해주는 또 하나의 테크놀로지 또는 실천으로, 생명을 혁명화할 수 있는 하나의 문화적 실천이기만 하지는 않다고 주장한다(물론 영화는 매우 중요한 방식으로 혁명적일 수 있다). 영화는 나아가 '우리'──사유의 전全 역사를 담지하고 있는 뇌를 소유한 인간들──로 하여금 우리의 역사가 그 자체로 테크놀로지적인, 즉 재배치하고, 변이하고, 증식하는 기계들로 구성된 역사임을 인식함으로써 우리와 테크놀로지의 관계를 재고하도록 해준다. 영화는 뇌-눈-신체 기계와 카메라-스크린 기계의 조우이다. 그리고 사유를 인간의 역사에로 열리게 하는 것, 나아가 사유가 인간을 초월하도록 해주는 것이 이 조우이다. 외견상 인간을 보충하고 구성하는 듯한 영화의 테크놀로지는 탈인간에로 열린다.

테크놀로지

들뢰즈가 테크놀로지를 통한 비인간에로의 이러한 이행을 어떻게 구상했는지를 살펴보기 전에 몇 가지를 주의 깊게 정의할 필요가 있다. 우선 테크놀로지를 그 본질적인 의미에서 이해해야 한다──그리고 이것은 우리를 공간과 시간에 대한 보다 폭넓은 논의로 직접적으로 데려간다. 테크놀로지(희랍어 테크네*techne*에서 기원했다)란 생명의 효율을 극대화하는, 반복 가능하거나 일정한 실천이다.[3] 어느 정도까지 (우리는 이 책 전반을 통해 이 문제로 되돌아올 것이다) 봄*seeing*은 하나의 테크놀로지다. 다시 말해 지각작용은 거기 있어 눈에 보이는 모든 것을 파악하거나 받아들이지는 않는다.[4] 오히려 우리에게는 눈이 이미 습득한 방식에 따라 세계를 지각하는 경향이 있다. 그럴 때 눈앞의 장면은 다른 모든 장면들과 유사하게 수많은 인식 가능한, 개념화된 대상들로 가득한 것으로 인식된다. 시각의 테크놀로지는 다른 모든 테크놀로지와 마찬가지로 생명 그 자체가 아니며, 하나의 순수 지각작용으로서 그것이 노출되어 있는 복잡성과 차이를 완전히 포괄하지도 않는다. 하나의 테크놀로지는 생명의 포텐셜의 연장이자──그러므로 글쓰기는 뇌의 연장이다──생명의 변형작용이다. 일단 글을 쓸 줄 알게 되면 우리는 새로운 포텐셜들을 여는 과학과 철학을 창조할 수 있기 때문이다. 그러므로 하나의 테크놀로지는 생명의 연장인 동시에 생명의 상실이다. 어떤 길들을 버리고 저것 대신 이 포텐셜들을 현실화시키지 않고서는 생명은 계속 살아갈 수 없을 것이기 때문이다. 이런 의미에서 테크놀로지의 문제를 들뢰즈적 관점에서 고려한다면 그것은 생명의 재정의이다. 다시 말해 생명은 표현들, 생산들, 운동들의 한 포텐셜 이상의 것이 아니다. 그러나 그와 같은 표현들은 우발적이다──어떤 길들은 현실화될 테고 어떤 것들은 그렇지 않을 것이다. 그렇다면 생명의 진행 중인 현실화에는 필연적인 비-생산 혹은 비-현실화('남아 있는-잠재적인' 것)가 있다.

하나의 테크놀로지는 진행 중인 에너지의 극대화를 허용하는, 기존에 수립된 일련의 관계들이다. 그러나 생명을 위한 에너지의 절약은 어느 것이나 얼마간의 생명을 포기한다. 눈은 그 시각장 안에서 모든 파동을 받아들이고 신호를 보내지는 못한다. 즉 기본적인 대상들을 파악함으로써 눈은 움직이는 인간 신체를 구성하는 일단의 관계들 안에 조직된 세계로 효과적으로 접근할 수 있게 된다. 눈과 구체화된 뇌가 역사를 따라 흘러감에 따라 언어로부터 스펙터클, 망원경, 현미경, 카메라, 컴퓨터 들에 이르는 테크놀로지들은 인간의 운동이 보다 적은 사유와 에너지를 요하게 만들고, 그럼으로써 더 진보한 기술들의 창조를 가능하게 한다.[5] 이것은 이미 역사가 하나의 신체──인간 신체──가 시간을 통해 지나가는 연쇄들이 아니라, 이미 하나의 변이하는 속도들의 면임을 의미한다. 눈이 보다 적은 시간을 들이도록 해주는 테크놀로지들——이를테면 우리가 어떤 장면을 보고 거의 즉각적으로 그 의미를 파악하도록 해주는 개념들——은 수기手記, script와 음성의 수준에서 보다 큰 노력과 노동을 요구한다. 자신의 세계 속을 천천히 움직이며 주변의 장면을 받아들이고 정복하려고 애쓰는 유아의 눈을 상상해 보자. 시각적 형식들, 개념들, 언어, 운동신경의 효율성을 획득함에 따라 그 아이는 더 많이, 더 빨리 운동할 수 있다. 충분히 세련된 오성을 갖춘 뇌는 시각적으로 현전하지조차 않는 것을 파악할 수 있다. 감각 혹은 현재를 넘어 진정하게 존재할 것을 사유하는 능력은 '무한한 속도'로 움직이는 사유다. 인간 역사의 현 지점을 둘 중 한 가지로 읽을 수 있다. 번개 같은 속도로 움직이는, 그래서 인간이 스스로를 뛰어넘어 버리게 해주는 테크놀로지를 습득함으로 인해 너무 큰 권능을 부여받아 결코 동일하거나 정지해 있지 않게 된 것으로 보거나, 아니면 잠식하는 노령으로 보는 것이다——우리는 외부에 있는 것에 너무 익숙해져서 사유함을, 경험하기를 멈추어 왔다. 들뢰즈는 우리가 이 두 가지 가능성들 사이에 자리 잡고 있다고 주장한다. 그것은 극단적인 차이가 되기 위해 그 변화율을 가속할 수 있는 생명의 가능성 그리고 그 변화의 스타일에 너무나 익숙해져서 생성하기를 멈춘, 살기를 멈춘 생명의 가능성이다. 이 두 가지 가능성들은 모두 자본주의의 가능성들이다. 들뢰즈·가타리에 따르면 자본주의는 극단적인 **탈영토화** *deterriorialization*로서 모든 운동들, 부분들, 접속들이 변이할 수 있는 변화를 허용하기도 하지만, 동시에 **재영토화***reterritoralization*로서 그와 같은 모든 변화가 화폐라는 하나의 공리에 결부되기도 한다. 그때 들뢰즈 철학의 목적은 자본주의의 현동적 포텐셜 ─ 언제나-새로운 접속들과 포텐셜들을 창조하는 생명의 능력 ─ 을, 그 접속들을 생산의 한 공리로 환원하려는 퇴행적 혹은 의고적 경향들로부터 해방하는 것이다. 테크놀로지는 이 문제에 있어 결정적이다. 그것은 테크놀로지가 생명의 극단적인 표현 능력의 증거이자 경직된 체계로 유입되려는 경향의 증거이기도 하기 때문이다.

하나의 테크놀로지로서 영화가 갖는 역사적 위상은 표본적이다. 이미지들을 분배·증식·재생산함으로써 영화는 우리가 덜 지각하는 가운데 더 볼 수 있게 한다. 말하자면 우리는 뉴욕을, 르네상스를, 1950년대 뉴욕을, 심지어 「쥬라기 공원」*Jurassic Park*(1993)에 나오는 선사 시대의 가상 세계를 '안다'. 더구나 이 모든 것을 지각작용이라는 노동 없이 아는 것이다. 영화는 세계에 특정한 기성성readymadeness을 분배해 왔다. 그리고 이것이 (들뢰즈가 그토록 경애하는 앙리 베르그손을 포함해) 영화에 대한 최초의 반-테크놀로지적 비판자들이 영화가 인간의 삶과 사유함에 있어 나태함을 조장한다고 결론지은 이유다. 즉 우리는 세계를 단순화되고 정적인 습관적 관점에서 바라보는 경향이 있고, 또 현실을 스냅샷들이나 선先-형성된 정적인 전체들로 절단한다.[6] 베르그손에 의하면 영화는 인간 생명[삶]이 사는 데 실패하도록 하는 경향을 예시하고 강화한다. 또한 생명을 정복하고 운동을 앞으로 추동하기 위해 형성된 테크놀로지들은 경화되고, 그것이 출현한 원천인 생명의 창조적 포텐셜들을 감소시킨다. 설상가상으로 정신은 그것이 물질적 사물 세계에 적용하는 데 필요로 하는 고정된 항들 속에서 스스로를 바라보는 경향이 있다. 다시 말해 우리는 정신을 하나의 카메라로, 그러니까 살아 있고 변화하는 창조적인 열린 역능으로서가 아니라 세계의 사진을 찍는 어떤 것으로 상상한다. 우리 자신을 영화와 같은 테크놀로지들에 종속시킴에 따라, 우리가 창조한 용이함은 우리로 하여금 결코 세계를 충분한 시간을 들여 바라보고 살지 못하도록 방해한다. 생명을 강화하면서도 그것이 보다 창조적일 수 있도록 해주는 테크놀로지는 너무나 평상적인 것으로 변해서 경직되고 정체되고 탈인간적으로 변하는 가운데 생명을 정복한다. 영화는 클리셰, 전형, 플롯에 대한 경향을 악화시켜 미래를 이미 경험된 형식들로 환원하고 시간은 다만 동일한 것의 반복——뇌가 단순하고 불활성적인 소비로 잦아들게 되는 일련의 추이——으로서 흘러가도록 만들 수 있다.[7] 「스타워즈 1」*Star Wars Episode 1-The Phantom Menace*(1999), 「스타워즈 2」*Star Wars Episode 2-Attack of the Clones*(2002), 「스타워즈 3」 *Star Wars Episode 3-Revenge of the Sith*(2005)⋯⋯을 볼 때 시간은 분명 전진하는 듯하다. 그러나 바로 그것이 문제이다. 시간이 '전진하는'——하나의 공간적 계열들로 나타나는——것은 뇌가 조우하는 것이 등가하고 비교 가능한 것들, 바로 대개 등가하기 때문에 서로 나란히 배치할 수 있는 것들이기 때문이다. 보이는 것, 뇌가 아닌 다른 것은 동일한 것으로 남아 뇌가 각각의 대상을 연속적인 계열들 안에서 유사한 것으로 소비하고, 그러는 가운데 시간의 선을 구축할 수 있도록 해준다. 그러나 만일에 그 현시된 형식들이 사유에 대한 '충격'이라면 뇌는 스스로를 재창안하고 그 이미지들에 익숙해지려고 노력해야 할 것이다. 기대를 확인하고 관객, 즉 (들뢰즈가 **크로노스***Chronos*의 연대기적 시간이라 부른) 시간을 **따라가는** 사람을 고려하는 정연한 연쇄로 제시되는 이미지들 혹은 영화들 대신에 관객이 재-창조되고 시간이 분기해야 한다(변화의 역능으로서의 시간 혹은 아이온*Aion*).

들뢰즈는 베르그손을 비롯하여 테크놀로지를 생명력 없음과 기계화의 추락으로 여긴 모더니스트들의 사상을 모두 극단화한다. 영화는 사유와 지각작용을 **테크놀로지를 통해 테크놀로지로부터 해방할 포텐셜**을 담지하고 있다. 즉 생명을 연장해 노력을 감소시킬 수 있도록 해주는 기계들 자체가 또한 새로운 문제들과 새로운 창조들을 열어 놓을 수 있다. 테크놀로지를 극복하는 포텐셜은 인간이 그 일상의 형식 속에서 하나의 테크놀로지 —— 일정하고 반복 가능하며 상대적으로 사유하지 않는 일단의 습관들이라는 사실에 기인한다. 우리는 생명을 정복함으로써 인간이 된다. 그것은 '인간'과 같은 어떤 것이 그 외부와 변별화된 상대적으로 안정된 형식으로 조직되어야 함을 의미하기도 한다. 우리는 이것을 들뢰즈·가타리를 따라 '영토화'라고 부르고, 사유의 시작이 생명의 복합적인 차이들을 최소한 두 개의 항들 혹은 지점들, 요컨대 눈과 사물, 혹은 입과 음식, 혹은 신체의 표면과 온기 등으로 환원하기를 요청한다는 데 주목할 수 있다. 최초의 정향 또는 '지도'地圖가 있고, 그것은 아마도 신체의 운동을 넘어서서 감각의 운동들을 가지는 관념들 혹은 개념들이 존재하기까지 복잡성을 얻어 갈 것이다. 예컨대 모든 동물은 그 세계의 지도 —— 그것이 먹을 수 있는 것과 없는 것, 두려워해야 할 것과 그렇지 않은 것 —— 를 가지고 있다. 모든 동물은 또한 하나의 영토이다. 왜냐하면 그것은 어떤 환경과 그 환경 안의 다른 신체들과 접속함으로써만 살 수 있기 때문이다. 인간 동물은 이 공간적인 지도들과 영토들 이외에도 잠재적 지도를 창조할 수 있다——이를테면 우리는 개념들을 창조할 수 있는 것이다. 우리는 부재하거나 비-공간적인 대상들, 예컨대 수, 관념들, 질質들 사이의 접속을 생각하고 만들 수 있다. 생명의 복잡성과 혼돈을 '우리'에게 걸맞는 고정된 항들로 환원함으로써 우리는 상대적으로 안정적인 움직이는 전체들로서의 세계와 인간성을 생산한다. 인간은 단지 이러한 효율의 양식, 즉 우리가 매순간 우리 자신을 새롭게 창안하지 않고서도 살 수 있게 해주는 언어, 개념성, 수학, 기하학, 물리학, 역사학의 한 전개인 것이다. 우리가 인간으로서 세계에 온 것은, 각각의 '지금'이 그 모든 복잡성과 새로움 속에서 이미 정복되어 있고, 따라서 다른 지금과 거의 동일하게 취급될 수 있기 때문이다. 테크놀로지는 행동과 사유들을 반복 가능한 것으로 묘사함으로써, 그리고 우리가 창안과 혁신을 생략할 수 있게 해줌으로써 과거를 미래 속에 존속시킨다.

본질들

그리하여 영화를 세계를 정복하고 등질화하는 테크놀로지의 또 다른 예로 볼 수 있다면 그 본질은 훨씬 더 극단적이다. 테크놀로지가 시간 속에서 상대적인 안정성을 유지함으로써——그럴 때 시간을 모든 순간이 서로 매우 유사한 상대적으로 등질적인 것으로 그림으로써(그리하여 우리는 모든 시간을 한 존재, '인간'의 시간으로 여기게 되는)——효율을 극대화하는 반복 가능한 것, 일정한 것, 익숙해진 실천이라면 본질들은 생명에 대한 들뢰즈의 사유에서 반대편 극단에 자리한다. 본질들 혹은 본질적인 것은 관습적으로, 동일하게 존속되는 것으로 여겨진다. 확실히 여타의 20세기 프랑스 저자들은 서양 형이상학이 본질에 대한 헌신으로 생산되었다고 보면서 본질 개념을 이런 식으로 비판했다. 일례로 자크 데리다Jacques Derrida는 어떤 것이 존재한다고 말하고 의미하는 행위가 우리가 시간을 통해 그 동일성을 유지할 것을 요구하며, 따라서 진행 중인 본질 또는 근거 짓는grounding 현전은 서양 사유의 역사를 지지하는 것이라고 주장했다.[8] 우리는 시간 속의 다양한 진술들과 경험들을 동일한 것, 동일한 공통 세계의 동일한 경험으로 여긴다. 뤼스 이리가레Luce Irigaray 또한 본질주의, 혹은 주체가 동일한 것으로서 경험하는 영속적인 현전에 대한 천착이, 자신을 아는 자로, 그리고 능동적 사유함에 대한 수동적 근거ground에 지나지 않는 것의 기원을 재현하는 것으로 규정하는 '인간'을 고려한다고 주장했다.[9] 두 경우 모두 본질주의는 세계의 차이를 사유하는 데 대한 특정한 실패를 의미한다. 본질들과 본질주의는 그 자체와 다른 것을 안정적이고 제어 가능한 초시간적timeless 현전으로 환원하고자 하는 서양 사유의 압제적 책략으로 나타났다. 이와 대조적으로 들뢰즈는——통상적인 정의에 반해——본질이 시간을 통해 존속한다고 보지 않는다. 시간, 새로운 것의 생산, 차이의 창조만이 있을 수 있다. 본질들, 다시 말해 차이를 생산하는 역능들이 있기 때문이다. 반-본질주의적 입장을 실제로 받아들인다고 상상해 보자. 즉 세계에 본유적인intrinsic 특징은 없고, 우리는 우리 자신의 이해에 따라 세계를 구축하고 변별화할 수 있다고 상상해 보자. 그렇다면 사유는 외부의 진실을 갖지 않을 것이며, 역사는 다만 인간 경험의 한 변이일 뿐일 것이다. 그러나 인간 사유에 의해 현실화되는 방식으로 환원 불가능한 역능들이 있다면, 경험은 그것들의 조우에 의해 극단적인 충격을 받게 될 것이다. 예를 들어 색채를 눈이 빛과 교전하는 방식으로 여긴다면, 우리는 빛의 차이화하는 파장들이 탈인간적 지각작용에 의해 어떻게 경험될지를 상상할 수 있을 것이다. 어쩌면 이것이 미술에서 색채주의의 업적일 것이다. 즉 우리는 결과하는 색채를 보는 것이 아니라 색채를 구성하는 빛, 강도들, 차이들을 경험하는 것이다. 우리는 [지금 눈앞에 있는] 이 독특한 색채, 그것이 조우하는 관계들에 의해서 영원히 차이를 생성하는 역능을 가진 독특한 색채의 본질을 본다. 하나의 본질은 창안, 창조 혹은 진정한 의미의 시간, 동일함의 시간이 아닌 변화의 시간을 허용하는 것이다.[10]

그러므로 들뢰즈에게 영화의 본질은 일반적으로 혹은 통상적으로 영화가 무엇인가 하는 것이 아니다. 영화의 본질은 영화가 무엇일 수 있는가, 다시 말해 영화의 역능 혹은 포텐셜이다. 우리는 책들로부터 각색한 영화들, 다른 예술 양식(전기, 드라마, 뮤지컬, 스파이 소설)의 스타일을 번안한 영화들을 생산할 수 있다. 대안적으로 우리는 영화에서 독특한*singular* 것을 취할 수 있다. 그것은 영화를 그 모든 형식에서 동일하게 만드는 것이 아니라 영화가 새로운 형식들을 생산할 수 있도록, 영화의 본질일 수 있도록 해주는 것이다. 카메라가 매번 작동할 때마다 그것이 접속하는 이미지들 사이의 관계들을 변화시킨다면——카메라가 스스로를 영화적으로 변이한다면——영화는 그 본질을 성취하는 것이고, 그 고유한 차이의 방식을 발견하는 것이 되는 것이다. 들뢰즈가 자신의 책 『시네마』 1, 2권에서 한 일이 바로 이 작업이다. 즉 그는 상이한 스타일들이 생산되는 방식들을 영화의 이미지들, 숏shot들, 프레임들이 접속되는 방식들에 따라 살펴본다. 본질은 분기하는 접속들의 포텐셜, 상이한 접속들을 생산하는 역능이다. 포텐셜은 그렇다면 어떤 것의 무엇임에 덧붙여진 어떤 능력이 아니다(따라서 우리는 영화에 대해 그것이 혁명적일 수도 있다고 정의하고 말할 수 있으며, 혹은 사유함을 정의하여 말할 때 그것이 창조적일 수도 있다고 말할 수 있다). 즉 영화는 그 혁명적인 포텐셜, 지각작용들이 그 이미지들을 정렬하는 방식들을 변형하는 포텐셜에 있어서 비로소 영화이며, 사유함은 그것이 창조적일 때, 그것이 이미 형성되고 인식된 것을 반복하지 않을 때 비로소 사유함이 될 수 있다. 차이에 대한 이러한 포텐셜을 극대화하여 현실화하지 않을 때조차—예컨대 원작의 형식에 변화를 주기를 거부하는 진부한 할리우드 리메이크 영화를 볼 때조차—영화의 급진적인 포텐셜은 부재한다기보다는 가려져 있을 뿐이다. 어떠한 반복이든, 그것이 그 자신이 아닌 어떤 것의 반복이므로, 차이의 생산이다. 또 우리는 이 차이를 경시할 수도 있고, 극한으로 밀어붙일 수도 있다. 영화는 그것이 할 수 있는 것을 할 때, 남김없이 소진될 때 비로소 참으로, 또는 본질적으로 영화이다.

들뢰즈는 영화가 종종 그 본질을 성취하지 못하고 있음을 인정한다. 그러나 영화에는 드물지만 그 진정하고 본질적인 역능이 드러나는 순간들이 있다. 테크놀로지로서 영화는 인간의 삶을 그 고유한 경향들로부터 자유롭게 할 역능을 가진다. 인간과 영화의 조우는 인간을 그 자신으로부터 해방할 가능성을 담지한다. 인간성이—점점 더 합리적으로 되고 탈인간적인 것의 부침에 덜 종속되는 가운데—그 본질에 도달하는 어떤 역사에 대한 관념과는 대조적으로, 들뢰즈의 역사에서는 탈인간적 역능, 이를테면 영화의 역능이 진행 중인 동일함과 인간성의 인식을 변형하여 인간은 자기 자신을 시간의 흐름 속에서 동일자로 지각하지 않는 하나의 역능에 지나지 않게 되기에 이른다. 인간성이 하나의 테크놀로지 —— 행동과 지각작용의 일정성 —— 인 한 영화는 그 가장 급진적인 상태에서 그러한 테크놀로지의 전복이다. 영화에서 테크놀로지가 인간에서 탈인간으로의 이행을 허용한다고 말할 때, 그것은 인간성이 그 본질적인 정신spirit*을 상실하고, 생명을 결여하고 있다는 의미에서 기계화되고 탈인간적 로봇-같은 존재가 된다는 뜻이 아니다. 반대로 인간성은 전통적으로 생명을 일정하고 반복 가능한 단위들로 고정함으로써 그것을 경화하고 구상화하려는 경향을 보여 왔다. 영화는, 비록 그 또한 실재를 단편section으로 절단하여 틀[프레임] 안에 놓인 어떤 전체로 재구성하기는 하지만, 두 가지 혁명적인 역능을 가진다. 첫째, 이 절편화segmentation를 전면에 내세움으로써 '우리'는 마침내 인간성이 그간 어떤 일을 해왔는지를, 다시 말해 '영혼을 가진 자동인형' 또는 바라보는 기계로서 행동하여 자신의 세계를 닫힌, 조작 가능한 세트들로 환원해 왔음을 보게 된다. 둘째, 영화의 컷은 인간의 눈과 직접적으로 상충할 수 있다. 즉 카메라의 눈은 우리를 우리 자신의 신체의 기술로부터 해방해서, 결과적으로 탈인간적 삶[생명]을 허용한다. 우리는 더 이상 세계를 관심적이고 습관화된 신

---

* 본문의 mind와 spirit은 모두 '정신'으로 옮겼다. 저자가 같은 단락에서 앞뒤로 붙은 문장에조차 물질에 대비되는 개념인 정신에 이 두 단어를 섞어 사용했을 정도로 두 가지를 구분 없이 쓰기 때문이다. 단, 아직 중세적 '영혼' 개념을 적용할 수 있는 데카르트의 용어의 경우만은 '영적' 자동인형으로 했다.

체의 관점에서 바라보지 않으며, 이미지들을 그 자체로 지각한다. 들뢰즈는 그와 같은 테크놀로지들이 궁극적으로 시간의 이미지 자체, 또는 순수한 상태의 시간에 대한 사유를 가능하게 해준다고 주장한다.

공간과 시간

들뢰즈 사유의 주요한 도전들 가운데, 동세대 다른 사상가들의 보다 비판적인 접근과 구분되는 한 가지는 바로 생명을 그 인간화되고 이미 구성된 형식들 너머로 사유하는 데 대한 이런 천착이다. 들뢰즈 사유에서 차이의 이러한 의미를 이해하기 위해 우리는 거친 대립에서 출발할 수 있다. 임마누엘 칸트Immanuel Kant의 『순수이성비판』 *Kritik der reinen Vernunft*(1781)은 경험의 발생을 사유하고자 하는 노력이 무책임한 것임을 보여 주었다. 즉 우리는 다만 경험된 것으로서의 세계를 알 수 있을 뿐이며, '우리의' 경험은 특정한 필연적 형식들──세계를 우리 외부에 위치시킨 결과로 생겨난 공간과, 우리로 하여금 경험을 연속적인 것으로, 영속적인 '나'의 경험으로 사유하게 해주는 시간을 취한다. 들뢰즈의 동시대인들은 어느 정도까지 칸트적 책임을 받아들였다. 즉 사유의 정초 혹은 '외부'에 대한 어떠한 호소도 사유의 내부로부터 발생해야 한다고 본 것이다. 자크 데리다는 칸트의 시간과 공간의 형식들이 그 자체로 우리가 파악할 수 없는 힘들에 의해 초래되었거나 가능해졌다고 주장함으로써 이를 극단화했다. 시간은 계기들이 동일한 것으로 구획될 때 비로소 가능하며, 공간은 우리가 일단 시간의 정합적인 장면scene을 가질 때 가능하다. 우리는 시간과 공간이 효과된 이후에야 비로소 사유할 수 있지만, 결코 이 시간과 공간의 발생을 파악할 수 없다. 즉 사유는 그 자체의 기원을 이해할 수 없고, 그 자체에 대해 결코 현전할 수 없다. 그러므로 철학의 모든 텍스트는 그 기원하는 조건에 대해 알지 못한다.[11]

그러나 들뢰즈는 칸트보다는 앙리 베르그손을 따른다. 베르그손은 우리가 세계를 알 수 있는 것은 오직 그것이 시간과 공간 속에서 종합된 상태로서만임을 인정했다. 그리고 시간과 공간이 우리의 지각작용 안에서 서로 얽혀 있다는 점도 인정했다. 그러나 이것이 우리가 우리의 구성되고 종합된 세계로부터 물러서서 그것이 어떻게 종합되었는지를 직관하고——나아가——달리 종합되었을 수 있는 세계를 상상하지 못한다는 뜻은 아니다. 시간을 모든 계기들이 서로 같고 그러므로 공간적 선 위에 정리될 수 있는 하나의 계열 안에서 연속되는 유사한 사건들의 계열로 '보는' 대신, 우리는 시간을 그 순수한 상태로, 즉 시간이 결코 '그 자체'로서 동일하지 않고 분리된 지점들로 공간적으로 배분될 수 없는 상태로 사유할 수 있다. 생명에서 각각의 창조적 변화 또는 차이는 상이한 시간 혹은 '지속'을 연다. 예를 들어 나는 내 삶[생명]을 다른 모든 사람과 매우 비슷한, 그리고 그러므로 역사 속에 한 자리를 가진 [지금] 이 사람의 삶[생명]으로 사유할 수 있는 것이다. 아니면 나는 각각의 지각하는 사람의 삶[생명]을 지속적으로 차이화하는 흐름으로 사유할 수도 있다. 즉 나는 지금 몇 초 전의 나와 동일한 사람이 아니고, 내가 겪을 변화들은 내가 이미 겪어 온 특수하고 독특한 변화들에 좌우된다. 또한 나의 기억은 끊임없이 변화하는 열린 전체로서, 거기에 수반된 매번의 새로운 경험은 또한 나의 과거로 여겨지는 것을 변화시키지만 나의 과거 또한 내가 변화하는 방식들을 변화시킨다. 각각의 사람이 하나의 특수한 지속인 것이 다는 아니다. 베르그손은 탈인간적 지속 역시 존재한다고 보았다. 우리는 단순히 우리가 자신의 의지에 따라 조작하는 세계 안을 돌아다니는 것이 아니다. 즉 세계는 그 고유의 운동들을 가지고 있으며, 그 운동들은 모두 상이한 속도들을 가진다. 이것은 극단적으로 평범한 형태를 취할 수 있는데, 이를테면 커피에 넣은 설탕이 녹는 데 걸리는 시간처럼 나의 외부의 세계에서 일어나는 변화를 기다려야 할 때가 그렇다. 그러나 상이한 지속들에 대한 사유는 심오한 것일 수 있다. 우리는 차츰 다른 문화들을 우리 문화의 이르거나 보다 원시적인 판본이 아니라 다른 스타일의 지속 혹은 다른 시간성의 양태를 점하고 있는 것으로서 사유할 수 있을 것이다. 우리는 또한 서양 문화 내에서 '인간'을 시간을 통해 점차 더 많은 정보를 획득해 가면서 진보해 온 한 신체의 이미지로 여길 수도 있을 것이다. 그렇지 않다면 우리는 '여성-되기'를 또 다른 스타일의 지속으로 생각할 수 있을 텐데, 그럴 때——시간 내에 실존하는——하나의 이미지가 있다고 보는 대신에 접속들과 이미지들을 통해 스스로를 창조해야 하고, 그러면서 시간을 열어 가는 사람으로서의 '여성'을 사유할 수 있다.[12]

우리가 지속을 진지하게 받아들인다면 창조적 시간의 각 흐름은 그것이 생성해 온 구체적인 방식에 따라 질적으로 다른 현재를 가진다. 그와 같은 차이들이 특별히 명백하게 드러나는 예가 현대에 호주에서 정부와 토착민들이 성지聖地를 두고 벌인 정치 협상이다. 호주 원주민들은 그들이 현재 지닌 동일성identity이 대지와 맺은 영적 결연을 통해 구성되었다는 점에 근거해서 땅을 점유할 권리를 주장해 왔다. 그것은 그 역사로 인해 성스러움을 지니게 된 대지라는 것이다. 원주민들에게 역사란 기록물들의 역사나 법적이고 정치적인 고문서들이 아니라 '꿈꾸기' 혹은 인간과 동물의 신체들에 관한 신화들의 덩어리이다. 이런 이유로 20세기의 마지막 10년간 원주민들은 자신들의 땅을 불법으로 빼앗겼고, 그들의 현재 삶이 단순히 소유의 문제로 여길 수 없는 땅의 상실로 인해 위협받고 있다는 일련의 주장을 해왔다. 호주 정부의 반응은 토지권을 인정하는 쪽으로 기울지만 그것은 다만 토지의 사용이 실용적이고 경제적 책임성을 갖는 경우에 한해서이다. 표면상 두 그룹 사이의 갈등으로 보였던 것은 지속들에 관한 논쟁이었고 여전히 그렇다. 다시 말해 한편에는 잠재적으로 현전하는 집단 기억과 토지를 통해 주어진 기억을 가진 시간과 민족이 있고, 다른 편에는 장소와 무관하게 동일자로 존속하고 토지와 문화를 소유물의 외적 항목들로서 가지고 있는 한 '인간'에 의해 측정되는 유럽 문화의 시간이 있다. 들뢰즈는 철학이 이 다른 지속들, 결코 단일한 선線 혹은 발전의 형식을 취하지 않는 시간의 다른 펼쳐짐을 조우할 때 비로소 사유를 시작한다고 본다.

　베르그손의 후기작에서 인간성은 지속들을 그 즉각적인 이해와 전용의 지속들 너머로 직관하는 정신의 능력capacity for spirit으로 정의된다.[13] 그는 도덕성이 유용성에 대한, 이해에 관련된, 기능적인 경향에서 시작된다고 주장했다. 또한 우리는 공동체들을 형성하고 다른 공동체들을 우리와 유사한 것으로 재인하고 이것이 갈등을 최소화하며 효율에 도움을 준다고 보았다. 그러나 이러한 경향은 정신적 혹은 종교적 태도로 연장될 수 있는데, 그럴 때 우리는 타인들의 지속을 우리에게 현전하지 않는 것으로 인식하고 그들이 기여할 수 있는 어떠한 목적에 대해서도 마찬가지다. 우리가 하나의 현상을 효율 너머로 연장한다면 우리는 결국, 그 최초의 이해로부터 변형된 본질에 도달할 것이다. 또 도덕성의 경우에 결국 우리와 같은, 우리가 그들에 감정을 이입할 수 있는 사람들 너머로 인간성 일반을 보게 될 것이다. 우리는 종교 혹은 정신적인 것에 도달한 것이다. 들뢰즈가 베르그손에 대한 자신의 책에서 강조한, 그리고 펠릭스 가타리와 공저한 자본주의의 역사에서 중요하게 다룬 것이 바로 비배개적인 자기-이해利害를 넘어선 (그리고 들뢰즈가 인간적인 것을 넘어섰다고 본) 지속들을 직관하는 이러한 능력이다. '인간'을 시간 속에서 지속하는 존재로 보아 시간이 단일한 인간성의 관점에서 동질화되도록 하는 대신에 들뢰즈·가타리는 '인간'이 점증하는 일반성과 동질화의 과정 속에서 형성되는 방식에 주목한다. 여기 수반된 원시적이고 구체적인 신체들의 배치들은 결국 언제 어디서나 동일한 형식과 척도로 존재하는 시간을 지배하는 (인간성의) 단일한 신체를 형성하는 것이다. 즉 인간 신체들의 무리 지음이나 영토와 같은 어떤 것이 생명이 전개되도록 허용하지만 (후기 자본주의와 같이) '인간' 또는 '주체'의 이미지가 사유함의 전개를 가로막는 시점이 오는 것이다. 그런 경우에 우리는 '인간'이 그로부터 기인한 힘들의 경향들을 직관하고, 그와 같은 경향들을 인간이라는 동물human animal 너머로 연장할 필요가 있다. 자본주의와 정신분열증에 관한 책에서 들뢰즈와 가타리는 그들의 생명의 지질학──사회적 세계가 출현한 힘들[14]과 접속들에 대한 그들의 연구──이 노동하고 소비하는 이성의 직립한 '인간'이라는 인간성의 제한된 이미지를 넘어서는 그와 같은 힘들을 허용한다고 주장한다.[15]

들뢰즈는 충분히 숙고되었을 때 혹은 그 한계까지 밀어붙여졌을 때 영화의 본질은 생명의 지각작용을 베르그손이 제기한 것보다 더 극단적으로 드러낸다고 본다. 뒤에서 우리는 들뢰즈가 영화에 대한 자신의 주장을 보다 폭넓은 생명의 철학 안에 위치시킨 방식들을 보게 될 것이다. 우리는 이미 베르그손을 단순한 생기론으로, 혹은 모든 역사를 기원적이고 통일된 연장적 경향으로부터 결정된 것으로 환원하지 않도록 주의를 기울여야 했다. 즉 베르그손은, 분기하는 예측 불가능한 목적들이 될 것, 하나의 목적의 성취로 환원될 수 없는 것은 바로 생명의 창조적 역능이라고 보았다.[16] 들뢰즈는——생명이나 사유가 종속되는 어떤 기준이나 척도를 단순히 받아들이지 않고——사유의 내재성에 천착하면서도 다른 한편으로 생명의 역능들 또는 포텐셜들이 있음을 강조한다. 그것은 영화나 철학에서 해방된 것과 같은 생명의 역능이나 포텐셜 들로서, [특정한] 한 포텐셜을 어떤 존재의 포텐셜로 보지 않고서 창조적 포텐셜에 그 자체로 접근하도록 해준다. 들뢰즈가——영화를 생명의 관점에서, 생명을 영화의 관점에서 사유하는——이 경로를 택했다는 사실은 그 자체로 그의 철학의 심오한 본성을 나타낸다. 들뢰즈에게 철학은 당연히, 사유함의 기법이다. 그러나 사유함은 그저 생기는 것이어서는 안 된다. 사유함은 스스로 발생하도록 강제하며, 이는 그 자체가 아닌 것과 조우함으로써만 할 수 있다. 우리가 이미 알고 있는 것의 행복한 반복은——유쾌하게 논리적으로 소통하되——가장 심오한 수준에서의 사유함이 아니다. 들뢰즈는 한편으로 일상적이거나 상-식적인 예들을 통해 자신의 개념들을 정의하기를 거부한다. 그러나 그는 곧고 선의적인 '사유의 이미지'에 대한 철학의 고양이 생명과 불화한다고 주장한다.[17] 생명의 역능은 일반적이고 일상적인 것이나 규범적인 것에서가 아니라 뒤틀어지고 독특하고 변종적인 것에서 가장 잘 표현되고 증명된다(왜냐하면 이것이 바로 생명이, 우리가 효용을 위해 요구하는 동일함의 환영illusion이 아니라 그 창조적이고 분기하는 역능을 노출하는 순간이기 때문이다).

영화와 같은 생명 안의 사건들을 바라보면서, 그리고 그와 같은 사건들이 우리로 하여금 사유하도록 도와주는 방식을 질문하면서 들뢰즈는 이미 철학에 관한 예리한 방법론적 결단을 내리고 있다. 우리는——한 편의 영화 혹은 한 형식이 '윤리적'인지 '사유적인지'를 물으며——영화에 철학을 적용하는 것도, 그렇다고 우리가 말하고자 하는 요점을 보여 주는 서사나 이미지를 찾아 영화를 단순히 예로 사용하려는 것도 아니다. 우리는 영화가 어떻게 가능한지——생명이란 어떤 것이어서 영화적 테크놀로지를 산출할 수 있는지?——를 묻고 영화의 가능성들이 무엇인지를 묻는다. 다시 말해 우리는 어떻게 영화적 이미지를 대하여 어떻게 다르게 지각하고 사유할 수 있을지, 그리고 이것이 스스로를 변형하는 사유함의 역능에 대해 무엇을 말해 주는지를 묻는다. 영화적 이미지들을 창조할 수 있고, 개념들을 창조하는 철학 안에서 그 이미지들을 사유하는 생명은 무엇인가? 우리는 들뢰즈의 영화에 관한 연구를 추적함으로써, 그의 베르그손 해석을 통하여 이 질문들을 보다 명백하게 할 수 있다. 우리는 영화 안에 머무르는 대신 들뢰즈의 사유 스타일이 새로운 사유와 실천을 가능하게 한 방식을 고찰하려 노력할 것이다. 그가 영화에 관해 쓴 책들은 좋은 사유함의 예들이 아니라, 사유가 전범典範에서 일탈할 수 있는 방법들 가운데 하나를 보여 준다.

베르그손, 시간, 생명

베르그손은 그와 동시대의 많은 사상가들이 그랬던 것처럼[18] 사유를 환원 불가능하게 역사적인 것으로, 그리고 사유가 스스로를 인식하고 그 고유한 경향을 횡단할 수 있을 때 그 역사에서 한 지점에 도달한 것 으로 보았다.

> 우리의 뇌, 우리의 사회, 우리의 언어는 동일한 내적 우월성의 외적이 고 다양한 기호들일 뿐이다. 그것들은 각기 나름의 방식으로 생명이 그것의 진화의 주어진 계기에서 획득한 유일무이하고 예외적인 성공 을 말한다. 그것들은 종류의 차이를 표현하지만, 단지 인간을 나머지 동물 세계로부터 구분하게 해주는 정도상의 차이만을 표현하는 것은 아니다. 그것들은 우리로 하여금, 생명이 도약한 거대한 발판의 끝에 서 그 버팀줄이 너무 높은 곳까지 뻗은 것을 보고 다른 모든 것이 내 려섰음에도 오직 인간만은 장애물을 뛰어넘었음을 추측하게 한다.[19]

다시 말해 초시간적인, 불변의 인간성이 존재한다는 환상에 더 이 상 종속되지 않고, 그 역사적 차원들을 대면함으로써 인간의 생명은 시간을 훨씬 더 급진적으로 사유할 수 있었다. '우리'가 한때 초시간적이고 탈인간적인 것으로 여겼던 모든 구조——과학의 진리들——는 이제 시간의 유동들로부터 추상하여 영속적인 전통을 생산하는 인간성의 창조들로 인식될 수 있다. 시간으로부터 초시간적 의미의 출현을 논한 에드문트 후설Edmund Husserl을 비롯하여 들뢰즈의 『의미의 논리』Logique du sens에 결정적인 영향을 미친 사상가들과 나란히, 베르그손 역시 물리학에 대한 비판을 견인했다.[20] 과학은 추상하는 과정으로 시간이 경과하여도 동일하게 존속하는 일반성들을 창조하며, 그리하여 세계가 조작되고 정복될 수 있도록 해준다. 지성은 물질의 세계를 연장된 것 혹은 완전히 현실적인 것으로 지각한다. 즉 우리가 물질의 세계에 (그것을 절단하고, 재분배하고, 재조직화함으로써) 줄 수 있는 변화들은 물질의 무엇임을 변화시키지 않으며, 예측 가능하고 측정 가능한 것으로 존속한다. 이와는 대조적으로 지성의 생명——그것의 창조적인 혹은 영적인 에너지——은 강도적이고 잠재적이다. 예컨대 정신들은 시간의 경과 속에서 동일하지 않으며, 세계를 통과해 있는 그것들의 위치와 운동은 그 구체적인 시간과 궤적들에 따라 질적으로 상이하다. 각 정신은 나름의 기억을 가지며 세계를 향한 지각의 개방을 형성한다. 영적인, 혹은 창조적인 잡다manifolds는 강도적인데 바로 그것들의 분할이 소여가 아닌 것, 잠재적인 것을 창조할 것이기 때문이다. 가장 단순한 수준에서 나는 내 삶의 지나간 20년에 근거해 향후 20년을 예측할 수 없다. 그것은 단순히 내가 다른 예측 가능한 지속들을 대면할 수 없기 때문이 아니라 나의 고유한 지속이 취하게 될 형태를 알지 못하기 때문이다. 이는 내 욕망들이 동일하게 존속하는지의 여부와도, 어떤 변화 또는 어떤 사유가 내 사유함의 스타일 자체를 변형하는지의 여부와도 무관하다. 베르그손에게 주요한 문제들 중 하나는 우리가 정신을 물질의 **연장된 현실적 형식들**로 지각하는 경향을 가져왔다는 사실이다. 즉 우리가 가진 인문 과학은 정신이 시간 속에서 상대적으로 안정되어 있어서, 우리가 그 안에서 각각의 계기들을 측정할 수 있다고 본다. 우리는 또한 일상의 수준에서 우리 자신을 소여로서, 그리고 완전히 현실적이라는 듯이 다루는 경향이 있다. 요컨대 '이것이 나'라고 여기는 것이다. 우리 자신이 아닌 것에서 우리의 관심을 끄는 것만을 지각하는 것은 유용하고 생명-기여적이다. 또한 그러므로 과학들은 차이를 최소화하는 **지적 실천들**이다. 과학은 물질의 예를 본받는다. 물질──이를테면 열, 빛, 습기를 흡수하지만 그것이 수용하는 것으로부터 아무것도 만들지 못하는, 그 외부 세계에 의해 직접 영향을 받는 하나의 돌──이 연장된다면 이것은 연장이 시간 속의 한 지점을 다른 지점과 연관 짓지 않기 때문이다. 즉 그 위에 내일 비추일 태양은 오늘 비추는 태양과 동일한 효과를 낼 것이다. 오늘 당신이 내게 하는 말은 내가 내일 반응할 방식을 변화시킬 것이고, 이것은 시간 속의 매 경험이 스스로를 유지하는 방식에 있어 나의 현재의 시간을 각기 상이하게 묘사하기 때문이라면, 물질에 일어난 사건은 그 지속을 바꾸지 않는다. 당신이 내일 오늘 했던 것과 같은 말을 내게 한다 해도──그 말이 "너를 사랑해"든 "사무실을 치워"든──그 말의 효과는 〔오늘과〕 다를 것이다. 그리고 반복이 단일한 반응을 창조하게 될 때 문턱이 되는 지점조차 있을 것이다.[21] 다시 말해 나는 결국 당신이 나를 정말로 사랑한다고 느끼게 되거나, 아니면 그저 사무실을 치울 것이다. 내가 이미 한 번 들은 말을 두번째로 들었기 때문이다. 시간이란 그러므로, 강도적으로 고려할 때 그 각각의 계기에 있어 상이하며, 단순히 상호 덧붙여지는 지점들 또는 '지금들'의 집적으로 여겨질 수 없다. 시간의 어떤 계기에서든 우리는 잠재적 과거를 회상하거나, 잠재적 미래를 상상할 수 있다——그리하여 우리의 현재란 무한하고 잠재적인, 시간의 열린 전체에서 집중된 한 지점에 지나지 않는다.

물질은 가장 '이완된' 생명인 반면, 정신은 수축이다. 다시 말해 정신은 나의 계기와 다른 계기를 접속하면서 변화를 지각하고 창조적 차이를 경험하게 해준다. 과거에 대한 감각과 더불어 현재를 지각할 수 있는 정신은 수축의 한 정도를 가진다. 왜냐하면 정신은 공간 속에서 그것이 지각하는 것을 위치 지을 뿐 아니라 이 공간이 시간을 통해 주어져 있으며 특정한 질들을 갖는다고 보기 때문이다. 이러한 수축의 정도는 순수 기억 속에서 부각되게 된다. 만일에 내가 [지금] 이 일몰을 지각함에 있어 그 물리적 법칙을 재인하고 그것을 여느 일몰과 동일한 것으로 여기게 될 과학적 지성을 가지고서가 아니라 정신을 가지고서 지각한다면 나는 그 독특성을 둘 다——지금 여기의 이 일몰로 인지할 것이다. 나는 유일하고 강도적인 (잠재적이지만 현전하지 않는) 기억들을 가지게 될 것이며, 이는 그것을 다른 모든 일몰들과 다른 것으로 나타나게 할 것이다. 현재는 오직 그것이 어떤 과거를 다양한 수준에서 수축하기 때문에 순수하게 시간적이다. 나는 이 세계를 어제, 지난 주 혹은 유년 시절에 일어난 사건의 관점에서 지각할 수 있다. 즉 나의 현재는 오직 내가 내 과거의 어느 층을 이끌어 내느냐에 따라 달라질 것이다. 정신이 그것의 분할과 다르다는 것은 이런 의미에서인즉, 과거의 매 지점은 현재의 새로운 세계를 열 것이다.

베르그손의 주장의 배경에는 사유의 발생genesis을 이해하려는 노력이 있다. 사유는 어째서 생명으로부터 출현하는가? 그 대답은 창조적 에너지와 상관이 있다. 모든 생명은 에너지의 행사 또는 소비이다. 즉 전진하는 모든 운동 또는 추진력 ── 모든 창조 ── 은 에너지를 쓰거나 폭발시킨다. 생명은 정의상 나아가려는 노력 혹은 스스로를 유지하려는 노력이며, 그 자신이 아닌 것에 대면할 때 창조해야 한다. 미시-유기체는 빛의 침입으로부터 방어를 형성해야 한다. 또 그보다 큰 유기체는 추위나 굶주림에 직면하여 행동해야 한다(어느 정도까지 생명의 이 모델은 들뢰즈·가타리가 기술한 욕망에서의 '접속'의 1차성을 설명한다. 즉 먼저 생명들이 있고 비로소 욕망들이 있어 그에 따라 그 생명들이 행동하는 것이 아니다. 오히려 욕망하는 흐름들이 있어 다른 흐름들과 ── 눈과 빛이 ── 접속하고 이 접속들이 상대적으로 안정적인 지점들을 형성한다. 욕망은 흐름과 접속에 대한 이 포텐셜이다). 생명의 이런 창조적 힘은 또한 비非-행사non-exertion, 소비의 절액 또는 축소에 대립되는 경향을 품고 있다. 지각작용을 한 예로 들 수 있다. 눈은 차이의 광대한 유입들을 받아들일 수 있다. 그때 눈이 지각한 어느 두 계기들도 동일한 것이 아니다. 모든 지각작용은 눈-뇌를 소모적인 복잡성에 대면시킨다. 그와 같은 '순수 지각작용'은 하나의 한계로서만 상상될 수 있다. 왜냐하면 각 지각작용이 언제나 어떤 구체적인 관점에서 수용되고, 따라서 어떤 선택 또는 수축이 이미 만들어졌기 때문이다. 그러나 우리는 모든 관점에서 동시에 모든 것을 바라보는 신의 이미지를 상상할 수 있다. 따라서 거기에는 지속 혹은 진행 중인, 완전한 창조가 있겠지만 연장은 없다 ── 지각작용이 그 안에서 정향되는 어떤 관점들의 체계도 없는 것이다. 완전하고 전적인 차이를 지각한 눈은 효율적으로 행동하지 못할 것이고, 상이한 매 흐름과 변이에 대하여 어떤 개념을 창안해야 할 것이다. 실제로 눈은 그것이 자리한 신체의 관심을 끄는 것만을 선택한다. 나아가 눈은 그것이 대면하는 이미지들에 비매개적이고 유동적인 방식으로──예컨대 빛과 열의 파장이 직접 어떤 돌을 비추고 데우는 방식 또는 소리의 유입이 단순한 유기체의 물러섬을 야기할 수 있는 방식으로──반응하지 않는다. 인간의 눈-뇌 복합체는──그것이 대면하는 이미지들을 이것 혹은 저것으로서 바라봄으로써──그것이 수용하는 이미지들을 시간 속에서 동일자로 존속하는 어떤 대상 속에 고착하고는, 어떻게 행동할 것인지를 결정하거나 멈추거나 망설인다.

그럴 때 거기에는 지각작용의 일정한 속도가 있다. 다시 말해 눈은 효과적으로 행동하기 위해 어떤 차이들을 무시해야 하지만, 또한 그것이 바라보는 것에 어떤 질서나 개념의 형식을 부여하기 위해 비매개적인 행동하기를 지연해야 한다. 인간의 의식 또는 정신은 어떤 이미지에 의해 감응되기와 행동하기 사이의 간격 또는 지연 속에서 생산된다. 즉 더 오래 지연할수록 더 많이 사유하게 되지만, 더 많이 사유했을수록──더 많은 개념들을 형성했을수록──더 빨리 행동할 수 있게 된다. 의식은 감속減速 또는 지연으로서, 우리를──바위와 같이──그것을 덮히는 빛이나 그것을 침식하는 유체流體에 비매개적으로 영향 받는 물질과 다른 것이 되도록 한다. 과거로부터 지각작용을 절약하는 에너지(수축)는 정신이 덜 사유하고(이완) 보다 효과적으로 행동할 수 있도록 해준다. 그러나 이런 기억의 수축이 습관적이 되어 점점 더 적은 노력을 요구하게 되면 우리는 또한 정신이 관성의 지점에 이르기까지 연장되고 이완되면서 물질에 가까워지는 것을 알 수 있다. 베르그손은 『사유와 운동』*La pensée et le mouvant*과 『창조적 진화』 *L'Évolution créatrice* 양쪽에서 정신이 감속에 의해 출현하여 이미지들을 기억과 예견의 잠재적 풍요와 더불어 지각할 수 있는 방식을 보여 준다. 그러나 그는 또한 그러한 기억들과 기능들이 정신이 물질의 이완된 양태를 취하기 시작하는 지점까지 습관화되는 과정 또한 보여 주고 있다──그럴 때 정신은 스스로를 시간 속에서 동일자로 존속하고 미리-주어진 논리에 종속된 것으로서 다루게 된다. 유일한 출구는 보다 강렬한 수축일 것이다. 예를 들어 무엇인가 새로운 것을 배우고자 할 때 나는 단순히 효율적인 습관들에 의존하는 것이 아니다. 나는 그저 이러저러한 행위를 기억하기만 하면 되는 것이 아니라 새로운 행위를 배운다는 것이 어떠한 것인지를 기억해야 한다. 이를테면 내가 단지 걷는 능력에만 의존하여 언젠가 수영할 수 있으리라는 희망 속에서 계속 걷기만 한다면, 나는 결코 물속에서 효율적으로 움직일 수 없을 것이다. 나는 내가 걷기를 배울 때 끌어냈던 창조적 에너지를 끌어낼 때 비로소 수영을 배울 수 있을 것이다. 인간의 지각작용과 시간은 행위에 의해 구성되어 있다. 즉 우리는 오직 시간의 차이를 정합적이고 시간적인 연쇄로 환원하고, 우리가 실천적 거리를 두고 바라보는 안정되고 틀 지워진 장면 안에서 움직이는 대상들, 혹은 연속되는 대상들을 바라봄으로써만 행동하고 세계 속에서 우리의 길을 만들 수 있다. 그러나 베르그손과 들뢰즈는 우리가 행동으로 정향된 눈-뇌-신체 복합체로부터 스스로를 해방할 수도 있다고 주장한다. 그리고 이 해방을 그들은 형이상학(베르그손) 혹은 사유함(들뢰즈)으로 정의하게 된다.

우리가 특정한 사유의 이미지를 갖는 것은 **생명의 보존하는 경향**, 행위를 위해 복잡성을 감소시키는 경향을 통해 설명된다(그럴 때 행위는 반복 가능하고 인간 신체를 위해 운영 가능한 것으로 이해된다). 우리는 세계를 공간 속에 위치되고 공간 안에서 움직일 수 있는 일단의 고정된 대상들로 사유한다. 그리고 어떤 대상이 공간 속의 한 지점에서 다른 지점으로 이동할 때 인간의 정신은 이 변화를 그 자신의 고정된 위치에서 관찰한다. 그러므로 시간은 운동의 척도로 정의된다. 공간은 이미 주어진, 이미 현전하는, 등가한 지점들의 장이다. 그러나 공간을 지속에 따라 **강도적으로** 고려한다면 우리는 그것이 사상寫像하는 운동들에 따라 변화하는 공간을 보아야 할 것이다.[22] 결국 모든 공간이 힘들에 의해 구성된다면, 실제로 중성적인 매체medium, 그 안에서 운동이 발생하는 매체는 없다. 그리고 이것은 우리가 태양계 안에서 상이한 장들을 측정할 수 있는 물리적 우주와 공간을 강도적으로 살아가는 인간의 생명에 모두 적용된다. 에우클레이데스적 기하학이 각각의 점이 동일한 것인 어떤 공간을 측정했다면, 미·적분학의 정식화 이후 기하학은 빠름과 느림의 공간을 측정할 수 있게 되었다. 후자에서 예컨대 하나의 곡선은 매우 완만한 변화율을 가지면서도 점점 더 날카로운 예각을 이룰 수 있다.[23] 우리는 체험된 우주를 그런 관점에서 훨씬 더 측정 가능한 것으로 사유할 수 있다. 다시 말해 어떤 건축가가 어떤 공간에 단순히 한 종류의 청사진을 강제한다면 그녀는 갖가지 종류의 기술적인 어려움들에 마주치게 되겠지만, 자신이 건축하게 될 대지가 특정한 지점들에서 갖게 되는 저항과 또 다른 지점들에서 갖는 다공성多

孔性을 고려한다면 그녀는 공간을 강도적으로 다루면서 그 고유한 흐름들과 반응들을 염두에 두게 될 것이다.[24] 인간 신체가 시계의 시간과 측정된 공간과 맺는 관계에도 마찬가지가 적용된다. 예컨대 만일에 내가 마라톤을 한다고 할 때 최후의 1마일은 더 길 (시계상으로 더 긴 시간을 요함) 뿐 아니라 신체 안에 피로와 동작의 변화들을 도입한다. 즉 도로와 언덕들의 기복은 최초의 5마일에서보다 더 큰 힘과 노력을 요구하게 되는 것이다. 마라톤의 마지막 몇 분은 수천 가지 작은 지각 작용들로 이루어진——매 발걸음, 통증과 경련이 점차 기하급수적으로 증가한다——반면 최초의 반 시간은 신체에 어떠한 지각 가능한 변화도 가져오지 않을 수 있다. 어떤 마라톤 주자라도 마라톤이 10킬로미터짜리 달리기들의 네 곱절이 아니라는 것을 안다. 마라톤의 마지막 10킬로미터는 앞선 세 곱절의 10킬로미터에 대한 기억을 담고 있기 때문이다. 이것은 단순히 우리가 시간을 공간으로 환원함으로써, 지속의 유동하는 복합적인 변화들을 고정된 점들의 선을 기준으로 바라봄으로써, 우리의 삶을 모든 지점들이 서로 등가하게 해주는 어떤 단위로 측정해 냄으로써 시간을 등질화한다는 이야기가 아니다. 실상 우리가 시간에 사상해 온 공간은 강도를 결여한 공간, 차이화하는differing 속도들과 차원들을 결여한 어떤 공간이다. 시간의 공간화, 시간과 공간을 불변의 지점들, 즉 유동들이나 변화들로부터 추상된 지점들을 가로지르는 불변의 단위의 운동을 측정하는 것으로 환원하는 것(왜냐하면 현실에는 순수한 정적임, 무관심 혹은 불변의 현전은 의미가 없으므로)은 생명의 특정한 욕구, 복잡성을 등질화하고 환원하려는 욕구이다.

　　시간의 표준화는 모든 시간과 날들이 동일하다는 것, 우리가 빛과 어두움의 상이한 분배에도 불구하고 아홉 시부터 다섯 시까지 일한다는 것을 의미한다. 우리는 또한 잠잘 때의 한 시간과 텔레비전을 볼 때의 한 시간을 동일한 것으로 여긴다(잠을 자는 시간에 우리가 너무나 많은 과거의 유입을 허용하는 꿈을 꾸고, 따라서 우리는 결코 이전과 같을 수 없으며 우리의 삶은 극단적으로 다른 궤적을 그리게 된다고 해도 그렇다). 또 우리는 화랑에서 그림을 보는 데 들어간 한 시간과 아침에 운동 기구 위에서 달리는 한 시간을 동일한 것으로 여긴다(그 한 시간의 달리기가 우리 신체에 변화를 도입해 더 빨리 사유할 수 있게 해주기도 하고, 아니면 우리 앞에 놓인 그림에서 역사의 파편을 조망할 수 없을 만큼 피로하게 만들 수도 있음에도 그렇다). 베르그손이 시간의 등질화에 대한 모더니스트적 저항의 일원이었다면[25] 그는 또한 시간과 자본주의 사이의 공모가 현실화되는 것을 허용하는 데 있어서도 결정적인 역할을 했다. 우리가 시간을 기능적으로 측정할수록——시계들이 모두 표준적인 시간에 맞추어져서 하나의 효과적으로 기계화된 노동하는 세계를 허용하게 될수록——낭비된 시간이라는 관념은 점점 더 불가능해진다. 여가는 더 이상 단순히 시간을 보내면서 비생산적으로 소비되어서는 안 된다. 즉 업무 이후 시간에조차도 우리는 생산, 시간의 등질성과 통일성이 연속되는 것을 허용하고 있다. 우리는 (상업 광고를 보여 주는) 한 시간짜리 묶음들로 되어 있는 텔레비전을 보며, '시간을 절약'해 줄 상품들을 욕망하며 우리 자신이 좀더 효율적이 되도록 한다. 즉 우리가 명품을 욕망한다면 이것은 디자이너 상표의 형태를 취하여 우리 자신을 걸어 다니는 나이키나 루이 뷔통 광고로 만드는 것이다. 한편으로 시간의 등질화에 대한 베르그손의 거부는 세계를 하나의 효율의 체계로 환원하려는 이러한 경향에 결정적이었다. 다른 한편 시간의 물화를 정신적으로 극복하자는 그의 호소는 그 자체로 이미 또 하나의 산업이 되었다. 자본주의와 포스트모더니즘은 모두 여가, 창의력, 개인의 차이를 찬미한다.[26] 들뢰즈는 공간화된 시간에 대한 베르그손의 모더니스트적 저항을 유지하고자 하는 한편, 예술이 체험된 인간적 시간을 회수하는 것 이상의 일을 할 필요가 있음을 인식했다.

　모든 형식의 예술에 대한 들뢰즈의 호소는 시간을 재현하지 않고 시간을 차이적으로 지각하는 역능을 열어 놓는 모더니즘을 찬미한다. 할리우드 영화는 시간을 통해 움직이고 욕망된 목적을 성취하는 인물들이 지배하고 있고, 우리는 그런 영화들을 시간 때우기용으로 볼 수 있다. 반면 모더니즘 영화는 시간을 이미지들의 계열로 제시하지 않고 비등질화된 시간, 단위들의 시간이 아닌 파동fluctuation들의 시간의 이미지들을 제공한다.[27] 그리고 이러한 모더니즘 미학의 성격은 모더니즘 문학에도 만연해 있다. 전前-모더니스트 서사들이 결론과 충족을 향하는 서사들을 수반하는, 펼쳐지는 시간을 표현했다면 모더니즘 소설들은 '빗장 풀린' 시간[28] 혹은 '순수한 상태의 시간'[29]의 제시를 목적으로 한다. 그런 시간 속에서 기억이 흘러들 수 있고, 지각작용이 발생할 수 있으며, 그리하여 현재는 그 의미와 연속성을 박탈당하게 된다. 플롯 혹은 해결과 과거의 성취로서의 미래는 탈인간적 시간을 위해 해제된다. 그것은 습관을 방해하는 시간이다. 왜냐하면 우리는 시간을 우리 —— 일반적이고 재인된 기능하는 인간성 —— 를 위해 있는 것으로서가 아니라 차이를 위한 포텐셜로서 지각하기 때문이다.

　베르그손의 지속 개념은 그러므로 매우 엄밀한 의미에서 들뢰즈·가타리가 말하는 개념이다. 철학자들은 개념들을 만든다. 한 개념의 창조는 일반성이라는 이름표를 붙이는——x의 모든 일어남들 occurrences을 'x'로서 주장하는——것이 아니다. 이것[일반화]은 연장적인 것이 될 것이기 때문이다. 들뢰즈·가타리는 개념들이 강도적이라고 본다. 즉 그들은 변화들 혹은 유동들 사이에 접속들을 만들며, 그것은 역으로 사유가 움직이도록 혹은 다르게 되도록 해준다. "개념들은 각자 그 자체로, 그리고 모든 것이 다른 모든 것과의 관계 속에서 진동들의 중심들이다."[30] 예를 들어 지속 개념은 창조, 기억, 차이적/분화적 공간, 속도들, 독특성을 접속하는 시간의 사유를 창조한다. 그리고 우리가 일단 이 개념을 갖게 되면——일단 우리가 시간을 상이한 속도들과 생성들로서 사유하게 되면——우리는 우리 자신의 것과 다른 지속들을 직관할 수 있다. 우리 자신의 지속의 경험으로부터, 정신이 시간의 흐름 속에서 변화하는 방식들을 사유함으로써 우리는 계속해서 다른 지속들을, 그리하여 지속 자체를 사유할 수 있다.

그럴 때 직관은 생명의 경향들로부터 구성되어 온 정신이 경향들을 그 순수한 형식에서 식별할 수 있도록 해준다.[31] 시간이 언제나 공간적으로 연장된 우리의 세계 속에서 일종의 일반화하는 수단의 관점에서 경험됨에도 불구하고 이것이 우리가 시간을 그 자체로 직관하는 것을 막아서는 안 된다. 이는 우리가 사유를 기성의 습관들과, 지성에 의해 고정된 물질 세계에 따라 스스로를 상상하려는 경향에서 해방할 때 비로소 성취할 수 있다. 모든 경험된 구성물을 구성하는 힘들을 구별하는 직관의 방법은 들뢰즈의 저작에서 베르그손의 이미 급진적인 형이상학적 시도들을 훌쩍 넘어 연장된다. 들뢰즈의 전 저작은 독특성들을 사유하려는 노력에 지배된다. 그것은 우리가 효율적으로 행동할 수 있도록 해주고, 지속적으로 우리 자신으로서 존재할 수 있게 해주는 조직화되고, 관리되고, 종합된 전체들이 아니라, 그로부터 조직화된 형식들이 출현하는 탈인간적 역능들 혹은 **포텐셜**들이다. "수렴을 통해 선별된 독특성들의 무한한 체계를 이미 내포하고 있는 한 세계. 그러나 이 세계 안에서 개인들은 체계의 독특성들의 유한한 수를 선별하고 내포하는 것으로 이루어져 있다."[32] 베르그손의 탈인간적 관계들을 직관하는 기획이 통상 이해되는 의미의 생명 —— 생기하는 우주의 생명, 대부분의 진화론자들에 의해 인식될 생명 —— 에 초점이 맞추어진 반면, 들뢰즈가 천착하는 사건들은 우리가 시간을 인간 행위로부터 해방할 수 있게 해주며, 단호하게 탈인간적이다. 영화적 힘들, 혹은 이미지들을 접속하고 재분배하는 기계의 역능은 생명의 재현들이 아니다. 즉 그런 영화적 힘들은 생명의 역능이 인간의 뇌에 분명하게 나타나도록 해준다. 들뢰즈는 생명이 생물학 또는 자연계를 훌쩍 넘어서서 일탈·도착·정신작용을 내포한다고 본다. 다시 말해 잠재적인 것은 베르그손이 생각했듯이 단순히 어떤 우주적 기억의 순수한 과거가 아니라 무익하고, 비생산적인 일탈한 독특한 접속들의 포텐셜이기도 하다. 들뢰즈적 직관의 한 예가 영화에 대한 그의 접근일 것이다. 그것은 우선 영화의 이미지를-구성하는 테크놀로지를 최종 영화의 의미로부터 분리한다. 움직이거나 행동하는 신체의 것도 아닌, 열 지어 연결되고, 잘리고, 재접합된 시각적 이미지들의 가능성은 바로 이미지를 감각-운동 장치로부터 해방하는 것이다. 그러므로 직관의 첫 단계는 영화로부터 물러나 그것을 구성하는 이미지들로 옮겨 가는 것이다. 직관의 다음 단계는 구성물——순수 이미지와 인간 관객——로의 회귀이다. 그러나 이번에는 구별되는 힘들에 대한 사유를 수반한다. 그러므로 영화에 관한 들뢰즈의 책들은 이 두 가지 힘들이 작동하는 방식을 살펴본다. 다시 말해 인간 관객이 이미지 기계를 대면할 때 무슨 일이 일어나는지를 살펴보는 것이다.

유사하게, 프루스트에 관한 저서에서도 들뢰즈는 문학 작품과 그 특수한 스타일에 주목하고, 이것을 작품에 표현된 관념이나 철학과 구별한다. 그것은 마치 카프카에 관해 가타리와 공저한 책에서 카프카가 사회적 전체를 구성요소들로 분열시키는 '문학 기계' 혹은 스타일들에 주목하고, 그 구성요소들을 상이한 배치들 속에서 보여 주는 것과 마찬가지이다. 이것은 소설에 대한 철학이나 소설을 사례들로 이용하는 철학과 매우 다르다. 일단 문학 기법들이 작용하는 방식을 보여 주고 나면 들뢰즈는 한 편의 문학 작품이 한 철학자로부터 새로운 개념들을 요구할 수 있는 방식을 식별한다. 생명은 들뢰즈에게 결정적인 개념이다. 그러나 그것은 베르그손의 생명 개념과는 매우 다른 의도로 창조되었다. 카프카를 살펴보면서 들뢰즈·가타리는 생명〔삶〕을 한 편의 문학 작품이 위치한 어떤 문맥으로도, 저자의 전기로도 정의하지 않으며, 카프카의 소설들이 무엇을 함으로써 가능해진 어떤 개념으로 정의한다. 카프카는 모든 종류의 이미지들——동물들, 기계들, 법정들——을 가지고 접속들을 재-창조한다. 『소송』*Der Prozess*의 법정은 사실적 재현이 아니라, 그로부터 법정들, 정부 부처들, 근대 기관들이 결과적으로 출현하게 되는 종류의 생명〔삶〕, 그런 종류의 욕망들과 접속들의 강도화이다. 그럴 때 들뢰즈·가타리가 '생명'〔삶〕으로 말하고자 하는 것은, 구체적 문맥이 출현하는 운동들을 보기 위해 현실적, 정치적 문맥을 해체하는 카프카의 예술이다.

> 창조적 탈주선은 그 운동 속에서 모든 정치학, 모든 경제, 모든 관료주의, 모든 사법 제도를 빨아올린다. 그때 탈주선은 마치 흡혈귀처럼 그것들을 빨아들여 그것들이 가까운 미래로부터 오는 미지의 소리들을 그리도록 한다──그것은 파시즘, 스탈린주의, 미국주의, 문을 두드리는 악마적인 힘들이다. 왜냐하면 표현은 내용에 선행하고 내용을 끌어내기 때문이다(물론 〔그것이〕 의미화하지 않는다는 조건에서). 다시 말해 살기와 글쓰기, 예술과 삶은 주류 문학의 관점에서만 대립적인 것이다.[33]

그러므로 들뢰즈·가타리의 '소수자 문학' 개념은 극단적인 생명 개념과 통접conjunction되면서 정의된다. 삶〔생명〕이 단지 현실적 세계일 뿐 아니라 그 모든 잠재적 포텐셜들이기도 하다면, 그때 소수자 문학은 삶〔생명〕을 지금 있는 그대로──우리 모두가 아는 것으로── 사유하지 않고 그것이 될 수 있었을 어떤 것으로 사유할 수 있는 능력에 있어 위대하다. 다시 말해 그것은 새로운 관점으로부터의 삶〔생명〕이다.[34]

들뢰즈의 '생명' 개념은 뇌, 이미지들, 기억, 예술과 과학과 철학의 생산들 사이에 접속들을 만든다. 그와 같은 생산들이 실존한다면 이것은 우리에게 그처럼 분기하는 '선들'을 생산하는 생명의 역능에 대해 말해 주어야 한다. 철학과 예술은 생명의 이미지들의 재현이 아니다. 우리는 예술과 철학의 출현 또는 창조를 고려할 때 생명의 창조적 포텐셜에 관해 다소간 이해할 수 있다. 우리가 어떤 단일한 예술 작품이나 어떤 단일한 개념을 생산하는 힘들을 직관한다면 우리는 독특성 자체, 다시 말해 차이를 만드는 역능에 접근하기 시작할 수 있을 것이다. 베르그손과 마찬가지로 들뢰즈는 우리가——인간 신체들, 사회들, 예술, 철학, 과학을 포함하는——여하한 조직화된 신체 또는 상대적으로 닫힌 형식의 창조를 조회해야 하고 '탈기관체' 또는 그로부터 신체들이 구성되는 힘들로, 그리고 궁극적으로 (힘 안에서 차이를 생성하는) 생명의 사유 자체로 이동해야 한다고 주장한다. 베르그손의 해석이 궁극적으로 (그러나 우발적으로) 그 자신의 창조를 직관할 수 있는 인간 형태에 도달하게 되는, 창조적으로 진화하는 생명의 역동적으로 열린 전체를 소급하여 지시한다면(Bergson, 1911), 들뢰즈가 보다 강조하는 것은 탈인간적 사건들, 비유기체적 생명, (들뢰즈·가타리가 『안티 오이디푸스』에서 지칭하는) 반−생산 혹은 그 자신에 반하거나 그 완전한 역능을 표현하지 않는 생명의 역능이다.

베르그손의 직관된 탈인간적 지속들은 흔히 이를테면 설탕이 액체에 용해되는 데 드는 시간과 같이, 다른 생기하는 형식이나 적어도 자연의 형식들에 의해 예시된다——그러므로 창조적 진화의 생명 일반은 자연적 생명이었고, 그럴 때 테크놀로지는 기생적인 것으로 여겨졌다. (베르그손은 영화의 스냅숏을 이미 기계화 과정, 그로 인해 지성이 현실을 정적인 이미지들로 고착시키는 과정의 강도화라고 보았다.) 우리는 세계를 통일적이고 양화 가능한 메커니즘으로 환원한다. 물리학은 등가한 측정 단위들에 입각해 세계를 미리 결정하는 수학적 논증에 지배되어 있다(혹은 있었다). 그러나 예컨대 우리가 먹는 동물들의 '세계'나 우리가 약탈하는 대지와 같이 다른 유기체들의 생명을 고려한다면, 우리는 세계를 이미 실존하는 사용 가능한 수많은 물질들로서 사상하는, 필연적으로 다른 지속들을 고려하지 않는 인간적 공간을 깨달을 것이다. '우리의' 역사는 단일한 선線으로서 발생하며 그럴 때 대지는 인간 행위를 위한 매개나 배경으로 존재한다. 오늘날 '자원'에 대한 우리의 조작은 우리를 다른 시간들에 직면하게 한다. 거기에는 화석 연료를 생산하는 탈인간적이고 느린 지속들뿐 아니라 우리의 생애 내에 돌연변이, 일탈, 멸종을 생산하는 탈인간적 지속들의 속도도 포함된다. 인류의 존재 자체가 오늘날 보다 빠르게 변화하고 있다. 우리가 대지를 가로질러 보다 빨리 이동하고 있기 때문이다. 즉 조류 인플루엔자와 같은 현상이 돼지에게서 인간으로 넘어올 수도, 그리고 인류의 신체로 가로질러갈 수도 있으며, 이 모든 것이 보다 빠르고, 보다 큰, 신체의 전 지구적 그물망을 창조하는 여행이라는 형식에 의해 강화되기 때문이다. 이 시간이 우리 자신의 것이 아닐 뿐더러 우리의 고유한 시간은 인류의 신체를 넘어서는 운동들에 의해 변화된다.

베르그손은 직관이라는 수단에 형이상학적 명령이 있다고 본다. 우리 자신을 효율적인 행위를 위해 물화된 세계로부터 해방함으로써만, 그리고 우리 고유의 리듬들에 조율되지 않는 유기체에게 세계란 어떠한 것인지를 지각함으로써만 우리는 우리가 특수하지만 망각된 지속을 가지고 있음을, 그리고 이것이 그 고유한 현재와 기억뿐 아니라 현전하지 않는 자들——인간성 일반의 기억과 직관들에 집중할 수 있는 어떤 지속임을 인식하게 될 것이다.[35] 우리는 낙엽이 나무에서 떨어지는 것에서 그 잎이 떨어진 경작토로, 그리고 인간들이 호수의 물고기들을 방해하면서 제트스키를 타는 호수를 가로질러 이동할 수 있다. 그와 같은 지각작용은 인간적 관점 내에 위치하는 동시에 인간적인 것을 넘어서는 리듬들, 지속들, 상상된 지점들을 구별하게 해준다. 다시 말해 그것은 인간 행위에 의해 생태 환경을 변화시키는 자연의 연年 단위 순환과 농경의 계절들, 대지와 바다라는 광대한 시간의 척도, 그리고 일상의 노동과 유희를 하고 있는 다른 인간 존재들의 시간들이다. 이것은 아인슈타인의 상대성이론의 시간이 아니다. 베르그손은 그것[아인슈타인의 상대성이론]이 시계의 시간이 동질화하는 추상작용임을 이해하기 위한 어떤 방식에 지나지 않는다고 본다. 우리는 상이한 지속들로 구성된 이 하나의 삶을 직관할 수 있는 어떤 지각자, 그러한 상대성이론가를 가질 수 있을 때 비로소 상대성이론——통약불가능한 지속들을 만들어 내는 상이한 속도들에 대한 감각——을 가질 수 있다.[36] 말하자면 우리는 상대성이론, 즉 시간이 상이한 속도로 운동하며 상이한 위치에 있는 상이한 관찰자들에게 상이하리라는 주장 또는 관찰을 그냥 얻을 수는 없다는 것이다. 이것이 가능한 것은 오직 모든 독특한 지속들 이외에 지속 자체를 사유하는 능력——실천적이라기보다는 이론적인 능력——과 빠름들과 느림들에 골몰하는 한 생명이 있을 때뿐이다.[37] 인간성은 창조적 역사의 결과물이다. 우리는 우리 자신의 삶을 촉진할 포텐셜을 가지고 있기 때문에 고정되고 통일된 공간에 입각해서 사유한다. 그러나 그 동일한 포텐셜 혹은 경향이 우리를 한 걸음 더 멀리 데려갈 수 있다. 일단 우리가 우리의 고정되고 연장된 세계가 정복과 조절을 향한 우리 인간이 지닌 경향의 결과물임을 깨닫게 되면 우리는 본질적으로 창조적인 경향을 인식할 수 있고, 비로소 인간성을 고정된 형식이 아니라 창조적 원리로 사유할 수 있다. 베르그손은 우리를 앞으로 나아가도록 하는, 우리가 세계를 우리 자신의 이미지 속에서 보게 해주는 창조적 역능이 이 이미지의 출현을 직관할 수 있는 동일한 역능이라고 주장하기 때문이다. 결국 생명의 역사의 특정한 지점에서 하나의 사건 ─ 직관의 수단 ─ 이 출현하고, 그것은 모든 생명에 대해 단순히 그 구성된 인간적 형식이 아닌 진정한 사유를 가능하게 해준다.

2_ 운동-이미지

시간과 공간의 역사와 영화의 역사

들뢰즈는 공간과 운동에 대한 지각작용을 역사적으로 해석하면서 『시네마 1』을 시작한다.

> 고대에 운동이란 가지적인 요소들, 그 자체로 영원하고 부동인 **형식**들 또는 **관념**들을 참조한다. …… 이런 식으로 이해된 운동은 결국 한 형식에서 다른 형식으로의 규제된 이행, 다시 말해 춤에서와 같이 자세들*poses* 또는 특권화된 순간들의 순서가 될 것이다. ……
> 근대의 과학혁명은 운동을 특권화된 순간들이 아니라 여하한-모든-순간any-instant-whatever에 관련 짓는 것으로 이루어져 왔다. 운동은 여전히 재구성되었지만, 그것은 더 이상 형식적 초월론적 요소들(자세들)이 아니라, 내재적이고 물질적인 요소들(단편들sections)로부터 재구성한 것이었다. 운동의 가지적 종합을 생산하는 대신 감각 가능한 분석이 그로부터 도출되었다.[1]

공간과 시간의 이런 역사가 들뢰즈가 영화사를 이해하는 데 결정적인 역할을 했다면, 그의 영화사 또한 시간의 이미지의 의미에 관한 광범위한 논쟁에서 한몫을 했다. 시간이 운동에 근거한다고 여겨지는 한(그것이 적절한 최종 형식을 향한 신체들의 운동이든, 통일된 공간을 가로지르는 신체들의 운동이든) 우리는 순수한 상태의 시간을 볼 수 없을 것이다.

전前 근대적 사유는 운동을 고정된 형식 또는 자세의 실현이나 획득으로 보았다. 이것은 보다 광범위한 생명 이론에 관련되어 있는데, 그에 따르면 각각의 유기체는 본질적으로 그 고유한 무엇임을 실현하는 쪽으로 움직여 간다. 예컨대 인간들은 이성에서의 그들 고유의 움직임motion을 가지며, 그들의 합리적 포텐셜을 행사하면서 비로소 완전히 인간이 된다. 운동들은 고유한 형식을 획득해 가는 이행들이었으며, 그러므로 그것들이 실현해야 하는 것에 보다 가까워지거나 그보다 더 멀리 나아갔다. 공간은 그 속에서 시간적 형식들이 실현되었던 환경이며, 운동은 각 존재가 고유한 자리를 향하는 운동이었다. 즉 천상의 신체들에 맞는 공간과 움직임이 있고, 지상의 신체들을 위한 공간과 움직임이 있는 상이한 법칙이 존재한다. 어느 정도까지는 그렇지만 향수 어린 지지는 없이 들뢰즈는 아리스토텔레스적 우주의 표준적 그림에 반향하고 있다. 세계를 형성되지 않은 질료로부터 등질화하고 과학적으로 환원하기 이전에 각각의 존재는 그 고유의 자리와 운동 양태를 가지고 있었다.[2] 시간은 그와 같은 운동들이 본질적으로 불변의 것이었던 형식들을 실현하기 위해 취한 시간으로 정의되었다. 각각의 존재가 그 본유적 본성과 질서를 가지고 있던 등질적 공간의 세계에 대한 이런 이미지는 종종 감정적으로 호소되어 왔다. 옛날 옛적에 세계는 아직 자본, 과학적 환원, 양화量化, 탈신학화disenchantment, 메커니즘의 어느 것에도 종속되어 있지 않았다. 그러나 들뢰즈는 근대성으로의 타락fall이라는 생각을 거부하는 동시에, 자본주의 또는 양화로의 경향이 자본주의를 '피해 갈' 수 있는 전前-자본주의적 형성들에도 실존했음을 주장한다. 향수에 대한 이와 같은 거부는 내재성에 대한 그의 천착에 의존한다. 들뢰즈는 자본주의를 (혹은 다른 어떠한 '사악한' 것으로 가정되는 것을) 생명[삶]에 일어나는 사건으로, 그리고 우리가 단순히 발을 뺄 수 있는 것으로 보려 하지 않는다. 다시 말해 세계가 등가하고 균일하며 대상화되고 조작 가능한manageable 질료로 환원되는──이에 수반되는 변화란 한낱 이미 주어진 것의 순환에 불과하고, 생산은 양의 극대화이자 증가인──것이 가능하다면 이것은 생명에 탈-조직화를 향한 역逆-경향은 물론, 조직화를 향한 경향이 있기 때문이다(우리는 경향들과 지층화에 대한 이러한 폭넓은 논제, 상대적 안정성을 생산하는 하나의 흐름과 닫힌 경계closure에 저항하여 차이를 향해 개방해 나가는 역-흐름을 수반하는 논제로 계속 되돌아올 것이다). 두 권의 『시네마』에는 시간, 화폐, 인간성에 대한 매우 정교한 논거가 들어 있다. 자본주의는 개별적 생명들의 흐름, 우리 자신의 욕망들과 의미들을 단일한 전 지구적 현전으로 흘러들게 하는 하나의 사건으로 나타난다. 우리가 하는 모든 것이 양화되고, 거기에는 우리가 시간-절약 서비스들에 돈을 지불함으로써, 혹은 시간-활용 활동들에 지불함으로써 구매하는 여가시간이 포함된다.

들뢰즈의 초기 저작들과 가타리와의 합작 전반을 관류하는 한 가지 지배적인 모티프는 사유화이다. 이것은 추상적 시간, 자본주의, 의미, 섹슈얼리티, 주체성을 설명하는 데 도움을 준다. 사유화는 어떤 구체적이거나 집합적인 의미를 갖지 않는, 그것이 내 것이든 네 것이든 동일한, 의미도, 위치locus도, 동일성도 갖지 않고 오직 전유를 수반함으로써만 무엇임이 되는 한 흐름의 형성이다. 자본주의에서 시간은 사유화된다. 즉 모든 한 시간이 다른 한 시간과 동일하고, 나는 보모, 비서, 조사원, 인생 설계사, 전화 받을 사람을 고용함으로써 나 자신의 시간을 보다 더 많이 구매할 수 있다. 내가 현재의 나의 인격을 가지기 위해서는 이러한 일들을 하는 가운데 나 자신의 시간을 써야 한다는 것은 의미가 없다. 즉 사유화는 내가——섹스에서 개인적 스타일에 이르기까지——나를 지금의 나로서 규정하는 모든 것을 구매할 수 있을 때 완성된다. 사적 소유물이란 어떠한 것이 고유한 자리나 존재를 가지고 있지 않아서 내 것이 되었다가 네 것이 되었다가 자유롭게 순환할 수 있을 때 비로소 있을 수 있다. 화폐는 그것이 순환할 때 어떠한 차이도 인식하지 않는 단일한 흐름을 창조함으로써 사유화의 경향에 가장 명백한 형식을 부여한다. 즉 세계의 질료가 어떠한 본유적 특질이나 경향도 갖지 않고, 또한 배분되고 전유될 수 있다면 사적 소유물만이 있을 수 있는 것이다. 들뢰즈 · 가타리가 『안티 오이디푸스』에서 주장하듯 심리조차 사유화된다. 언젠가 집단적으로 체험된 이미지들——이를테면 모두가 두려워한 전제군주——은 자본주의에서 각각의 주체가 그 자신의 양심이나 내면화된 아버지상과 맺는 관계로 치환된다. 우리는 이제 정신분석가에게 가서 돈을 지불하고 우리 자신의 사적 신경증을 치료한다. 자본주의와 화폐 체계가 사유화를 강화强化

하기는 했지만, 원시적 삶에도 사유화의 경향들은 있었다. 들뢰즈·가타리는 신체에 대한 집단적 투여 ─ 부족의 팔루스, 눈이나 가슴의 토템, 피의 성스러운 흐름 ─ 가 매우 구체적인 영토들 혹은 배치된 신체의 스타일들을 생산한다고 설명한다. 사유화의 원-형proto-form은 항문과 더불어 생겨나며, 그것은 공공에 전시되거나 집단 투여의 형식을 취하지 않는다. 즉 배설물은 무의미하고 탈인간적인 쓰레기 ─ 내 것도 네 것도 아니고, 소유되지도 않은 것 ─ 가 된다. 이것은 고유한 어떤 신체로부터도 해방되고 유기체나 고유한 장소로부터도 해방된 어떤 순환 또는 흐름을 향한 생명에 있어서의 한 경향을 입증한다. 자본주의가 우리의 사적 개별성, 섹슈얼리티, 주체성을 가정할 때 ─ 그리하여 우리는 다만 우리가 파는 노동, 우리가 사는 생산품들, 마음속에 가진 환상들에 지나지 않을 때 ─ 그것은 시간의 포텐셜 자체, 조직화와 공리들의 포텐셜을 연장한다. 시간의 흐름은 형식과 흐름을 창조하는, 생산적인 것이다. 그러나 그와 같은 형식들 혹은 흐름들 ─ 예컨대 화폐 ─ 이 시간의 척도로 받아들여질 가능성은 언제나 있다.

흐름들에 보다 큰 자유를 허용하는 탈영토화인 동시에 모든 흐름들이 하나의 시간 체계의 일부로 존재하는 하나의 공준으로서 근대 자본주의의 탄생을 추적하면서 들뢰즈·가타리는 자본주의의 탈영토화들의 단절을 제시할 수 있는 근대의 몇 가지 사건들을 포착하고자 한다. 영화에 관한 책들에서 들뢰즈는 영화를 시간을 운동과 척도로 환원하는 역사의 일부이자 시간의 양화를 넘어서는 사유하기의 방식으로 보았다. 이것이 그의 『시네마』 1, 2권이 매우 특수한 의미에서 역사성을 띠는 이유이다. 왜냐하면 각각의 영화적 형식은 공간적 운동 이미지들을 시간 이미지들에 연관시키는 한 방식이 될 것이기 때문이다. 영화가 한 형식으로 출현할 즈음에 우리는 이미 각각의 형식이 그 고유한 공간과 고유한 운동을 갖는 아리스토텔레스적 우주를 버렸다. 공간을 이미 주어진 형식들이 현실화하는 장으로 보고, 시간을 그 형식들에 도달하는 무관하지만irrelevant 필연적인 경로라 본 전 근대적 이해는, 균일하고 양화 가능하고 추상적인 공간과 파생적이고derivative 단순히 주관적이며 사적인 시간에 대한 근대적 이해와 다른 것이다(설령 그들이 시간을 시간 고유의 산물들로 측정하려는 경향 그리고 생산을 증식하는 지속들의 창조가 아니라 시간 내에서 효과적인 흐름들의 극대화로 환원하려는 경향을 공유한다 할지라도). 공간과 시간에 대한 근대의 과학적 개념화들과 더불어 시간과 생명에 대한 참된 사유 그리고 이에 부대하는, 근대 과학의 급진적 포텐셜로부터 퇴각하려는 경향이 모두 존재한다. 실로 들뢰즈의 철학사와 들뢰즈·가타리의 생명의 역사들을 특징 짓는 것은 언제나 기쁜joyful 생명의 포텐셜을 낳은 급진적 변화(시간)에 대한 주장이다. 비록 이러한 포텐셜한 생성들이 아직 그 혁명적 힘을 실현하지 않았지만 말이다. 영화 또한 사유 이미지에 대한 뇌의 관계를 변환시키는 포텐셜인 이상 들뢰즈의 영화사도 예외는 아니다. 물론 이 변환은 결코 필연적이지는 않다. 들뢰즈에게 모든 것은 생성의 기회chance를 긍정한다. 다시 말해 변화의 사건들은 진정 가능하지만, 이는 바로 그것들 역시 있을 법하지도, 필연적이지도 않고, 현 상황에 미리 주어진 것은 분명 아니기 때문이다.

근대가 공간을 재고再考할 때 우선은 공간을 형식들의 실현으로부터 해방하는 과정이 있었다. 공간은 더 이상 본유적 형식들이 아니다. 운동 역시 본질적으로 구별되는 한 장소에서 다른 장소에로의 전이도, 특정한 운동 양태도 아니다. 운동의 어떠한 지점이든 다른 지점에 대하여 등가하다. 우리는 궤도의 한 단편을 다른 모든 단편들에 입각하여, 그것이 '여하한-모든-공간'으로서 점유하는 공간과 더불어 측정할 수 있다. 이제 여기서 급진적인 포텐셜이 열린다. 운동은 더 이상 그것이 달성해야 할 것으로 미리 정향되어 있지 않고, 공간은 더 이상 미리 주어진 초시간적 형식들에 의해 지배되지 않기 때문이다. 공간은 더 이상 이미 결정된 질서로서 운동을 지배하지 않으며, 운동은 더 이상 그것의 이유로서의 어떤 목적을 향하는 것이 아니다. 결국 결정되지 않은 생성 또는 이행, 하나의 사건을 낳을 수 있는 생성, 다시 말해 자신의 내부에 그 끝을 갖지 않는 하나의 궤도를 사유할 가능성이 있다. 그러나 근대성의 '여하한-모든-순간'은 시간에서 파생된 오성에 의해 길들여진다. 변화를 가능하게 하거나 생산하는 운동과는 달리——각각의 운동을 그것이 횡단하는 힘들에 따라 상이하게 추동하는 생성하는 존재 혹은 시간과는 달리——시간은 운동의 척도가 된다. 이러한 종속에 대해 생각해 볼 수 있는 몇 가지 방법이 있다. 그 첫째는 과학과 철학의 역사를 통하는 것이다. 우리가 운동을 연장적이고 계량적으로 생각한다면 운동의 각 지점은 모두 동일한 형식과 속도를 가질 것이다. 우리는 평평한 공간, 등가한 점들, 직선들로 이루어진 에우클레이데스 기하학을 통해 바라본다. 그러나 17세기의 철학자 라이프니츠G. W. Leibniz가 시작한 것처럼 곡선들과 상이한 속도들(가속과 감속)을 생각하려고 해보면 우리는 공간에 강도적이고 비-계량적으로 접근하게 된다. 곡선은 그것이 보다 첨예해질 때 '속도를 높이'고

완만해질 때 속도를 늦춘다. 완성된 궤적이 한 번에 모든 지점들을 재현하게 되고, 그것은 그때 평균 속도에 따라 계산될 수 있다. 반면, 실재적 지속 안에서 궤적은 고르지 않아서, 보다 많은 공간을 주파하면서 변화하다가도 곡선이 완만해지면 보다 적은 공간을 횡단하고 상대적으로 균일해진다. 물리학과 수학의 역사가 전개되면서 시간을 환원하는 공간의 등질화——여기서 공간 안의 모든 지점은 동시에 서로에 대해 등가한 것으로서 주어지고, 시간은 한 지점에서 다른 지점으로의 이행에 지나지 않는다——가 시간과의 급진적인 조우를 허용한다. 공간이 어떤 고유한 질서에 따라 미리 결정되어 있지 않고 운동이 실재적으로 가능하다면, 그때 운동은 단순히 공간 안에서 일어나는 것이 아니라 공간을 변화시킬 것이다. 하나의 운동은 새로운 차원들을 창조하고 상이한 장들을 생산할 수 있다. 그렇게 해서 시간에 따라 사상寫像된, 어떤 주어진 전체의 재배치로 존재하는 대신, 지금 존재하는 것 안에서 차이를 창조할 것이고, 또한 그럴 때 새로운 지속들을 열 것이다. 내가 어떤 다른 문화권으로 여행을 가서 그 역사를 배운다면 그 문화는 거꾸로 나의 역사를 배우는 것이다. 그러면 이제 우리가 가지고 있는 과거는 보다 큰 세계의 것이 되며, 그럴 때 매우 다른 미래에 대한 가능성을 열게 된다. 그럴 때 우리는 [이전과] 같은 방식으로 행동하지도, 사유하지도 않을 것이다. 한편으로 그와 같은 주장은 그저 은유일 뿐인데, 왜냐하면 우리는 당연히 계속해서 동일한 세계에 거주했고 이제 다만 서로 상대의 역사에 대해 알았을 뿐이기 때문이다. 그러나 다른 한편으로는 시간 속에서, 시간을 통해서 열려 나가는 매우 구체적인 의미의 세계들이 있다. 들뢰즈는 그것을 지속적으로 강화해 가고자 한다. 가장 완전한 의미에서 세계와 생명은 국지화된located 지각자들의 그 모든 세계들로 이루어져 있다. 내가 나 자신의 것과 완전히 다른 접속들의 세트를 만드는 세계의 또 다른 지각자와 조우한다면, 그리고 그 조우가 새로운 문화를 열어젖힌다면, 이것은 여전히 다른 조우들, 시간의 다른 충돌들, 모두 (하나의 개별자가 가진 것이 아닌) 하나의 '우주적 기억'의 표현들일 다른 세계를 위한 포텐셜 ——잠재적이지만 현실화되지 않은—— 에 정박하고 있을 것이다. 우리가 운동을 공간과 시간을 가로지르는 한 신체의 이동이 아니라 다른 힘들과 교차하는 힘의 한 운동으로서 사유할 수 있다면, 시간과 공간은 전체들을 열게 될 것이다.

들뢰즈가 고전 영화의 운동-이미지에서 포착한 것은 '여하한-모든-순간'을 가로지르는 운동의 개념화이다. 여하한-모든-순간의 근대적 공간에는 두 가지 경향들이 있다. 첫번째는 특권화된 시점에 종속된 시간과 공간으로, 이럴 때 운동은 언제나 고정된 틀 내의 한 지점에서 다른 지점의 운동이다. 결국 우리가 행위와 자기-유지self-maintenance로 정향된 신체의 관점을 취한다면, 그 관점을 하나의 중심으로서 받아들여 모든 운동들을 그 참조틀 내의 운동들로 정향시키는 것이 타당할 것이다. 즉 그럴 때 시간은 관찰자가 하나의 지점부터 다른 지점으로 구성하는 필연적인 연속성이나 종합이 될 것이다. 시간은 극단적으로 혹은 초월적으로 주관적인, 그것을 통하여 연속적이고 사상된 공간과 같은 것이 가능해지는 조건 또는 형식이 될 것이다(그리고 공간 또한 이러한 시간의 측정함 또는 헤아림에 필수적이 될 터인데). 왜냐하면 고정된 관찰자와 관찰되는 대상(혹은 내적인 의미와 외적인 의미) 사이의 구분이 없이는 연속적 시간이 종합될 수 있는 근거가 되는 한 지점이 있을 수 없기 때문이다.[3] 이러한 주체-중심화되고 추상적인 양식으로 시간에 대해 사유함에 덧붙여, 우리는 또한 서사에 대한 내포들implications for narrative ── 비-서사적 예술과 영화에 대한 들뢰즈의 모더니즘적 긍정에서 중요한 내포들 ──을 외삽할 수 있다. 공간이 운동의 가능한 지점들의 추상적 장이고 시간이 그 운동의 종합 또는 추적함이라면, 거기에는 서사에 대한 이해가 수반된다. 서사에서 결말 혹은 해결은 관심적interested인 관객이나 독자에 의해 욕망되거나 기대되는 한 궤적의 고유한 완결이다. 운동은 어떤 행위의 완결이라는 고유한 목적을 갖는다. 즉 시간은 이 여행, 운동 혹은 도착 ──상황 A로부터 상황 B로의 이동이 발생하는 데 드는 시간이다. 『시네마 1』에서 들뢰즈는 한 세트의 이미지들이 어떻게 다른 세트의 이미지들의 전개로 정향되는지, 그래서 우리에게 주어진 이미지가 운동의 하나가 되고 소요된 시간이 간접적으로 주어지는지에 주목한다(왜냐하면 우리에게 시간의 이미지 ── 요컨대 수 년 혹은 수십 년이라는 흐름의 이미지 ──가 주어지지만 이것은 시간 자체가 아니라 상황의 전이나 교체 속에서 지나가는 시간일 뿐이기 때문이다).

'여하한-모든-순간'에 대한 근대 공간의 둘째 포텐셜은 급진적이다. 왜냐하면 행위의 중심 또는 운동이 조망되는 지점이 더 이상 인간적이고 실용적으로 추동된 주체가 아니라 카메라의 눈이기 때문이다. 다른 모든 서사 형식이 그렇듯 영화는 ── 세대들과 시대들을 패닝 panning함으로써 ──고양된, 혹은 서사시적인 관찰자의 시점을 취할수 있다. 그러나 이러한 포텐셜은 단일한 관찰자의 그것 너머로 연장될 수 있다. 카메라가 인간 행위자들은 의도하지 않았던 운동들 혹은 전개들과 더불어 자연을 진화하는 전체로서 아우르기 시작할 때 이러한 일이 발생한다. 예컨대 소비에트 영화는 몽타주를 이용해 혹독한 눈보라 같은 자연의 운동들을 새로운 공장 기계의 발명 같은 기술적 운동이나 기아나 불황과 같은 사회적 운동들과 접속한다. 그럴 때 영화는 시간의 산물들이 단순히 사상된 사물들의 행위나 운동의 산물이 아님을 보여 준다. 이것이 들뢰즈가 운동-이미지에서 포착한 급진화이다. 운동-이미지는 움직이는 단편들을 접속함으로써 간접적으로 시간을 현시하고, 그리하여 시간은 공간 속에서 한 신체의 운동이 아니라 상호 교차하는 다양한 공간들로 구성된 것으로 묘사된다.

운동-이미지와 기호학

들뢰즈의 『시네마 1』과 『시네마 2』(그리고 이 책들이 이야기하는 역사)는 상당 부분 규범적인 감성론에 지배되는데, 이 규범적 감성론은 또한 하나의 윤리학이기도 하다. 1권에서 고전 영화를 다루면서 들뢰즈는 영화의 본질인 포텐셜——사유의 역사를 지배해 온 지각작용의 구조를 변환시킬 포텐셜——은 일부 영화들에서 실현될 뿐이며 우리는 그/녀가 영화 장치의 역능을 실현하는 정도에 따라 영화 작가의 위대함을 평가할 수 있다고 주장한다. 예컨대 영화가 현실(혹은 책이나 희곡과 같은 다른 매체)의 번역 또는 재현을 제공하는 것으로 여겨진다면 영화는 다른 체험들과 정도상의 차이만을 가질 뿐이다. 문학이나 드라마의 텍스트를 성실히 따르며 영화의 역할을 경시하는 영화들은 영화의 포텐셜에 반하여 작업하는 것이다. 그것들은 영화를 그것이 할 수 있는 것에서 분리한다. 그리고 들뢰즈의 저작에 하나의 핵심적인 윤리가 있다면 그것은 이러한 것이 될 것이다. 우리가 그로부터 구성된 역능들을 남김없이 살아 낼 것, 포텐셜들 혹은 **생명**을 n승의 역능으로 연장할 것. 영화의 기구 속에서 **사유하는** 영화들은 〔앞의 경우와는〕 대조적으로 하나의 조우의 실례들instances이다. 뇌는 노동하라고, 더 이상 선별되고 종합되어 습관적 행위를 용이하게 하지 않는 일단의 이미지들이 주는 충격을 조우하라고 요구받는다.

들뢰즈는 운동—이미지에 대한 일련의 사례들을 제기하는데 그것들은 모두 시간의 간접적 이미지를 준다. 그렇게 함으로써 그는 국지적인 동시에 전 지구적인 지점을 만들어 낸다. 국지적으로 그의 접근은 고도로 형식주의적이다. 영화 연구는 다른 언어를 통해 발생해서는—시각 이미지들을 서사나 의미로 번역하는 것—안 되며, 영화가 이미 하나의 언어라서 영화 이미지들이 쓰이거나 말해지는 담론 작업들과 동일한 방식으로 (일단의 차이들을 생산함으로써) 기능할 구조로 구성되었으리라고 가정해서도 안 된다. 그 대신 들뢰즈는 영화 이미지들을 보고, 무엇보다도 그 구조를 사유하기의 영화적 스타일에 고유한 것으로 본다. 그의 철학은 이 사유하기에 개념적 형식을 부여하고, 철학 개념들 안에서 영화가 우리에게 보여 주는 시간의 생명 자체를 분절하고자 한다. 그 핵심은 영화의 특수한 테크놀로지가 다양한 스타일의 구조를 허용하며, 이 스타일들은 언제나 사유하기의 방식들이라는 점이다. 우리는 철학을 영화에 적용하지도 영화를 철학적 사례들로 이용하지도 않는다. 그러나 만일 우리가 영화를 통하여 **사유한다**

면 그럴 때 철학적 사유하기 역시 변환될 것이다.

영화를 영화적으로——다시 말해 다른 양태들로도 마찬가지로 잘 현시될 수 있는 전언·도덕·의미의 재현으로서가 아니라 그것이 작동하는 방식에 입각해 고려하는 이러한 국지적 천착으로부터——들뢰즈는 그의 철학과 그의 윤리학 양쪽을 일별하게 해준다. 영화에 관한 이 두 권의 책에서 들뢰즈의 철학적 방법은 극단적인 경험주의이다. 다시 말해 이미지들의 연쇄와 그 특수한 접속 스타일은 어떻게 관념들을 생산하는가? 생명의 의미, 생명 전체의 관점은 생명 안에서 어떻게 출현하는가? 들뢰즈의 경험주의는 세계를 재-현하기 위해 존재하는 양-식의 주체나 정신을 신념 행위로서 가정하기를 거부한다. 두 권의 책이 진행됨에 따라 우리는 영화와 들뢰즈가 여하한 사건에 대한 참으로 윤리적인 접근 방식으로 여기는 것 사이의 밀접한 관계를 인식하게 된다. 영화의 출현과 짧은 역사 이후에야——그것이 고유한 사유란 이런 것이라고 여겨지는, 미리 주어진 이미지들 없이 성실하게 고찰되었다면——비로소 우리는 생명이 언제나 이미지들의 관계들을 생산하는 가운데 창조적으로 진화해 왔음을 인식할 수 있다. 사유의 역사——두뇌와 생명의 역사——는 영화적이다. 다시 말해 생명은 상대적으로 안정적인 지각작용의 지대들로 구성되어 있다. 인간 유기체는 이미지들을 편집하고, 종합하고, 연관 짓는 작업을 통해 진화한다. 인간의 두뇌가 이러한 이미지화의 과정을 직면할 때, 그것이 영화를 **사유**할 때, 그것은 다르게 사유함의 가능성을 연다. 다시 말해 우리가 줄곧 '영적 자동인형'으로 작동해 왔지만, 다른 연계 양태들, 다른 시각 기계들과 교전할 때, 비로소 우리는 우리가 가진 종합과 접속의 역능들을 연장할 하나의 포텐셜을 실현하게 된다. 들뢰즈는 운동-이미지가 행위의 재현에 직접적으로 근거하고 있다고 본다. 즉 우리는 인간적 전제들, 자연적 인과들, 변화하는 상황들의 연쇄에 따라 연계된 사건들을 본다. 동시에 운동-이미지는 어떠한 상황이 행위를 촉발하고, 또 그와 같은 행위로부터 다른 상황의 창조를 허용하는 이미지들의 연쇄를 제시함으로써 간접적인 시간의 이미지를 산출한다. 영화는 펼쳐지고 연속적으로 변화하는 전체로서의 시간이 간접적으로 지시되는 그러한 운동들을 제시한다. 하나의 운동 혹은 행위는 불변하는 어떤 세계 내에서 발생하지 않는다. 즉 각각의 행위가 하나의 상황을, 관계들을, 그럼으로써 전체를 변화시킨다. 일상의 시각vision이 그 고유의 행위들과 목적들 속에 포착된다면 운동-이미지의 영화는 운동들의 지각작용이 생명의 변화하는 전체에 의해 틀 지어지는 것을 허용한다. 운동들이 간접으로 '열린 전체'에 접속되어 있다는 사실은 다양한 스타일의 영화적 기구에 의해 가능하게 된다.

영화적 체험과 영화 이론의 수준에서 들뢰즈는 한 가지 주요한 이론적 책략을 만든다. 그는 영화를 주제와 내용——말하자면 한 편의 영화가 어떤 전언 혹은 삶이나 소설로부터 취한 서사를 옮기는 방식——에 따라서도, 혹은 이미지들이 어떤 전前-영화적 내용의 기호가 되는 협의의 언어로서의 영화에 관련해서도 읽지 않는다. 그 대신 『시네마 1』은 그 전체가 영화의 고유한 언어, 그 구체적인 스타일 혹은 기호들의 체제를 이론화하는 데 바쳐진다. 이것은 영화를 훨씬 넘어서는 어떤 것을 내포한다. 들뢰즈는 다른 곳에서 우리가 의미작용이나 기표들의 체계('쓰여진/발화된' 것이라는 좁은 의미의 언어)를 기호들의 전부라고 여겨서는 안 된다고 주장한다. 모든 기호들의 체제는 그것이 누군가가 자신의 연인에게 건네는 기호들이든, 하나의 미세-유기체가 다른 미세-유기체에게 드러내는 것이든, 혹은 자신의 영역을 표현하는 어떤 새의 후렴구[4]이든 그 나름대로 특별한 차이의 스타일과 더불어 작동한다.[5] 영화의 기호들 혹은 차이differentia는 이미지들의 덩어리들을 창조하고, 시간·운동·행위에 다양하게 관련시킴으로써 작동한다. 영화는 그 나름의 기호들을 가지며 각각의 영화적 스타일 혹은 수단은 새로운 기호들을 창조한다. 여기서 들뢰즈는 미국의 프래그머티스트 퍼스C. S. Peirce의 기호학을 끌어들인다. 그렇게 함으로써 그는 영화에 대한 어떠한 단순한 적용 가능성도 넘어서는, 숙고된 철학적 이유들을 얻는다. 퍼스는 기호에는 몇 가지 수준이 있다고 보았다. 상징 기호들──한 언어의 기호들──은 (미끄러운 노면을 이미지로 묘사하는 교통신호와 같이) 사물들을 나타내는 도상들icons, 즉 이미지들에 근거한다. 그것은 한편(불을 나타내는 기호인 연기, 총상의 기호인 총알자국과 같은) 지시들indexes에 근거하기도 한다. 퍼스를 끌어들이는 주요한 이유는 기호들을 차이와 관계들을 수립하는 인간 정신에 의해 생명에 강제된 것으로 보지 않는다는 데 있다. 오히려 모든 생명이 이미 관계 짓는 차이들의 면으로서 접속들을 수립하고 분기하고 증식하고 있다.

차이는 요소, 궁극적 통일체가 되어야 한다. 그러므로 차이는 결코 그것에 동일화하지 않고, 그것을 변별화하는 다른 차이들을 참조해야 한다. 계열들의 각 항은 이미 하나의 차이이며, 다른 항들과 가변적인 관계들 속에 놓여야 하고, 그렇게 함으로써 중심과 수렴 없는 다른 계열들을 구성해야 한다. 분기와 탈중심화는 계열 자체 안에서 긍정되어야 한다.[6]

들뢰즈의 급진적인 경험주의 혹은 초월론적 경험주의[7]는 경험에 천착한다. 다시 말해 우리는 미리-주어진 기준들을 경험에 강제해서는 안 되고, 경험 자체로부터 경험의 원리와 작동방식을 읽고, 식별하고, 직관해야 한다. 이것은 이를테면 상-식의 이미지를 경험의 한계로 받아들이는 경우처럼 그 효과들 가운데 하나에 대한 경험에 근거하는 일을 미리 배제한다. 대신 그것은 우리가 그 역능들에 대해 이미 가지고 있는 증거들로 미루어 어떤 경험이 가능할 것인지에 대한 질문을 수반한다. 영화와 기호학의 경우 이것은 우리가 어떤 지배적이고 초월론적인 조건들, 예컨대 우리가 모두 기호작용 혹은 법의 한 체계에 종속되어 있고, 우리는 이 체계의 너머 혹은 이 체계와 '다른 것'을 환각적으로 생각할 수 있을 뿐이라는 식의 조건에서 시작하지 말 것을 요구한다. 그러므로 들뢰즈의 방법은 라캉에게 영향을 받은 영화 이론과는 직접적으로 대조를 이룬다. 후자에서 스크린 위의 이미지는 우리가 상실했거나 결여하고 있다고 상상하는 것[8]을 대리하거나 대신한다. 라캉주의 이미지론이 옳다면 우리는 눈과 이미지의 관계가 언제나 의미작용, 주체화, 종속 가운데 한 가지임을 받아들여야 할 것이다. 다시 말해 그것은 이미지는 무엇을 재-현하는가, 아니면 무엇을 대신하거나 나에게 주지 않고 있는가 하는 관계이다. 이러한 의미작용의 시나리오를 받아들이는 일은 영화를 하나의 환상 틀[프레임]로서, '우리'

를 극단적으로 타자적인 하나의 논리 내부에 위치시키고 이미지들의 틀〔프레임〕 외부에 '비-전체'not-all 또는 '너머'를 필연적으로 가정하는 외상trauma의 상연으로서 읽는 일이 될 것이다.[9] 라캉 이론에 대한 좀더 광범위한 배경에서 의미작용이 하나의 비차이화된 실재를 차이화하고, 또 기표는 강제되어 우리로 하여금 사물 그 자체를 파악하는 일을 금지한다.[10]

들뢰즈는 지각작용의 장場과 경험을 미리 결정하는 어떤 상징적 질서에 대한 이러한 기호학적 접근 또는 천착이 우리의 지각적 장은 종합되거나 생산된다는 재인으로부터 불합리하게 연장된 것이라고 본다.[11] 그렇다. 우리는 우리 자신의 세계를 접속되고 종합되고 펼쳐진 계열들 속에서, 언제나 눈이나 신체와 같은 어떤 구체적인 지각작용의 지대로부터 지각한다. 이것이 인간의 경험만이 아니라 모든 경험의 심장부에 자리하는 생산적 종합이다. 우리는 눈이 그 시각장을 접속하는 방식, 인간 신체들이 접속하여 무리를 생산하는 방식, 유기체들이 접속하여 생태학적 시너지를 생산하는 방식들을 알 수 있다. 그러나 접속과 생산으로부터 보이지는 않지만 전제된 주체 혹은 생산의 근거나 감추어진 질서인 '누군가'로 이행하는 것은 불합리하다. 조직화된——접속들을 통해 집적된——신체들로부터 우리는 그것들의 조건이 되어 온 '탈기관체'를 외삽할 수 있다. 그러나 이것은 언제나 그 효과들로부터 소급하여 독해될 것이다.[12] 처음에 생산이 있고, 생산자 혹은 주체가 모든 생산된 접속들의 통접conjunction으로서 생산에 나란히 초래된다. 어떤 관념이 사유를 예속시켜 왔다면 그것은 바로 일련의 접속들과 생산들로부터 생산의 법칙으로서 전제되는, 부재하는 근거나 원인으로의 운동이다──그 근거가 신이든, '인간'이든, 의미작용의 체계이든 간에 그렇다. 영화 이론에서 들뢰즈는 경험론자의 입장에서 한 체계가 있고 그것이 영화적 기구에 녹아 있으며, 그러므로 시각장은 언제나 그것의 원인으로서 어떤 부재하는 타자에 씌어 있다고 보는 가설에 반대한다. 다시 말하자면 그때 스크린은 하나의 틀〔프레임〕이고, 그것을 통해 우리는 우리를 우리 욕망의 원인과 비밀을 쥐고 있는 **타자**Other에 대한 환상에 **종속된** 주체들로서 설정하게 될 외상에서 **해방된다**. 이와 대조적으로 들뢰즈는 스크린이 이미지의 탈인간화, 시각적인 것이 국지적 주체로부터 풀려나 그 자율적 역능을 산출하게 되는 하나의 장면이라고 본다. 그러므로 영화적 기호들은 주체들의 기호들, 또는 소통들의 기호들이나 기호작용하는 한 주체에 의해 다른 이에게 발송되는 기호들로 환원될 수 없다. 라캉의 모토가 "한 기표는 다른 기표에게 하나의 주체를 표상한다"는 것이라면, 이것은 한 기표가 다른 기표로부터 온 전언으로서 읽힐 것이기 때문이고, 나를 하나의 주체로서 설정하는 것도 이 호출이다.[13]

이와 대조적으로 들뢰즈는 퍼스의 기호학을 끌어들여 기호들의 생산, 발생, 다양성을 주장하면서 기호들을 연역한다. 다시 말해 경험론과, 내재성(혹은 경험 너머의 초월적 조건을 전제하지 않음)이라는 경험론의 목적을 견지하는 가운데 들뢰즈는 우리가 의미작용의 어떤 체제의 실존을 단순히 받아들여서는 안 될 뿐 아니라 그와 같은 체제들이 어떻게 출현하여 작동하고 생산되는지를 검토해야 한다고 주장한다. 이것이 영화가 등장하는 지점인데 여기에는 세 가지 이유가 있다. 첫째, 영화는 발화된 언어와는 다른 기호 체제와 더불어 작동한다. 그 기호 체제는 다른 구조 혹은 다른 관계들의 스타일을 가진다. 즉 형식적 언어들은 어휘들 사이에서 차이들에 의해 작동하고 보편성 혹은 일반성들을 창조하는 반면, 영화 기호들은 시간의 관계들에 의해 작동한다. 시각 이미지들은 상호 간에, 그리고 이미지와 그 외부 사이에서 상이한 관계들을 생산한다. 둘째, 퍼스를 따라, 영화는 관계들의 어떤 체계를 가정하는 것과는 거리가 멀게 우리가 관계들의 출현을 사유하도록 허용한다. 즉 그것은 그저 하나의 상징 질서 내에 자신을 수립하는 것만이 아니라 체제들이 그로부터 생산되는 포텐셜들과 감정들을 작동시킨다. 셋째, 기존에 수립된 언어적 체계들——이를테면 '인간'을 유효한 사회적 동물로서 생산하는 어떤 역사의 결과인 발화 주체의 체계——의 수준에서 작동하지 않음으로써, 영화는 이미지들의 종합을 지배해 온 감각-운동 장치를 넘어서는 사유의 역사를 연다. 우리는 이 세 가지 측면을 거꾸로 다룰 수 있다. 이미지들에 대한 영화의 스타일, 생명으로부터 이미지들의 연역, 감각-운동 장치sensory-motor apparatus의 전복이 그 세 가지다. 일단 그렇게 하고 나면 우리는 들뢰즈가 영화의 도래에서 식별한 문제, 영화를 넘어서서 연장한 문제를 볼 수 있다.

기호의 스타일들

『시네마 1: 운동-이미지』와 『시네마 2: 시간-이미지』에서 들뢰즈는 영화적 이미지들이 접속되는, 정교하고 섬세하고 매우 구체적이며 서로 다른 방식들의 분석과 그러한 접속들이 생산하는 관념들을 짚어 나간다. 영화와 운동-이미지의 창조에 관한 첫번째 책에서 결정적인 것은 몽타주의 기술이다. 들뢰즈는 지각작용의 특정한 사건들——이미지들의 접속과 절단——이 우리로 하여금 생명 혹은 '열린 전체'에 대해서 생각하게 해주는 방식에 주목한다. 생명이 열린 전체인 것은 그것이 모든 사건들과 관계들의 총체——하나의 전체——인 동시에 변화하고, 각각의 새로운 관계에 대한 포텐셜을 갖기 때문이다. 우리는 이미 들뢰즈가 영화를 공간과 운동에 관한 한층 광범위한 논제 안에 위치시켰음을 특별히 언급하였다. 운동은 더 이상 고유한, 미리-주어진 목적을 향한 것이 아니라, 매 순간에 그 자체로부터 변화하고 있는 것이다. 다시 말해 운동은 하나의 위치에서 다른 위치로의 변화에 종속되어 있지 않으며, 운동의 분석이라는 것 자체가 운동들로부터 변화의 생산을 드러내게 될 것이다. 장소로부터 장소로의 운동이 일어나는 것은 단지 시간의 선을 창조함으로써 관계들의 면面을 생산하는 가운데 움직이고 펼쳐지는 것이 있기 때문이다. 세르게이 에이젠슈테인 Sergei Eisenstein의 영화는 몽타주 기법과 더불어 생성의 운동을 직관할 수 있게 해주는 운동-이미지를 창조한다. 이것은 운동들을 공간을 통해 움직이는 단일한 신체로서 제기함으로써가 아니라, 하나의 변화하는 동적 전체를 보여 주는 상이한 운동들을 접속함으로써 얻어진다. 인간 신체의 운동(사람들 사이의 관계)은 기계들의 운동(공장의 이미지)에 접속될 수 있고, 그러고는 사회적 운동(봉쇄)으로 이어질 수 있다. 즉 우리는 운동을 공간 내에서의 변화로서가 아니라 변화하는 전체로서 보게 될 것이다. 운동들은 변화의 산물이며, 이것은 각각의 운동이 이미 그것이 움직이는 다른 모든 것 안에서 일어나는 어떤 변화라는 점에서 그러하다. 그러므로 영화의 운동-이미지들은 단순히 미리-주어진 영속적 형식들을 실현하는 운동들도, 그 모든 지점들이 다른 모든 지점들에 대하여 등가한 운동들도 아니다. 영화는 운동들 자체에 역동성을 부여함으로써 근대의 메커니즘 너머로 한 발을 내딛는다. 근대 과학과 근대 영화가 모두 '여하한-모든-순간'의 (그리고 더 이상 최종적인 어떤 자세를 성취하기 위한 것으로서의 전 근대적 운동 개념이 아닌) 관점에서 운동을 고려한다면, 영화는 전체의 변화들을 낳는 운동들의 이미지들을 접속한다. 이것이 들뢰즈가 에이젠슈테인의 근대적 변증법이라 보는 것이다. 다시 말해 그것은 국지적이고, 특이하며, 두드러지지 않아 보이는 운동이나 하나의 '특권화된 순간'을 포착하여 변화된 사회적 전체나 신체들의 움직이는 덩어리의 이미지로 자르는 것이다. 요점은 대표적이지 않은—다른 것들과 마찬가지인—그러나 특이한 순간을 포착하는 데 있다. 그것은 다시 말해 궤적과 모든 순간들의 관계들을 변화시킬 수 있는 순간이다. 사회적 운동들 속에서 포착된 신체들은 그들의 행위들에 보태지는 좀더 작은 힘들을 지각하지 않는다. 그러나 영화는 개인들에 있어서만이 아니라 생명 전체로 변화하는 포텐셜의 이미지들을 제시함으로써 우리에게 이러한 초개인적 관점을 준다. 그러므로 운동-이미지의 포착은 영화 작가가 움직이는 전체의 생산을 재구성할 수 있게 해준다.

에이젠슈테인, 혹은 다른 어떤 감독의 특권화된 순간들은 여전히 여하한-모든-순간이다. 간단히 말해, 여하한-모든-순간은 일정하거나 특이한 것일 수 있으며, 평범하거나 주목할 만한 것일 수 있다. 에이젠슈테인이 주목할 만한 순간들을 고른다고 해서, 그가 그것들로부터 초월론적 종합이 아니라 운동의 내재적 분석을 도출하지 못하는 것은 아니다.[14]

초월론적 종합은 운동을 역사나 인간성의 불가피한 진보 같은 어떤 근원으로 소급해서 언급할 것이다. 반면 내재적 분석은 운동들을 그 자체로 보고, 역사나 인간성을 창조하는 운동들의 포텐셜들 자체를 연구한다. 단순히 영화가 운동들이나 변화들을 포착한다는 말이 아니다. 한 운동이 다른 운동에 반하여——공장 톱니바퀴나 트랙터의 운동, 뒤이어 폭동을 일으키는 사람들 무리의 운동이——배치되는 몽타주 기법에서 우리는 시간을 하나의 운동을 다른 운동 뒤에 배치하는 것이라고 여기지 않는다. 운동들은 전체 안에서의 변화들이며, 시간은 더 이상 등가한 계기들의 한 계열이 아니라 변화하는 전체이다.

시간과 지속에 관한 베르그손의 논제로 돌아가 이 구별에 힘을 실어 줄 수 있다. 신체나 감각-운동 장치는 세계 속에 길을 내기 위해서 세계를 연장된 공간, 동일하게 시종일관한 시간으로 지각하면서 변화와 위치화하는locating 운동을 공간 내부로 환원한다. 이 연장된 공간은 '이완되어' 있는데 왜냐하면 그 지점들이 서로 어떤 관계를 포함하고 있지 않기 때문이다. 에우클레이데스의 기하학은 연장된 공간의 단순한 예이다. 즉 하나의 면은 다양한 단편들로 분할될 수 있지만, 한 단편의 분할이 다른 단편의 성격을 변화시키지는 않는다. 그러나 강도적 공간에서 한 점의 변화는 전체의 질을 변화시킨다. 실로, 강도적 공간은 등가적 점들로 이루어져 있지 않다. 그러므로 분자 한 개, 곡률 1

도, 온도 1도가 강도적 양에 더해짐으로써 그 양의 무엇임을 변화시킬 수 있는 것이다. 독특성들 혹은 문지방들이 있어서 그것을 넘어서면 하나의 양은 그 동일성과 행동이 변화된다. 따라서 만일에 이 [특정한] 물의 온도를 딱 1도 높인다면 그것이 증기가 되기도 하는 것이다. 연장적이거나 이완된 공간과 강도적이고 수축된 공간의 구별은 또한 시험적 내포들experimental implications을 가지고 있다. 사실 우리는 대부분 우리의 삶을 연장되고 이완된 것으로 취급한다. 다시 말해 우리는 일기를 쓰며 앞을 내다보고, 한 사건을 다른 사건에 이어 계획한다. 그러나 물론 하나의 사건이 우리로 하여금 우리의 삶을 지금대로 단순히 지속하지 못하도록 할 수 있다. 우리는 매주 수요일 오전 열한 시에 우리의 [정신]분석가를 만나지만, 어느 주엔가 상담이 아주 충격적이어서 내가 변화하면 그날 이후로는 모든 약속이 완전히 달라진다. 경험하는 주체들의 '수축된' 지속적인 현시는 그 고유한 포텐셜들로부터 스스로와 다른 점들을 주시한다. 그럴 때 각각의 점은 주체의 진행 중인 삶에 따라서, 그리고 그것이 할 수 있는 것의 관점에서 그 포텐셜이 변화하고 있는 것이다. 다시 말해 모든 것이 주어져 있는 것이 아니다. 개인의 삶과 같은 강도적 양들은 독특성들, 혹은 변화나 운동이 일어났을 때 전체를 변화시키게 되는 지점들을 품고 있다.[15] 우리는 퇴행성 안질로 점차 시력을 잃을 수 있지만, 처음 몇 해 동안은 동일한 방식으로 움직이고, 사유하고, 세계 속에서 산다. 그러나 어느 지점에 이르면 운동, 느낌, 사유를 다르게 조정해야 할 만큼 시력이 떨어지고, 그때부터는 시각이 점차 나빠짐에 따라 보다 강도 높은 변화들이 창조된다.

영화는 독특한 점들의 강도화를 통해 순수한 생성들인 운동들의 이미지들을 준다. 한 이미지는 그 자체가 아닌 것을 변화시키는 포텐셜을 품고 있다. 즉 그것은 단순히 '하나의' 운동의 이미지가 아니라 이 단일한 운동에 표현된 움직이는 전체의 한 이미지이다. 인간의 지각작용은 "운동의 부동적 단편들"을 파악하는 경향이 있다. 이것은 우리가 살아서 달리고, 숨쉬며, 늙어 가고 있는 한 마리 말을 단순히 환원적으로 '말 한 마리'라고 볼 때 일어난다. 이와는 대조적으로 영화는 "지속의 움직이는 단편들인 운동 이미지들"을 산출한다.[16] 우리는 이 동물이 그것의 운동들임을 본다. 즉 우리는 안정된 형식들 ——이를테면 '말'의 일반개념 ——을 알고 있을 뿐이다. 왜냐하면 우리가 상대적으로 안정적인 운동의 어떤 스타일, 혹은 '생성의 블록'을 식별해 왔기 때문이다. 동물이나 기계 혹은 신체의 운동은 먼저 동일하게 존속하고 비로소 운동하는 (또는 운동이 거기에 하나의 술어로서 단순히 첨가되어 온) 어떤 것의 운동 이상이다. 운동-이미지에서 운동은 결과적으로 우리가 어떤 부동의 형식에 고정시키게 될 것에 한정적이고, 본질적이며 생산적인 것으로 현시된다. 이것이 영화가 그 본질상 클리셰와 대조될 필요가 있는 까닭이다. 최악의 경우에 상업광고는 운동을 불가피하고 자동적이며 미리-주어진 관계들로서 현시한다. 다시 말해 욕망된 대상이 어떤 일반적이고 필연적이며 세계적인 방식으로 명성 또는 만족감이나 행복의 원인으로 제시된다. 이와는 대조적으로 영화는 이미지들 간의 우발적인 접속들과 관계들을 현시한다. 전체는 미리 주어진 것이 아니며, 관계들은 운동들로부터 효과된다. 운동-이미지의 영화에서 우리는 이미지들의 종합, 접속, 운동의 이미지를 얻는다. 이것은 간접적인 시간의 이미지이다. 왜냐하면 시간이 지속으로서 혹은 질적 변화로서 직관되기 시작했기 때문이다. 그러나 이것은 아직 직접적인 시간의 이미지는 아니다. 우리가 여전히 변화를 하나의 운동에서 다른 운동으로 일어나는 것으로 볼 뿐, 변화 혹은 지속이나 시간 그 자체를 보고 있지 않기 때문이다.

우리는 어떻게 시간 자체의 이미지를 얻을 수 있을까? 이 문제는 들뢰즈 사유의 대담함과 독창성을 드러내며 영화에 관한 그의 논의를 넘어서서 생명의 본성 자체에 관한 논의로 나아간다. 다시 말해 우리가 지식과 재현을 통해 매개된 상태로 알 뿐인 생명의 개념에 얽매이지 않고서, 들뢰즈는 영화가 가능하게도 하지만 (영화가 클리셰가 되거나 우리가 영화의 포텐셜을 사유하는 데 실패했을 때는) 배반하기도 하는 급진적인 형이상학적 직관에 천착한다. 영화를 철학과 다른 예술들을 포함하는 사유의 다른 역능들과 나란히 고려할 때 그러한 배반은 막을 수 있다. 영화는 인간적 관점에서 내용을 재현하는 또 한 가지 방식이 아니다. 영화는 생명이 스스로를 다양한 스타일의 사유에 내어 주고 있다는 사실의 증거이다.

운동 전체

들뢰즈의 형이상학 ─ 생명이 생성들의 변화하는 다양체[17]라는 (생성하는 어떤 존재가 아니라, 어떤 운동이나 생성도 다른 운동이나 생성을 변화시키거나 혹은 그와 접속할 수 있는 포텐셜이라는) 그의 주장 ─ 을 읽을 수 있는 곳은 여기, 영화의 물리학에서이다. 영화의 다양한 기법들은 운동들의 한 집합을 틀[프레임]에 끼워넣고, 그리고는 다른 운동들의 다른 집합과 더불어, 구성된 시퀀스들로부터 생산된 영화의 서사와 더불어 컷cut한다. 에이젠슈테인과 그리피스D. W. Griffith 양자의 경우에 들뢰즈는 상이한 영화 기법들, 프레임화와 접속의 상이한 스타일들이 상이한 스타일들 혹은 전체들을 생산하는 방식에 주목한다. 다시 말해 운동들의 촬영된 한 집합이 다른 운동들의 집합으로 컷된다면 우리는 자연의 운동들——신체들과 땅, 농장들과 생산품——이 사회적 운동들——저항의 행위, 피로, 포기——과 접속되는 방식을 볼 수 있다. 이것은 하나의 변증법을 생산하는데, 거기서 전체는 그 안에서 우발적 생명이 전개되는 일단의 관계들이나 법칙들이 아니다. 즉 전체는 이미지들의 관계들로부터 효과되거나 창조된다. 이미지들의 집합들은 그 접속 자체에서 하나의 열린 전체, '간접적인'[장] 혹은 '시야-밖' out-of-field을 산출한다.

> 비-인간적 물질과 초인적 눈의 상호 관계는 변증법 자체이다. 왜냐하면 그것이 또한 물질의 공동체와 인간의 공산주의의 동일성이기 때문이다. 그리고 몽타주 자체는 물질적 우주에서의 운동들의 변환을 카메라의 눈에서의 운동들의 간격으로 끊임없이 번안한다. 그것이 리듬이다.[18]

국지적인 수준에서 우리는 접속된 운동들이 그것을 향해 공헌하는 상대적인 시야-밖——혁명, 사회적 변화 혹은 아메리칸 드림——과 열린 전체 자체를 볼 수 있다. 다시 말해 그것은 변화 자체로서, 차이를 생성하고 어떠한 구체화된 총체성이라도 형태를 갖추도록 해준다. 카메라가 받아들이지 않게 되는 운동의 총체성이 있으며(상대적인 시야-밖) 주어지지 않은 총체성은 결코 주어질 수 없다.[19] 이 열린 총체성은 시간의 관념이다. 다시 말해 시간은 모든 운동을 아직 벌어지지 않은 포텐셜들로 개방한다. 시간의 이런 힘이야말로 국지적 시야-밖에 상대적으로 주어진 것이다. 운동들이 그것들의 비매개적인, 인접한 접속들을 초월하는 변환을 생산하도록 하는 어떤 역능——시간——이 있다면, 이 〔특정한〕 진화하는 역사, 이 〔특정한〕 민족이나 국가 또는 자연의 생성에 대한 지각작용만이 있을 수 있을 뿐이다. 카메라가 하나같이 아메리칸 드림과의 관계 속에 있는 운동들을 점점 더 많이 받아들이는 것을 상상할 수는 있지만, 카메라는 비가시적인 운동의 원리를 보여 줄 수는 없다. 카메라는 다만 '실용적'이지 않은 것, 행위나 서사의 일부로서 주어지지 않고, 일종의 변화 혹은 교체 자체로 지시된 것 가운데 이 원리를 줄 수 있을 뿐이다.

그 자체로서 시야-밖은 이미 질적으로 상이한 두 가지 측면들을 가진다. 그 하나는 상대적인 측면으로, 이것에 의해 하나의 닫힌 체계는 공간 속에서 보이지 않는, 그렇지만 보일 수 있는 한 세트를 지시하게 된다. 설령 이것이 보이지 않는 새로운 세트를 무한히 발생시킬 수 있을지라도 말이다. 또 하나는 절대적인 측면인데, 이것에 의해 그 닫힌 체계는 전체 우주에 내재적인, 더 이상 한 세트가 아니고 가시성의 질서에 속하지 않는 어떤 지속으로 개방된다. 탈프레임화는 '실용적으로' 정당화되지 않은 채 정확하게 이 두번째 측면을 그 존재의 이유

raison d'être로서 지시한다. 전자의 경우에 시야-밖은 다른 곳, 한쪽 혹은 주변에 실존하는 것을 나타낸다. 다른 한편으로 시야-밖은 보다 불온한 현전을 증언하는 바, 그것은 실존한다고조차 말할 수 없고, 차라리 '내속' insist 혹은 '존속' subsist할 수 있는 것, 보다 극단적인 다른 어떤 곳, 등질적인 공간과 시간 외부에 있는 곳이다.[20]

이 '극단적인 **다른 어떤 곳**'은 비-실용적인 것 ——어떤 관심적 신체나 서사 내부의 행동하는 중심에 의해 정향되지 않은 운동들이나 변화들—— 으로부터 열린다. 그리고 이것은 서사에 대한 들뢰즈의 뚜렷한 경시를 강화한다. 우리는 어떤 서사나 질서를 충족시키고, 처음부터 욕망되거나 예견된 한 지점에 도달하기 위해 운동하고 변화하는 이미지들의 장면을 갖지 않는다. 반대로 서사나 상황이 변화하는 것은 영화의 실재적 힘과 예술을 가지고 있는 포텐셜한 운동 때문이다. 들뢰즈는 영화 분석 전반에 걸쳐 영화의 비-서사적 차원과 역능을 열거하고 긍정한다. 서사가 어떤 해결을 향한 변화의 충족과 실현에 생성과 이미지를 종속시킨다면, 운동과 변화 자체는 지각하는 눈과 뇌를 습관들과 서사의 장르들로부터 해방하면서 지각작용을 그 끝[목적]이 미리 주어지지 않는 지속을 향해 열어 놓는다. 이 비-서사성이 가능하다면, 그것은 들뢰즈가 영화의 기호들을 하나의 구조의 구성요소들로서가 아니라 관계들을 생산하는 것으로 간주하기 때문이다.

일반적인 수준에서 들뢰즈는 상이한 유파들 ——소비에트파, 전후 프랑스파, 아메리카파—— 을 비교하면서 상이한 형식적 기법들이 어떻게 사유의 상이한 스타일들과 전체를 구성하는 상이한 방식들을 산출하는지를 보여 준다. 이와 같은 형식주의는 들뢰즈가 자신의 다른 저작들에서 국가적 스타일들과 민족들에 관해 했던 보다 일반적인 주장들과 접속된다. 국가가 먼저 있고, 그것이 ── 그 언어를 이용해 그 본질이 어떠한지를 표-상하여 ── 동일성을 표현한다는 이야기가 아니다. 특정한 언명enunciation의 스타일들(혹은 영화의 경우 구조)이 상당히 안정적인 집단적 신체들을 생산한다. 소수자 문학 혹은 '소수자-되기'는 이와 같은 스타일의 본질이 극대화된 것이다.[21] 스타일이 듣도 보도 못한 방식으로 새로운 관계들을 생산할 만큼 다양해질 때 우리는 창조와 포텐셜의 와중에 있는 스타일을 본다.[22] 스타일이 미리 주어지고 안정적인, 어떤 관계들의 세트를 적절히 포착하는 것으로 현시된다면, 그때 스타일은 다수성에 예속되어 있다. 할리우드 영화와 그 공식, 속편, 리메이크는 영화를 만드는 방식이나 태도만은 아니다. 그것은 그 효과들의 반복 면에서 직접 인식 가능하다. 실로, 할리우드 영화는 새로운 스타일의 프로덕션과 대안 영화를 취해 할리우드 형식으로 되돌릴 수 있다 ── 이를테면 「아홉 여왕들」Nueve Reinas(2000)이나 「나쁜 버릇」Entre Tinieblas(1983)과 같은 뉴 시네마의 성공작들이 할리우드식으로 완화되어 「크리미널」Criminal(2004)이나 「시스터 액트」Sister Act(1992)로 발표된 사례. 종종 로맨스 플롯이나 결혼 서사가 도입되어 원래의 소수 영화 혹은 정상에서 벗어난 영화 ── 돌연변이가 되려는 원래의 시도 ──를 쉽사리 소비할 수 있는 형식으로 그려 낸다. 고전 영화의 유파들에 대한 들뢰즈의 분류는 일련의 주제들이나 결과물이 아니라 반복에 대한 인식이다. 즉 각각의 영화가 최초의 힘을 모두 간직한 채 하나의 스타일을 개시하는 창조적 에너지를 반복하는 것 말이다. 할리우드 영화가 일단 창조하고, 이내 그와 같은 창조의 힘을 다시 얻는 데 실패한다면 그것은 우리에게 다수적 영화의 이미지를 제공한다. 그럴 때 모든 생성 혹은 변화는 변화를 지배하는 일단의 규범들과 법칙들 내에서 변화한다.

이와는 대조적으로 들뢰즈가 『시네마 1』에서 검토하는 국가별 스타일과 유파들은 변이의 스타일들이다. 소비에트파가 운동들을 하나의 유기적이고 사회적인 전체와 접속함으로써 작동한다면, 프랑스파는 영화적 숭고를 허용한다. 후자의 경우 이미지들에 의해 열린 전체는 직관되거나 개념화될 수 없으며 다만 느껴질 뿐이다. 즉 물질적 운동들은 (총체성이 역사라는 형식을 부여받는 소비에트파나, 총체성이 '아메리칸 드림'인 아메리카파에서처럼) 사회적 유기체를 참조하지 않는다. 즉 느낌은 단지 이미지들이 어떠한 직접적인 이미지도 부여되지 않는 하나의 전체를 형성하기 위해 접속하기 때문에 '측정할 수 없는 정신'을 부여받는다.[23] 여기서 들뢰즈는 숭고라는 형이상학적 관념idea이 칸트 그리고 그 이상으로 거슬러 올라가는 철학사 및 개념사와 더불어 영화의 특수한 기술과 이미지의 스타일 속에 구체적으로 주어지는 방식을 보여 준다. 다시 말해서 국지적 운동들, 혹은 두 가지 변화 사이의 간격으로서 시간은 전체로서의 시간, 주어지지 않은 역사적 내재성과 대조를 이룬다. 들뢰즈는 아벨 강스Abel Gance의 「나폴레옹」 *Napoléon*(1927)을 인용하는데, 이 영화에서 묘사된 세부의 작음은 완전히 포착될 수 없는 역사적 생성과 대비된다.[24]

이미지와 생명

영화에 관한 들뢰즈의 두 권의 책을 지배하고 이끌어 나가는 것은 국지적 사례들이다. 이 저작들에서 들뢰즈는 매우 특수한, 형식적으로 규정된 이미지를 사용해서 영화적 관념이 구성되는 것을 보여 준다. 그는 영화의 다양한 유파들과 그들의 이미지 구성뿐 아니라 운동 이미지 내의 다양성에도 주목한다. 이러한 분석의 실천은 지각작용과 이미지는 물론, 생명의 본성 자체에 관한 보다 폭넓은 이론의 부분을 이룬다. 그러므로 들뢰즈는 포스트모더니즘으로 여겨지는 특정한 대중적 관념과 대비될 수 있다. 그것은 우리가 세계나 생명을 이미지들을 통해서 그것이 주어진 대로만 알 수 있다거나 포스트모더니즘은 지식, 현실 혹은 여하한 모든 삶에 대한 참조를 버려 온 운동이라는 관념이다.[25] 그와 같은 '이론'은 한편에 먼저 생명이 있고 이미지들 속에 그것의 시뮬레이션이 있다는 사실을 전제한다. 설령 이 생명이 돌이킬 수 없이 상실되었거나 상상적인 것이라 할지라도 그렇다. 들뢰즈는 이미지들이 생명의 이미지들이어서 즉자적인 한 생명이 먼저 있어야 비로소 그것이 지각되거나 사유된 것이라고 보지 않는다. 사유는 어떤 의미로 생명 자체이다. 생명은 동적이고 열린 전체로서 결코 완전히 주어지지 않는다. 왜냐하면 그것이 언제나 새로운 접속들과 그 이상의 접속들을 위한 새로운 포텐셜들을 창조하고 있기 때문이다. 생명은 먼저 요소들로 구성된 후에 비로소 움직이거나 변화하지 않는다. 즉 오히려 상대적으로 안정적인 '생성의 블록들'을 생산하는 운동들과 지속들이 있다. 인간의 눈은 생성의 지속하고 움직이는 한 단편으로, 그 포텐셜은 그것이 다양한 다른 변화의 역능들과 조우할 때 변화된다. 또한 그 각각의 지각작용과 운동들은 생명의 다른 모든 운동들을 변화시키고 그것들에 의해 변화된다. 이것은 우리에게 이미지로서의 생명에 대한 하나의 이론을 제공한다. 먼저 즉자적으로 실존하고 그 다음에 서로 관계를 수립하게 되는 사물은——이를테면 눈과 광선과 같이——없다(이미 안정적인 관계들이 있고, 그 후에 사물들이 합법적이고 정규적인 통접들로 진입하게 되는 세계도 없다). 그 대신 우리가 생명이 변화의 유동들fluxes로부터 구성된 것임을——빛이 그것이 눈과 조우했을 때 비로소 빛으로서 지각되는 진동들의 파동이고, 눈은 보다 느리지만 그만큼 지속적인 세포들과 운동들 안의 변화의 계열들이며 그것은 다만 보는 역능으로서 활성화될 때 비로소 하나의 눈이 된다는 것을——받아들인다면 그때 우리는 이미지를 급진적으로 재정의하게 된다. '이미지'는 어떤 것이 지각되기 위한 역능이며, 지각작용과 이미지화는 그것들의 인간적인 형식을 훌쩍 넘어서서 관계성 자체를 정의하게 된다. 다시 말해 어떤 것이 그것의 무엇임이 된 것은 오직 그것이 다른 것, 그것의 이미지화나 다른 포텐셜, 다른 이미지의 지각작용과 조우함에 있어서 그러할 뿐이다. 또 달리 말하면 "그것들이 무생물이거나 혹은 비유기체일 경우에도 사물들은 살아 있는 경험을 가진다. 왜냐하면 그것들이 지각작용들이고 감응들이기 때문이다."[26] 이런 이유로, 인간의 뇌는 하나의 이미지이다——그것이 우리가 사유의 소재所在를 상상하는 데 사용하는 그림이나 형상이기 때문이 아니라 뇌가 다른 이미지들로부터 생성의 파동들(빛, 소리, 사유)을 수용하는 역능이기 때문이다.

우리는 자신이 실제로 **이미지=운동**인 한 세계의 노출에 대면하고 있음을 알게 된다. 나타나는 것들의 집합을 '**이미지**'라 부르자. 우리는 하나의 이미지가 다른 이미지에 대하여 작용[행위]한다거나 다른 이미지에 반응한다고조차 말할 수 없다. 실행된 운동으로부터 구별되는 움직이는 신체는 없다. 수용된 운동으로부터 구별되는, 어떤 움직이는 것도 없다. 모든 것, 그러니까 모든 이미지는 그 작용[행위], 반응과 구별 불가능하다. 나의 눈, 나의 뇌는 이미지들이고 내 신체의 일부분이다. 내 뇌가 다른 것들과 마찬가지인 하나의 이미지라면, 그것은 어떻게 이미지들을 담을 수 있는가?[27]

우리가——먼저 서로를 지각한 후에 **비로소** 움직이는 사물들이 있는 것이 아니라, 그로부터 (뇌와 같은) 하나의 운동이 (영화의 스크린과 같은) 다른 운동에 **특정한 방식으로** 반응하는 하나의 보편적인 이미지화의 변이가 있다고 보는——이런 존재론을 받아들일 때 우리는 철학을 새롭게 사유하기 시작할 수 있다. 뇌나 이성과 같은, 그로부터 다른 모든 것들이 전개되는 중심적인 부동의 이미지는 있을 수 없다. 대신 우리는 하나의 특권화된 이미지에 호소하지 않고서 사유의 이미지로부터 신체들의 이미지들에 이르기까지 이미지들의 생산에 주목할 필요가 있다. 그러므로 영화에 관한 [들뢰즈의] 책들은 이미지화와 지각작용 일반에 (그리고는 영화가 어떻게 이 가능성들을 연장하는지에) 주목하고 있다.

들뢰즈는 지각작용과 이미지 사이에서 정리해 내는 세 가지 가능한 운동들은 뺄셈subtraction, 행위, 감응이다. 뺄셈적 지각작용 이미지에서 신체는 다만 그 목적에 기여하는 이미지들만을 지각한다. 즉 우리는 한 장면의 완전한 시간적 복합체를 지각하는 것이 아니라 그것을 일단의 상대적으로 안정적인, 정복되어야 할 대상들로 여긴다. 우리는 단순히 우리가 조우한 것에 대하여 완전한 반응 속에 행위 또는 반응하는 것이 아니라 우리와 관련된 것만을 승인한다. 다시 말해 "운동-이미지들의 우주가 그 안에 하나의 중심을 형성하는 이 특수한 이미지들 가운데 하나와 관련될 때, 우주는 그것을 둘러싸고 유입되고 조직화된다."[28] 행위-이미지를 허용하는 것은 이러한 뺄셈 혹은 우리가 조우하는 모든 것에 대하여 비매개적으로 움직이지 않기의 가능성이다. 즉 여기서 우리는 일단의 이미지들을 변형 가능한 하나의 상황으로 여기고, 그럼으로써 나에게 가능한 것에 따라 사상되는 어떤 시간을 열어젖힌다. 자기self는 바로 이런, 결단된 (혹은 비-매개적인) 행위에의 가능성이다.

> …… 사물들을 여기 그것들이 존재하는 곳에서 지각하면서, 거리를 좁히거나 늘림에 따라, 나는 그것들이 나에 대하여 가지고 있는 '잠재적 작용[행위]'을 파악하고, 동시에 내가 그것들에 대하여 가지고 있는 '가능적 행위[작용]'를 파악한다. 따라서 나의 행위[작용]에서 공간의 관점에서 표현되는 것과 내 지각작용에서 공간의 관점에서 표현되는 것은 간극이라고 하는 동일한 현상이다.[29]

들뢰즈는 우리의 문법——명사들과 동사들——이 이러한 정향의 표현이라고 주장한다. 다시 말해 지각작용이 복잡성으로부터 뺄셈하여 사물들/명사들을 생산한다면, 행해졌을 수 있는 것을 지각하는 일은 우리에게 행위들/동사들을 허용한다. 지각작용이 복잡성으로부터 뺄셈하여 행위를 가능하게 해주지만, 수용하는 뇌-신체가 그에 반응하여 움직이기 전인 그 사이에 감정affect이 있다. 감정은 사물 자체는 아닌데, 우리는 (운동들의 집합들로서) 우리가 다른 운동들(세계의 구강적·시각적·촉각적 진동들)에 반응하는 한에서만 사물들을 가질 수 있기 때문이다. 그러므로 감정은 행위를 결과할 수도, 그렇지 않을 수도 있는, 진동하거나 느껴지는 운동들일 뿐이다. 예컨대 미사일이 나를 향해 날아오고, 나는 그것을 보고 피하기 위해 움직인다고 생각해 보라. 행위에 앞서서 우리는 신체의 모든 변화들——불안, 근육의 긴장, 위축, 경계를 생각할 수 있다. 내가 행동하지 않는다면, 이러한 지각 불가능한 감정들 이외에 매우 명시적인 감정 혹은 내 신체가 미사일의 충격을 흡수하면서 따르는 충격과 조우할 것이다. 행위가 결코 현실화되지 않고, 감정이 잠재적인 것의 수준에 머무르는 곳에는 또한 좀더 복합적인 감정들이 있다. 눈은 이방인으로 지각되는 다른 신체의 이미지와 조우하여, '내 공간을 침범하는 이 모든 사람들은 누구일까? 우리는 이민에 관해 좀더 엄격해야 해. 하원에 편지를 써야겠어'라고 생각하면서 **행동**할 수 있다. 하지만 신체-눈-뇌가 행동하지 않고, 상응하는 사유를 갖지 않으며, 다만 혐오-공포-근심의 감정만을 느끼기만 하는 일도 가능하고, 또 공통적이기도 하다. 그런 경우에 느끼는 것은 '내'가 아니다. 거기에 내가 할 수 있거나 하지 않을 수 있는 것의 관점에서 조우되는 것과의 의식적 관계나 결단이 없기 때문이다. 하나의 주체-객체 관계를 창조하는 것은 행동하는 자아이며, 감응적 자아는 그 조우들이다. "우리가 '흡수하고' 굴절시키는, 외적 운동들의 불가피한 일부가 있다. 그것은 그 자체를 지각작용의 대상들이나 주체의 행동들로 변환하지 않는다. 대신 그 운동들은 순수한 질質에 있어서 주체와 객체의 일치를 나타낸다."[30] 여기서 세 가지 요점을 짚고 넘어갈 필요가 있다. 첫째, 한 주체가 한 대상을 파악하는 것이 아니라 진동 혹은 융합으로서 지각작용의 수준——혹은 신체들 사이의 관계——이 있다. 내 눈-신체-뇌는 본능적으로 반응하면서 이미지를 느끼지만 그것〔눈-뇌-신체〕/내가 무엇을 할 것인지는 아직 수용하거나 결단하지 않고 있다. 둘째, 감정은 우선적이거나 1차적이다(그러나 단순히 먼저 온다는 의미의 표준적인 시간의 관념상 그러한 것은 아니다). 결단하고 그 세계를 그리는 어떤 자아가 있기 위해서는 어떤 차이화 differentiation가 있어야 하며, 이것은 감정을 통해 수립된다. 신체가 비매개적으로 반응하여 조우한다면——배고플 때 먹고, 목 마를 때 마시고, 과도한 자극이 침입할 때 물러선다면——그것은 순수한 지각작용, 외부로부터 야기된 것에 지나지 않을 것이다.[31] 감정의 수용작용으로서의 고인 에너지의 장과 같은 것은 행동하지 않기, 에너지를 소모하지 않기에서가 아니라 이미지의 힘을 '흡수하기'에서 형성된다. 고통의 예로 되돌아가 보자면, 예컨대 먹지 않거나 돌진하는 미사일을 피하지 않을 때 거기에는 배고픔이나 고통의 느낌이 있으며, 자아는 그와 같은 감응적 수용작용들로부터 구축된다. 셋째, 이러한 감정의 1차성은 정치학과 윤리학에 (아울러 영화와 이미지 이론에) 전前-인칭적인 것을 허용한다. 우리는 정치학을 1차적으로 이데올로기——우리가 그것에 의해 행동하고 움직이는 사유들, 관념들 혹은 태도들로 생각하는 경향이 있다. 그러나 들뢰즈·가타리는 행동하고 움직이는 자아는 감정으로부터 생산된다고 주장한다. 가장 단순한 수준에서, 이러한 느낌의 '지대' 혹은 행동하지 않기의 '지대' ──중개intermediation의 지대로부터 초래된 하나의 자아는 감정의 지연, 자기 아닌 다른 것이 진동이나 신체에 수용된 운동을 생산하는 능력의 지연 이후에야 비로소 있을 수 있다.

들뢰즈의 (그리고 들뢰즈·가타리의) 감정의 정치학은 감정의 자율 *autonomy*에 그 근원을 두고 있다.[32] 우리는 신체들 사이의 명시적 선언과 행위들에 주의를 기울이는 정치학을 가질 수 있지만, 또한 미시정치학*micropolitics*도 필요하다. 그것은 신체들 간의 정념적 접속들──백인성whiteness에서 파시스트 지도자에 이르기까지 특정한 이미지들이 에로틱한 반응적responsive 에너지로 충전되는 방식에 주의를 기울인다. 들뢰즈·가타리의『안티 오이디푸스』에서 기능하는 바와 같은, 정신분석학적 관념으로서의 투여는 감정에 대한 그와 같은 재인에 의존한다. 투여는 하나의 외적 신체에 집중되거나*cathected* 그것으로 우회되는 데 스스로를 소모하지 않는다. 예컨대 배고픔 속에 스스로를 소진할 에너지는 환상의 표면 또는 잠재적 층을 생산하면서 가슴에 매혹되어 행위를 멈추게 할 수 있다. 생명을 지배하는 잠재적 대상들은 생명이나 감각–운동 장치의 즉각적 필요에 결부된 어떤 행위가 아니라 특정한 지연으로부터 시작된다. 행동하지 않고 다른 신체의 힘이나 자신의 그것에 조응하도록 허용함에 있어, '나'는 비결정 indetermination의 지대로서 생산된다. 그것은 내 외부의 힘들에 의해 야기되거나 비매개적으로 그것에 반응하지 않으면서, 관계들의 새로운 층을 창조한다. 욕망의 대상을 먹는 것이 아니라 상상함에 있어서 어떤 잠재적 대상과의 한 관계가 생산된다. 여기서 자아는 단지 대상들의 일정성 또는 리비도 집중일 뿐이고, 사회적 배치들은 단지 관계들 혹은 특권화되고 투여된, 혹은 감응적인 이미지들을 향해 정향된 영역들에 지나지 않는다. 우리는 현대의 민족주의조차도 민족의 신체가 의식적으로 스스로를 규정하는 것이 아니라 감정들 혹은 부분대상들——유니언 잭, 왕족, 프리미어리그 축구, 테이트 모던 갤러리와 같은——의 연합pool인 것으로 볼 수 있다. 지각하는 신체들의 관계들을 생산하는 것은 그와 같이 투여된 이미지들의 욕망하는 지각작용들이다. 우리는 이것을 2012년 올림픽 개최지 공표와 같은 집단적 스펙터클에서 매우 명백하게 볼 수 있다. 이 공표의 이미지들, 그리고 환호하는 반응의 이미지들은 2005년 7월 6일에 모든 미디어를 통해 반복해서 중계되었다. 그런데 그 다음날 런던 지하철에 테러리스트의 공격이 발생하자 슬픔과 충격, 공포의 대조적인 이미지들이 중계되었던 것이다. 하나의 집단적 신체는 그와 같은 이미지들을 통해 생산된다. 그 이미지들은 직접적인 감정과 이 이미지들이 다른 이들에게 작용하는 것을 볼 때의 반성적인 감정을 모두 가진다. 카메라들은 전형적으로 감응된 신체들의 감응적 이미지들을 생산하면서 일단의 관찰자들이 뉴스를 수용하는 것을 촬영한다. 폭동 혹은 집단 행위——힘의 행사——가 있기 전에 하나의 영토를 창조하면서 신체들을 집단적으로 모으는 생산적 욕망들이 있어야 한다. 감정이나 에너지의 비-현실화가 일단 고유한 관계들 혹은 표면들을 창조하면 그때 비로소 지연된 행위——하나의 대상이 투여되거나 특정한 힘을 유지하는 것을 허용하는 에너지의 비-소비 ─ 는 행위를 재-정향할 수 있다. 비매개적 생명에 근거하는 자연적인 것으로 가정된 행위는 감정 속에 지연된다. 즉 우리는 굶주림을 매개 없이 만족시키는 것이 아니라 가능한 만족의 대상과 욕망하는 관계를 수립한다. 그럴 때 이 잠재적 대상은 비매개적이고 완전히 주어진 현실성 안에서의 생명이 아니라, 행위에의 포텐셜, 인지적이거나 재현적인 것이 아니라 욕망하는 어떤 대상에 대한 관계인 하나의 자아를 창조한다.

탈인간되기, 지각 불가능하게 되기

세 가지 위계의 이미지들 ─ 행위-이미지, 지각작용-이미지, (그 둘 사이의) 감응-이미지 ─ 은 운동, 행위[작용]/반응, 지연의 관계들로부터 주체의 출현을 기술한다. 이 구조는 들뢰즈가 "우리는 어떻게 우리 자신으로부터 우리 자신을 없애고, 우리 자신을 파괴할 수 있는가"[33] 하는 문제를 정식화하도록 이끈다. 상당 부분 들뢰즈는 이것이 영화의 문제라고 본다. 이미 에이젠슈테인의 변증법적 몽타주에서 인간의 신체는 그 인칭적 장소로부터 해방되어 있다. 즉 이미지들에서 컷은 역사나 민족 혹은 자연의 운동과 같은 보다 광범위한 운동들을 참조한다. 그러나 영화를 운동-이미지 너머로 가져가는 것 또한 이와 같은 문제 ─ 인간을 극복하는, 지각 불가능하게 되는 문제 ─ 이다. 운동-이미지는 우리에게 시간의 간접적인 이미지를 주는 ─ 다시 말해 국지적 운동들을 하나의 열리고 움직이는 전체와 결합하는 ─ 한편 그 전체에 하나의 특수한 장면을 주기도 하기 때문이다. 여기서 특수한 장면이란 역사, 민족의식, 심지어 너무나 광대하여 오직 그 효과들을 통해서만 일별할 수 있는 자연 등이다. 들뢰즈는 고전 영화가 (사물들의) 지각작용-이미지, (동사들의) 행위-이미지, (질들의) 감응-이미지를 인간 관찰자를 벗어나 넓히는 방식들을 상술한다. 지각작용-이미지는 더 이상 이러한 지평이나 시간과 공간 속의 이 지점에 집중된 나를 위한 이미지들의 집합이 아니다. 또 그것은 초시간적이고 추상적으로 보편화되지도 않는다. 예컨대 기하학은 지금 여기의 공간에서 모든 공간에 대하여 참된 것을 지각하고, 그럼으로써 모든 가능한 관찰자로부터 추상한다. 영화는 추상작용abstraction이 아니라 뺄셈subtraction이다. 장면을 '내' 주변으로 접어 놓을 행위들과 이해利害는 제거되었다. 카메라의 눈은 장면의 스타일을 제공하도록 기능하며 그것은 관찰자의 스타일이지만 동시에 인칭적이지는 않다. 카메라는 그 장면을 특정한 방식으로 '본다'. 그러나 어떤 한 인물의 관점에서 보는 것은 아니다. 들뢰즈는 지가 베르토프Dziga Vertov의 몽타주를 예로 인용한다. 거기서 "모든 것, 말하자면 저속 또는 고속 숏들, 이중인화, 파편화, 감속, 미시-촬영은 변이와 상호 작용에 기여한다. 이것은 인간의 눈이 아니며——개선된 눈조차 아니다."[34]

행위-이미지에서 운동이 가능한 상황은 더 이상 어떤 국지적, 인칭적 행위자에 정향되어 있지 않고 환경에로 연장되어 있다. 그 행위는 어떤 자극에 반응하는 한 신체의 행위가 아니라 복수의 상호 작용을 하는 운동들의 보다 큰 영역을 고려한다. 예컨대 서부 영화에서 주인공과 적대자의 조우는 그 행위를 사회적 신체와 환경으로 확장한다. 들뢰즈는 미국 영화가 이미지들을 이용해 행위를 환경으로 개방하는 방식에 주목한다. 다시 말해 신체는 더 이상 하나의 대상에 대하여 행동하지 않는데, 왜냐하면 하늘, 트인 시골, 도시의 이미지들은 어떠한 운동을 다른 운동들의 다양성에 노출하기 때문이다. 운동은 더 이상 어떤 고정된 시점으로부터의 운동——연장된 공간 내의 사물들의 운동——이 아니라 하나의 움직이는 생명, 상이한 속도의 운동들로 구성된 한 전체이다. 관계들 그리고 가능한 운동으로 여겨지는 것에 대한 이러한 고려는 영화 이미지들의 구체적 요소로부터 도출된다. 그러므로 들뢰즈는 영화의 테크놀로지를 생명의 포텐셜을 노출하는 것으로 여긴다. 인간의 눈이 다만 그 고유의 중심과의 관계에서 운동을 볼 뿐이라면 영화의 눈은 더 이상 신체적 관찰자 주변에 접혀 있지 않은 운동들에게로 열릴 수 있다. 예컨대 존 포드John Ford와 하워드 혹스 Howard Hawks의 영화들에서 하늘을 잡은 하나의 숏은 이미지들 사이의 관계들을 열 수 있다.

하늘로 둘러싸인 환경은 거꾸로 집단성을 둘러싼다. 주인공이 행위를 할 수 있게 되는 것은 집단성의 대표자로서이다. 그 행위는 그를 환경에 대등하게 만들고 그 우발적으로, 혹은 주기적으로 위험에 처한 질서를 재수립하도록 한다. 다시 말해 공동체 그리고 땅의 매개는 지도자를 형성하고, 그러한 위대한 행위를 할 수 있는 한 개인을 그리는 데 필수이다.[35]

끝으로 감응-이미지(어떤 대상을 바라보는 주체도, 어떤 상황을 변화시키는 행위도 아닌, 비능동적이고inactive 수용적인 신체에 의한 운동의 흡수인 정지 혹은 지연)는 '여하한-모든-순간'에서 그 영화적 해방을 얻는다. 우리는 더 이상 이 [특정한] 도시나 건물을 이 [특정한] 역사적·서사적 순간에 보지 않으며, 이 [특정한] 사건을 집단적인 신체들을 위한 어떤 계열의 일부로도 보지 않는다. 그 대신에 우리는 권력 자체, 보여져야 할 권력, 이 [특정한] 공간에 위치 지어진 것이 아니라 '하나의' 공간인 연장된 질을 지각한다. 일례로 들뢰즈는 장-뤽 고다르의 현대적 색채주의에 주목한다. 거기서 색채들은——녹색이 질투라는 식으로——질들의 기호들이 아니고, 대상들을 파악하는 방식도 아니다——그럴 경우 색채는 이 [특정한] 동일화 가능한 사물의 색채일 것이다. 색채들은 그것을 통해 대상들이 지각되거나 느낌들이 표현될 수 있는 순수한 감정들이지만, 그것은 참조를 넘어서고 초월한 하나의 포텐셜, 색채의 순수한 포텐셜을 가진다.

> 단순히 채색된 이미지와는 대조적으로 색채-이미지는 특정한 대상을 참조하는 것이 아니라 그것이 할 수 있는 모든 것을 흡수한다. 다시 말해 그것은 그 범위 내에서 일어나는 모든 것을 포착하는 역능, 혹은 완전히 상이한 대상들에 공통된 질이다. …… 색채는 …… 감정 자체, 즉 그것이 깃드는 모든 대상들의 잠재적 통접이다.[36]

우리는 여기서 영화에서 감응-이미지가 잠재적인 것, 또는 들뢰즈가 『시네마 1』에서 (브레송을 논하면서) 정신적인 것이라 부른 것을 생기게 한다는 점에 주목할 수 있다. 잠재적인 것은 들뢰즈의 이미지에 관한 논의에서 내포적이지만 그가 지각작용-이미지, 행위-이미지, 감응–이미지를 세밀하게 다룸에 따라 점차 전면으로 드러난다. 왜냐하면 이 이미지들은 현실적인 것과 잠재적인 것 사이의 관계를 펼쳐 보임에 따라 분류되기 때문이다. '가장 순수한' 상태의 지각작용은 완전히 현실적일 것이다. 즉 눈과 이미지가 동시 발생할 것이고, 이미지화된 것의 관념이나 그것에 대한 지각작용은 없을 것이다. 눈과 빛이 만나는 지점 이외에는 아무것도 존재하지 않을 것이다. 그러나 그와 같은 비–관계적이고 비매개적인 완전한 이미지는 우리가 지각작용에 의해 통상 이해하는 것이 아니다(그리고 들뢰즈가 생명을 이미지화로 강조하는 요지는 우리가 언제나 관계적인, 예견이나 잠재적 잉여와 더불어 정향된 지각작용을 다루고 있다는 점이다). 순수 지각작용은 하나의 관념적 한계ideal limit로서, 일반적으로 이미 행위–이미지를 향한 도정 위에 존재하는 지각작용을 수반한다. 지각작용–이미지에서 내가 사물들을 그것들이 나에게 존재하는 대로 볼 때 나는 이미 내 주위의 상황을 예견하고 있거나 '구부리고' curving 있으면서 진동들의 충만함으로부터 뺄셈할 뿐 아니라 행위의 가능성 또는 예견을 열고 추가한다. 행위–이미지는 잠재적인 것을 전면으로 드러낸다. 즉 내가 지각하는 것은 현실적으로 현전하는 것뿐 아니라 내가 할 수 있는 것, 일어날 수 있는 것이기도 하다. 다시 말해 나는 이 장면에서 내가 누구인가에 대한 감각(나의 잠재적인 도덕적 혹은 사회적 자기, 내가 자신에 대해 가지고 있는 이미지)과 더불어 행동한다. 감응–이미지에서, 행위가 발생하지 않을 때, 진동들 혹은 운동들은 현실적 관계들——행동하는 한 신체——을 생산하는 것이 아니라 행위하는 역능들을 생산한다. 행위–이미지들이 환경들의 이미지들——신체들 사이의 상호작용과 운동의 장면들——이라면 감응-이미지들은 **독특성들**, 이미 주어지지 않은 관계들을 잠재적으로 산출하는 역능들이다.[37] 색채의 경우에, 붉음 redness은 우리가 보는, 볼 수 있는, 지금 여기서뿐 아니라 어느 장소에서든 보았을 수 있는 것이다. 우리는 그와 같이 지각될 수 있는 역능, 색채의 잠재적 역능을 지각한다. 다시 말해 지금 여기서 지각되는 것으로서의 색채(지각작용-이미지)가 아니고, 나나 내게 의미 있는 세계를 위한 색채(행위-이미지)도 아닌, 색채의 지각되는 역능을 지각하는 것이다. 감응-이미지를 가지고 작업함으로써 영화는 이미지들 사이의 관계들을 운동 너머로——항들 사이의 관계들 너머로——해방하고 시간에 대한 사유, 즉 움직이는 사물들이 아니라 운동에 표현되는 교체 혹은 차이의 역능을 연다. 이것을 이해하기 위해서 우리는 운동이미지에 대한 들뢰즈의 연역을 따라갈 필요가 있다. 즉 하나의 운동-이미지가 어떻게 작용하는지를 묻는다면 우리는 그것이 이미 잠재적인 것 안에 생겨난다는 것, 잠재적인 것의 참된 본성은 가능한 것(우리가 이 공간 안에서 할 수 있거나 없는 것)이 아니라 포텐셜한 것임을 알게 될 것이다. 그것은 차이화하는 것, 즉 생성하는 역능, 변화 자체이지, 변화하는 그것이 아니다. 이러저러한 이미지화된 사물의 포텐셜로부터 해방된, 이 순수한 잠세성은 시간이다.

운동-이미지의 연역

들뢰즈가 연역을 강조한 데는 이중적인 의미가 있다. 첫째, 그것은 그의 초월론적인 철학적 천착 전반을 통해 유지된다. 우리는 결코 하나의 구성된 질서나 관계들의 집합을 주어진 것으로서 단순히 받아들여서는 안 되며, 어떠한 운동들이 그 관계들을 산출했는지를 물어야 한다. 운동-이미지의 세 위계——지각작용, 행위, 감응——는 어떻게 출현하는가? 둘째, 이 초월론적 주장은 영화의 중요성을 강화하는 동시에(왜냐하면 영화 자체가 이미지들의 논리라는 이런 문제를 통해 작동하므로) 우리로 하여금 영화를 넘어서서 사유하도록 해준다. 들뢰즈의 영화 책들에는 보다 광범위한 문제가 작용하고 있다. 다시 말해 지각작용이 역사를 가지고 그 역사가 생명의 논리——뇌가 자신의 이미지를 부동화된 장면의 행동하는 중심으로 형성하려는 경향——이기도 하다면 영화는 잠재적인 것(혹은 인간 신체의 감각-운동 장치가 현전을 초래하지 않은 그 모든 역능들과 포텐셜들)에 하나의 개방구를 제공할 수 있다. 잠재적인 것은 생명의 유일무이한 문제*the* problem이다. 인간의 눈이 언제나 현실적인 것만을——지금 여기서 내게 현전하는 대상들, 오직 그것들만을 ('대상'과 '나'라는 개념들 자체가 이미 세계를 특정한 스타일로, 그리고 특정하게 예상된 목적에 대하여 지각해 온 것이기 때문에)——대면해 왔다는 데는 의문의 여지가 없다. 그러나 잠재적인 것 혹은 포텐셜하게 지각 가능한 것은 현실적인 것의 한 이미지로 환원된다. 우리는 잠재적인 것을 다만 현실화되지 않은 것으로, 현실적인 것에 기생하는 것으로 상상하거나 사유한다. 우리가 잠재적인 것을 우리 앞의 장면에 부가된 가능성들로 사유한다면 우리 앞의 그 장면은 잠재적인 것의 감소, 생명이 지각되거나 현실화될 수 있는 방식들 가운데 하나이다. 오늘날 '잠재적 실재' virtual reality라는 개념은 이러한 경향의 증거이며, 거기서 우리는 잠재적인 것을 하나의 현실적 (현실적인 것만이 완전히 실재적인) 세계에 창조적으로 덧붙여진, 혹은 그것을 흉내 내는simulate 것으로 사유한다. 그러나 들뢰즈는 잠재적인 것은 실재적이며, 현실적인 연장된 세계가 접속들과 변이들의 잠재적 다양체로부터 절단되어 실현되는 것은 오직 잠재적 포텐셜들 때문이라고 본다. 우리가 잠재적 형식 그 자체를 즉자적이고 대자적으로 사유할 수 있다면 우리는 여기에 위치 지어진 인칭적 신체의 습관, 클리셰, 진부함을 넘어서서 세계와 미래를 사유하게 될 것이다. 그러나 대자적인 잠재적인 것이란 무엇인가? 이것을 이해하기 위해서 우리는 운동-이미지의 창조와 그것이 그때 예속되는 잠재성에의 의존을 이해할 필요가 있다.

1차성 들뢰즈 사유의 가장 주목할 만한 특징들 가운데 하나는 그의 반언어주의로, 이것을 가장 잘 목도할 수 있는 것은 『천의 고원』에서 그가 '기표의 전제주의'에 반하여 내세우는 주장에서이다. 구조주의 기호학이 그 가장 단순하고 널리 확산되어 있는 형식에 있어서 능동적인 항들은 없으며 우리는 언제나 관계들의 한 체계 내에 위치 지어져 있다고 주장하는 데 반해, 들뢰즈는 두 가지 주요한 일탈을 시도한다. 우선, 그는 관계들은 항들에 외재적이라고, 다시 말해 미리-주어진, 혹은 선험적인 체계나 구조가 있어서 세계가 그것을 통해 주어지는 것이 아니며, 관계들, 차이들, 혹은 변별화를 미리 결정하는 단일한 구조는 없다고 반복해서 주장한다. 들뢰즈는 세계가 언어나 개념적 도식을 통해 구조 지어진다는 관념을 견고한 형이상학적 이유로 거부한다. 어떤 체계, 법칙 혹은 범주들의 구조가 있어 그것을 통해 세계가 질서 지어졌다면, 우리는 어떻게 질서 지어진 그것을 설명할 것인가? 우리는 어떤 것, 어떤 실체, 구조 지어진 것을 가정해야 할 것이다. 그리하여 관계들의 체계 혹은 구조는 이 실체를 그것이 구조 짓는 것과 관계 짓게 될 것이다. 즉 거기에는 언제나 또 하나의 관계가 있을 것이고, 구조 자체는 또 하나의 관계 짓는 항이 될 것이다. 구체적으로, 우리가 세계를 언어, 문화 혹은 개념들을 통해 '사회적으로 구축된' 것이라 보게 된다면 우리는 그때 누구 혹은 무엇이 구조화를 하는지, 그리고 누구 혹은 무엇이 구조 지어지는지 물을 수 있을 것이다. 생명과 차이를 미리 결정하는 일단의 관계들 또는 구조를 논하는 대신 들뢰즈는 관계들의 생산에 주목한다. 경험이나 지각작용은 미리 구조 지어지지 않는다. 대신에 경험의 매 사건은 이미 주어진 원칙의 기반 위에 예견되어 온 것일 수 없는, 순수하게 새로운 관계들의 산물이다.

관계들에 대한 이러한 강조는 들뢰즈의 두번째, 진정 후기-구조주의적인 책략과 관련되어 있다. C. S. 퍼스의 기호학을 따라 들뢰즈는 1차성*firstness*을 주장한다. 일반적으로 우리의 현실적 세계에서 우리는 다만 2차성 및 3차성과 관련을 가질 뿐이다. 2차성은 관계들의 영역이다. 다시 말해 그것은 내 눈에 엄습하는 빛, 얼음을 녹이는 열, 음식으로 채워진 신체이다──이 모든 작용들[행위들]과 반응들은 항들과 개별자들의 세계 혹은 공간을 생산한다. 1차성은 관계를 짓는 포텐셜 혹은 역능이다. 다시 말해 그것은 아직 어떤 관계 안에서도 실현되거나 현실화되지 않은 것으로서 순수한──즉자적이고 독특한 역능 또는 질이다. 그러나 퍼스에 따르면 1차성은 결코 기호의 수준은 아니다. 왜냐하면 기호는 읽힐 수 있고 가능한 반응에 대하여 열려 있기 때문이다. 이것은 우선 하나의 세계가 있고 나서 비로소 즉자적으로 실존하는 현실을 의미화하는 어떤 방식이 있는 것이 아님을 뜻한다. 즉 세계는 이미 의미작용하고 있으며, 관계들, 지각작용들, 해석들을 생산하는 하나의 포텐셜이다. 또한 1차성은 우선 2차성과 3차성의 생산 안에만 있다. 들뢰즈는 그러므로 '기호'라는 말을 그가 '이미지'와 '지각작용'이라는 말을 사용하듯 사용하고자 한다. 즉 우리는 기호들, 이미지들, 지각작용들의 현실적 체계들을 가지고 있지만 이것들이 자기-현시적이고 관계들에 극단적으로 우선하는 어떤 세계를 복제하지는 않는다. 왜냐하면 세계는 다만 그것의 이미지화, 지각함 혹은 기호화'이기 때문이다. 2차성의 기호를 읽을 때 우리는 현실화된 관계를 고려한다. 다시 말해 눈과 만나는 빛은 색채로 지각되고, 얼음을 녹이는 열은 자연 생태계의 기호로 관찰 가능하며, 에너지가 충전된 신체는 포만감 혹은 안락의 감각으로 체험된다. 3차성은 2차성에 대한 이런 '독해' 혹은 해석이다. 퍼스는 3차성이 무한히 연장된다고 본다. 우리는 언제나 3차성을 두 항들을 연결시켜 온 것 그리고 이 항과 저 항을 연결시키면서 새로운 세번째를 생산하는 것으로 여기기 때문이다. 예컨대 만일에 눈과 만난 빛이 색채로 지각된다면 그 색채는 난처함을 의미화하는 낯 붉힘으로 읽히고, 그 난처함은 그때 **사회적 과오**_faux pas_로 읽히며, 그 사회적 과오는 (이를테면 제인 오스틴 소설에서의) 교양 일반의 기호로 읽히는데, 그때 관계들은 여전히 3자적이다. 다시 말해 최초의 관계——색채——가 다른 항과 만나 다른 관계를 생산한다. 왜냐하면 낯 붉힘으로 읽힌 색채는 난처함으로 읽히게 되는 감정의 관념과 만나야 하기 때문이다. 여기서 들뢰즈는 우리가 획득하는 모든 것이 3차성이라는 퍼스의 주장에 동의하지 않으려고 한다(이것은 그가 퍼스의 프래그머티즘과 결별하는 것과 상관이 있다. 퍼스에게는 그 자체를 읽히도록 제공하는 1차성과 같은 것이 있어야 하고, 있었어야 함을 우리는 안다. 그러나 우리가 할 수 있는 것이라고는 1차성에 대한 우리의 관계들을 지속적으로 재해석하고 재가공하는 것뿐이며, 결코 관계들에 대한 우리의 해석에 지배적인 법칙을 수립하지도, 합리성 자체를 초월할수도 없다).

들뢰즈와 퍼스의 일차적 차이는 전자가 1차성을 표현에 결부시킨다는 것이다. 1차성은 표현이다. 이것은 표현하는 누군가, 혹은 무엇은 없고, 표현들——차이 혹은 역능들의 박동들만이 있음을 의미한다. 그[차이 혹은 역능들의 박동들]로부터 우리는 표현에 주어진 한 사물을 가정할 수 있다. 이 사물 혹은 표현의 결과가 2차성이 될 것이고, 2차성에 대한 우리의 지각작용이 3차성이 될 것이다. 빛은 표현이고, 눈과 만나는 빛은 한 관계를 생산하며, 이 동일화 가능하고 반복 가능한 빨강의 색조로 지각되는 그러한 관계가 3차성이다. 퍼스에게 1차성이 지배적인 발견적heuristic 가치를 갖는 반면, 들뢰즈는 우리가 우리와의 관계 속에 구성된 것으로서의 현실 세계를 극복하고자 노력해야 한다고 주장할 뿐 아니라 영화와 감응-이미지가 우리에게 순수한 질들의 경험을 제공한다고 주장한다. 퍼스는 그의 과학 철학에서 우리가 관계들을 통해 세계를 안다는 것 그리고 과학은 지속적으로 관찰자들 사이의 동의를 향해 작업해야 할 뿐 아니라 관계들을 도출해 내는 역능들, 경험을 생산하는 포텐셜들(1차성)에 열려 있어야 함을 알고 있었다. 들뢰즈의 감응-이미지는 영화적 과학의 일부일 수 있고, 그것들의 비매개적 역능과는 다른 어떤 것의 기호들로 읽힐 수 있다. 즉 그것들은 '순수 감응들'의 사유를 향한 길을 연다.[38]

영화가 일반적으로 우리가 구성된 공간들과 중심화된 경험의 장들로부터 그것들의 창조로 되돌아가 작업하도록 도와준다면, 감응-이미지는 비록 이런 특수한 방식으로 여기서 현실화되었지만, 또한 이후로도 계속 현실화될 역능들과 다른 관계들이기도 한 역능들의 기호로서 결정적이다.

감정은 모든 한정된 공간-시간으로부터 독립적이다. 그러나 그럼에도 감정은 그것을 표현된 것, 그리고 한 공간과 어떤 시간의, 한 시대나 어떤 환경의 표현으로 생산하는 하나의 역사 안에서 생산된다(이것이 감정이 '새로운' 까닭이고 새로운 감정들이 특히 예술 작품에 의해 부단히 창조되는 까닭이다).[39]

감정 예술은 어떻게 감정들을 창조하는가? 감정으로의 개방은 환경으로부터의 해방에 달려 있고, 따라서 예술은 [지금 눈앞에 있는] 이 빨강을 한낱 캔버스 위의 물감 ── 현실적인 것으로 보지 않는다. 우리는 색채를 사회 관습에 결부함으로써 이 빨강을 어떤 다른 현실성 ── 예술가의 기분 ── 의 기호로 해석하지도 않는다. 오히려 예술에서 우리는 하나의 단일한 역능, 우리 자신을 한 사람의 관찰자로 용해시키는 결과를 수반하는 역능을 대면한다. 다시 말해 빨강은 나와의 관계 속에서가 아니라 보여지는 어떤 역능으로서 보여야 한다. 감정은 그때 더 이상 이 관찰적 공간에 위치 지어지지 않을 것이다. 그것은 스스로를 단순히 지금 여기에서만이 아니라 영구히 표현하는 어떤 역능이다. 예술의 역능들은 사건에 결부되어 있다. 즉 순수하고 실재적인 포텐셜로서의 생명에는 일어나게 될, 그리고 일어날 수 있는 모든 것에의 역능이 있다. 예술에 의해 열리는 것은 이 사건들의 현전 — 이미 일어난 것만이 아니라 모든 시간의 실재성, 사건들의 영원성 — 이다.

> 역능-질들은 예견적 역할을 가진다. 왜냐하면 그것들이 사물들의 상태로 현실화될, 그리고 그것을 변양시킬 사건을 준비하기 때문이다 (칼로 뱀, 절벽에서의 추락). 그러나 그 자체로, 혹은 표현된 대로 그것들은 이미 그 영원한 측면에서의 사건이다.[40]

감정들은 행위들(혹은 행사되는 역능들)이 아니라 ~하는 역능들이다. 영화는 우리가 스스로 두렵거나 욕망하거나 괴로워하거나 우울함에 빠져 있지 않으면서도 공포나 욕망, 비극, 우울 등을 느끼는 역능이 아닌가? 역능이나 감정 자체는 그것이 삶[생명]들 속에서 현실화된 것으로서가 아니라 그 자체로 주어진다. 그렇다면 한편으로 예술의 역능-질들은 우리 삶[생명]에서 가능한 것을 실제로 참조한다. 그러나 다른 한편 그것들은 또한 자율을 품고 있기도 한데 왜냐하면 우리는 단지 거기에 공포나 욕망이 있다는 이유로 두려워하게 되고 욕망하게 될 수 있기 때문이다. 이것은 두려워하는, 욕망하는 — 그 어떤 실례로도 환원 불가능한 — 영원한 역능이다. 들뢰즈는 감응-이미지들을 순수-질들에로의 통로passage로 설명하면서 클로즈업을 언급한다. 어떤 수준에서 클로즈업은 3차성의 좋은 예로 보일 수 있다. 다시 말해 우리는 가르보의 얼굴을 보고 스타덤 혹은 매력의 기호인 그 얼굴에 반응한다. 그러나 이것은 클로즈업의 진정한 역능은 아니다. 카메라가 움직여 들어올 때 우리는 인물들, 서사, 관계들로부터 떠나게 된다. 즉 우리는 누구 혹은 무엇이 공포의 대상이 되는지를 보지 않으며 누가 두려워하는지도 보지 않는다. 즉 얼굴은 비인칭이 되고 우리에게는 공포 자체, 공포의 순수 감정이 주어진다.

> 얼굴의 클로즈업이란 없다. 클로즈업은 얼굴이다. 하지만 바로 그것이 그 세 가지 기능을 파괴하는 한에서 얼굴이다──신체의 나체성보다 훨씬 더 큰 얼굴의 나체성, 동물들의 탈인간성보다 훨씬 더 큰 탈인간성.[41]

그러므로 공포는 여하한 어느 시간에나 그 누구의 공포일 수도 있을 것이다. 그것은 그 특이성에 있어 영원하고 진정 다르기도 한데, 왜냐하면 그것이 더 이상 관계들과 일반성의 관점 혹은 어떤 근원적 현실성의 질로서가 아니라 그 자체로, 그 순수성에 의해 파악되기 때문이다. "클로즈업은 단지 얼굴을 개별성의 원리가 지배하는 지역들로 밀어붙인다."[42] 말하자면 얼굴은 특이한──어떤 일반성에 비교 가능하거나 그것을 의미화하지 않는──것이 되고 따라서 더 이상 개별자가 아니다. 즉 그것은 하나의 얼굴, 여럿 중 하나인 얼굴이 아니라 '하나의' 얼굴, 반복가능할지언정 이미 반복된 것의 한 실례는 아닌 특이한 스타일이다.

1차성을 아는 데 문제가 있다고 말할 사람도 있을 것이다. 기실,

들뢰즈가 관계, 접속, 욕망, 기계를 강조한 사실에 비추어 보면, 한편으로 내재적이고 접속된 생산적 삶을 강조하고 다른 한편으로 독특성이나 1차성을 강조한 점이 모순으로 여겨질 수 있을 것이다. 그러나 관계들이 항들의 외부에 있다는—항들은 관계들로부터 효과한다는—그의 주장에도 불구하고 들뢰즈는 결코 생명을 관계들로 환원시킬 것을 주장하지는 않는다. 그러므로 관계들이 생명을 완전히 규명할 수 없다면 우리는 어떻게 1차성 혹은 독특성들을 알거나 경험하는가? 지식이란 정의상 이미 관계적이다. 우리가 어떤 것을 알기 위해서 우리는 그것을 경험하거나 어떤 방식으로든 받아들여야 한다. 그러므로 들뢰즈 철학의 인식론적 도전은 감정, 1차성, 탈인간을 직관하기, 지금 여기의 현실적인 관찰적 지점을 극복하기를 강조하는 가운데 어떻게 1차성을 (그것을 일종의 '너머'로 상상하는 것 이외의 다른 방식으로) 알 수 있는가 하는 것이다.

〔그 도전에 대한〕 들뢰즈의 가장 생생한 반응은 영화에 관한 책들에서 드러난다. 이 책들에서 〔말하는〕 영화의 진정한 경험은 '내'가 보여진 것을 이러저러한 소통 가능하고 일반적이며 개념적인 소여로서 파악하는 식의 인식적인 것이 아니다. 대신 카메라의 눈은 구성되고, 인간적이며, 위치 지어진 지각작용의 시점視點을 단락시키고, 그렇게 함에 있어 하나의 '나'가 하나의 안정된 세계와 관계 맺고 그것을 질서 짓는 경향을 갖도록 해주는 이미지들의 습관적 질서를 붕괴시킨다. 감응 이미지들은 인간의 눈을, 보이는 것이 결단하고 조직화하는 관찰자에 의해 포착되는 조직화된 환경으로부터 해방시키는 것을 지향하는 어떤 길을 간다. 우리는 영화의 관람자가 이미 지식과 재인이라는

그/녀의 위치에서 추방되었을 때 비로소 감응-이미지를 가질 수 있게 될 것이다――혹은 그 얼굴을 이 서사에서 이 배우가 연기한 이런 이름의 사람으로 보지 않을 것이다. 감정은 일반적으로 경험의 한 측면 혹은 부분이다. 즉 우리는 타인의 얼굴을 부분적으로는 지식의 대상(지각작용-이미지)으로, 부분적으로는 우리 편에서의 반응을 요구하는 어떤 것(행위-이미지)으로, 또 부분적으로는 우리를 엄습하는 어떤 것(감응-이미지)으로 경험한다. 영화는 우리의 알려는, 그리고 행동하려는 경향들을 압도함으로써 감정을 고립시키거나 드러낸다. 감정의 자율을 향한 이러한 경향은 예술 일반에 적용되는 것이지만 영화의 의미는 이 경향이 극단적으로 탈인간적인 테크놀로지와 짝 지어진다는 데 있다. 화랑의 그림 혹은 대성당 안의 스테인드글라스 이미지조차 기능적인 행위와 지식의 세계로부터 고립되었을 수 있으며, 그리하여 예술 일반이 습관, 접속들, 작업의 세계로부터 구별되어 표현될 수 있다. 그러나 홀로 서는, 자신의 경험들을 그 고유한 세계 안으로 종합하려는 인간 눈의 경향으로부터 해방되는 예술의 역능은 영화에서 놀라운 형식으로 주어진다. 일단 우리가 이렇게 위치 지어진 인간 관찰자의 이미지가 아닌 어떤 이미지를 사유할 수 있게 되면 모든 예술은 인간성의 표현으로서가 아니라, 그 인간적이고 기능적인 근거지로부터 상상작용의 해방으로서 이해될 수 있다. 가장 극단적인 예는 초현실주의이다. 거기서 예술은 쾌락이나 재인을 생산하기 위해 구성되는 것이 아니라, 사유나 경험을 생산하는 뇌의 인식적이고 조화를 이루는 역능들을 붕괴시키는 것을 목적으로 한다. 그 사유나 경험은 유기체의 것도, 누군가의 고유한 것도 아니다.

들뢰즈는 단순히 사유를 그 메커니즘으로부터 해방시킬 영화에 대한 유토피아적 시각을 표현하고 있지 않다. 그는 또한 운동-이미지를 연역한다. 연역의 관념은 칸트에로 소급된다. 우리가 그저 표현된 것의 '너머'를 주장할 수는 없지만, 현실적인 것 혹은 경험된 것으로부터 생명이란 어떠한 것이어야 경험이 지금 그것이 취하고 있는 형식을 취하게 되는지를 묻는 일로 움직여 갈 수 있다. 우리는 조건 지어지지 않은 것의 실존을 우리가 경험하는 조건 지어진 세계로부터 연역할 수 있다. 그러므로 연역이란 과정은 경험에서 물러나 그것의 가능성을 설명하는 것이다. 그렇기 때문에 들뢰즈는 운동-이미지가 어떻게 가능한지 묻는다. 우리는 어떻게 그로부터 환경들이 구성되는 운동들의 이미지를 현시할 수 있는가? 눈이 그 자체의 인간적 관점에 입각해 생명의 유동을 일단의 사물들로 환원하는 가운데, 생명의 약동하고, 차이화하며, 영속하는 매 포텐셜을 포착한다면, 그것은 또한 이 현실화된 세계를 거슬러 올라가 상대적으로 안정된, 혹은 고정된 단편들이 그로부터 절단되어 온 운동들 또는 감정들을 사유할 수 있다. 요컨대 우리는 우리 고유의 관점 주변으로 접혀 있는 사물들의 현실적 세계로부터 물러나 세계가 그로부터 펼쳐진 잠재적 포텐셜들을 직관할 수 있다. 이것이 가능한 한 가지 길은 운동-이미지와 몽타주를 통해서이다. 다시 말해 통상적으로 접속되지 않은 운동들을 결합시킴으로써 우리는 시각의 습관들을 붕괴시킬 수 있고, 그렇게 하면서 일종의 접속적인, 혹은 종합하는 과정을 얻는다. 우리는 간접적으로 움직이는 역사적 생명의 전체를 참조할 수 있다. 이것은 몽타주가 운동들, 즉 인간의 눈에 의해 접속되지 않고 영화적 컷들에 입각한 그것들의 종합에 의존하는 운동들을 현시할 때 일어난다. 상대적으로 최근의 사례로 들 수 있는 패트릭 케일러Patrick Keiller의 「런던」London(1994)은 런던이라는 도시의 정치적 고고학을 창조한다. 신scene들은 파업하는 노동자들의 영상들과 기쁨에 찬 당선의 장면들을 교차시키고, 그리고는 오르내리는 증시를 보여 준다. 운동은 더 이상 공간을 가로지르는 신체의 운동이 아니라 시장들이나 유권자들의 운동을 생산하는 신체의 운동들과 같은 접속하는 전체의 이미지로 제시된다. 우리는 더 이상 세계를 고정되고 지배하는 눈의 시점에서 바라본 운동들로 조망하지 않으며, 대신 운동이 질서 짓는 인간성으로 환원될 수 없는 것임을 알게 된다. 즉 인간성은 운동 안에 위치되어 있고 운동은 사물들의 운동으로부터 해방된다. 운동의 역능 자체는 이 상호 접속된 행위들과 반응들의 이미지에 주어진다. 그것은 예컨대 우선 인간성이나 민족에 근거되고 비로소 움직이는 것이 아니다. 런던은 층화된 움직이는 접속들의 한 계열로 주어진다. 즉 그것은 그 상대적인 안정성을 구성하는 운동들의 외부에 실존을 갖지 않는다. 이것은 1차성의 사유함을 이해하는 한 가지 방식을 제공한다. 런던은 다른 도시와 마찬가지로 포텐셜들 사이의 관계들에 의해 생산된다. 즉 신체들, 기계들, 공간들, 리듬들은 접속되어 일정한 운동들을 형성하고, 그리하여 하나의 동일성이 시간을 통해 수립된다. 이러한 접속하는 운동들의 이미지들을 현시함으로써 ─ 시장에서 신체들로, 정치적 신체의 형성으로 옮겨 가는, 어떤 위치로든 위치 지어진 관찰자의 눈으로부터 추상함으로써 ─ 운동은 변화의 역능으로서 주어진다. 그것은 한 자리에서 다른 자리로의 변화가 아니라 생명 전체를 변화시키는 것이다.

퍼스의 기호학은 3차성으로부터 물러남으로써 1차성 혹은 포텐셜들에 도달한다. 다시 말해 우리는 언제나 우리가 그것에 대해 말하고 관계들을 참조하는 한 세계 속에 있다. 우리가 어떠한 대상에 대해 말할 때 우리는 보여진 것에 대한 하나의 '해석'을 제공하고 있으며, 또한 우리는 우리가 사물들을 조망하는 방식을 해석할 수 있다. 퍼스는 3차성이 무한히 외부로 움직인다고 여겼으며, 1차성 혹은 이미지들을 생산하는 역능은 언제나 획득된 3차성 혹은 이미지들로부터 연역되거나 주어진다고 보았다. 들뢰즈는 〔문제에〕 접근함에 있어 퍼스와 두 가지 차이점을 보인다. 즉 그는 영화가 우리를 합리적이고 매개된 사유함(언제나 3차성 내부에 존재함)으로부터 해방할 수 있다고 생각하며, 또한 그럴 때 어떤 이미지의 이미지의 이미지라는 (혹은 영원히-연장되는 3차성이라는) 관념이 멈추게 되는 한 점이 있다고 생각한다. 이 것은 이런저런 관계의 한 이미지가 아니라 이미지화 자체, **이미지화하**는*to image* 역능이 있을 때가 될 것이다. 운동-이미지가 해야 할 것은 우선 한 대상에 초점을 맞추고 움직이는 것이 아니라 어떻게든 대상들을 접속하여 그것들이 운동의 결과로 생겨나는 것으로 보이도록 하는 일이다. 이것은 우리에게 시간의 간접적인 이미지를 주는데, 거기서 시간은 그로부터 운동이 출현하는, **차이를 위한 힘**이다. 1차성에 접근하는, 혹은 관계들에 대한 포텐셜의 한 이미지를 주는 또 다른 방식은 운동-이미지를 그것 너머로 가져가는 일이 될 것이다. 생명은 더 이상 상이한 생성들 혹은 운동의 리듬들 안에서 그 자체를 표현한 것, 간접적으로 주어질, 혹은 운동들의 접속들로부터 추론된 것이 아닐 것이다. 포텐셜들 또는 '생성하는 역능'은 더 이상 현실 세계의 조건들로서 가정되지 않을 것이다. 즉 우리는 스스로 차이화하는 역능의 한 이미지를 가지게 될 것이다. 운동의 지각작용이 오직 눈이 움직이는 신체들로 유입되는 생명의 유동을 고정시키는 한 점으로부터 세계를 파악하기 때문에 1차적으로 가능하다면, 그때 눈의 전위轉位나 방향 상실은 생성 자체의 지각작용을 가능하게 해줄 것이다. 들뢰즈는 우리가 일단 세계를 '우리의 것'으로 읽게 되면 우리가 할 수 있는 것이라고는 재해석(우리 자신의 관점에 대한 영원히 점증하는 복잡성의 생산)뿐이라고 가정함으로써 이러한 가능성에 도달한다. 그는 3차성이 또 다른 차원으로 향하는 한 가지 길을 제공한다고 주장한다. 3차성은 어떤 수준에서 사유이다. 내 신체는 (내가 더불어 싸울 수 있는 다른 신체들과 같은) 다른 역능들과 조우하는 하나의 역능이다. 그러나 만일에 내가 이 싸움을 다른 관점에서 고려한다면, 혹은 만일에 내가 내 신체가 자신의 세계의 관계와 맺는 이미지를 취한다면 내 신체의 반응들은 사유 속에 기록되거나 복제될 것이다. 들뢰즈는 우리가 행동하는 것은 신체가 습관적으로 반응할 때가 아니라 우리가 우리 신체가 맺는 관계들의 이미지를 가질 때라고 주장한다. 3차성 혹은 단순히 관계들에 포착되는 것이 아니라 관계들을 사유하는 우리의 능력과 더불어 우리는 욕망의 관계들을 열어젖힌다. 나는 그저 현실적인 것에 반응하는 것이 아니다. 즉 나는 내가 상상하거나 예견할 수 있는 감정들에 따라 행동한다, 혹은 내 신체를 움직인다. 내가 단순히 반응하는 대신 행동하는 것이라면, 그때 우리는 내가 어떤 이유에서 그렇게 한다고 말할 수 있다. 즉 나는 내가 할 일의 일반적인 역능 또는 예언 가능한 결과를 예견하거나 상상하는 것이다. 3차성은 신체들이 행위와 반응 너머로 이동할 때, 그러나 의도되거나 상상된 어떤 목적, 그 이상의 어떤 관계를 위한 다른 역능과 관계 맺을 수 있고 **행동할** 수 있게 될 때 효과된다.

그러므로 3차성은 행위들이 아니라 어떤 법의 상징적 요소를 필연적으로 담지하는 '행동들'(줌, 교환함)을 산출하며, 지각작용들이 아니라 감각의 요소를 참조하는 해석들을 산출한다. 다시 말해 감응들이 아니라 관계들의 지적 느낌들을 산출하는 것이다. 그것은 이를테면 '왜냐하면', '비록', '따라서', '그러므로', '이제' 등 논리적 접속사들의 사용을 수반하는 느낌들이다.[43]

3차성을 '의미' sense로 돌릴 때 들뢰즈는 자신의 초기 저작(『의미의 논리』)의 중요한 부분을 떠올리고 있는 것만이 아니다. 그는 또한 우리를 항상 관계들 내로부터 논하게 만드는 퍼스의 3자적 엄격성으로부터 떠날 수 있는 길을 연다. 들뢰즈는 의미 혹은 3차성의 힘이 사유를 제한할 수 있다고 본다. 상-식에 의해 수립된 관계들, 할리우드 영화에서 너무나 많이 반복되는 클리셰화된 접속들, '사유하지 않는 사유', 우리를 '해석강박'으로 괴롭히는 의미작용의 체계[44]——그것을 통해 다른 모든 기호들이 읽히는 하나의 체계, 이 모든 것은 의미의 생산된 정향 또는 환경이 그 이상의 접속들을 차단할 수 있는 방식의 사례들이다. 그러나 의미 혹은 3차성의 **포텐셜** 또는 역능——그 역능들이 단순히 서로의 관계만이 아니라 다른 관계들을 반성 또는 지각할 수 있는 그 이상의 관계를 생산해 왔다는 사실 자체——은 관계성 자체에 대한 사유를 허용한다.

…… 우리는 행위-이미지에서 부식해 가면서 또한 지각작용과 관계 위에서 그 효과가 초월적으로 산출되고 전체로서의 운동-이미지에 문제를 제기한 기호들, 즉 시각기호들opsigns과 음향기호들sonsigns 과 조우했다. 운동의 간격은 더 이상 운동-이미지가 그것과의 관계 속에서 간격의 한끝에서 지각-이미지로, 반대편 끝에서 행위-이미지 로, 그 사이의 감응-이미지로 특수화됨으로써 하나의 감각-운동 전체를 구성하게 되는 것이 아니었다. 반대로 감각-운동의 연결고리는 깨졌고, 운동의 간격은 운동-이미지와는 다른 어떤 이미지의 출현을 산출했다.[45]

구성된 관계들을 넘어 관계들의 잠재적 역능을 직관하는 이러한 가능성은 영화에서 전면으로 드러난다. 영화는 실천적 신체의 일반화된 반응들의 작용〔행위〕/반응 외부에 있는 비-인간의 눈을 생산한다. 관계들의 지각작용——혹은 들뢰즈가 사유-이미지라 부르는 것을 가능하게 해주는 것은 이 새로운 관점이다.

『차이와 반복』에서 들뢰즈는 '사유의 이미지'로부터 시작된 철학사에 반하여 자신의 철학을 설정한다. 전통적으로 관계들은 어떤 실체로부터 도출된다. 그 실체란 이를테면 세계를 올바른 범주들의 항들속에서 지각하는 근대적 주체이다. 예컨대 플라톤은 우리가 세계를 본질들의 미리-주어진 영원한 형식들을 통해 조망한다고 주장했고, 칸트는 우리의 경험에 필연적인 질서를 부여하는 초월론적 범주들이 존재한다고 주장했다. 들뢰즈에 따르면 '사유의 이미지'는——말하자면 참과 거짓에 입각한——고유한 사유함으로 간주되는 것을 결정해 왔으며, 사유의 발생에 대하여 묻는 데는 실패해 왔다. 세계 혹은 생명의 관계들은 어떻게 해서 그 관계들의 이미지를 가질 수 있는 뇌와 같은 것을 생산했는가? 들뢰즈는 의미가 관계들을 위한 환경 또는 능력, 사유가 그 안에서 움직이는 정향 또는 지도라고 본다.[46] 매우 단순한 의미에서 한 농구선수는 단순히 그 공을 지각하고 미리-주어진 규칙에 따라 이 지각작용을 진행하는 것이 아니다. 왜냐하면 그의 전신과 사유함의 방식이 코트 위에서 그의 위치, 다른 선수들의 위치, 골대의 위치, 경기의 시점에로 정향되어 있기 때문이다. 들뢰즈는 이러한 의미의 환경이 언어와 가능한 개념들을 명백하게 만든다고 주장한다. 즉 우리는 이미 관계들과 접속들이 있은 후에야 어떤 함doing의 체계 혹은 청사진을 형성할 수 있다. 들뢰즈는 철학을 지배해 온 사유의 경직된 이미지들을 열어젖히기 위해 이 의미의 잠재적 영역을 가져온다. 플라톤이 정신을 감각 경험으로부터 떠나 우리 정신에 질서와 진실을 부여하는 영원한 형식들을 직관할 수 있는 것으로 보았다면, 이것은 그가 이미 일단의 관계들과 운동들의 집합[그 관계들과 운동들의 집합에]을 가정해 놓고 비로소 고유한 사유함을 가능하게 하도록 만들었기 때문이다. 들뢰즈는 오늘날 철학의 과업이란 선한 사유함으로 간주되는 것의 또 다른 이미지를 생산하는 것이 아니라, 그로부터 다양한 사유함의 정향들이 출현하는 차이의 한 개념을 창조하는 것이라고 본다.

'이미지 없는 사유'에 접근하는 것은 내재성의 철학의 가장 고원한 이상들 중 하나일 것이다. 그것은 (내재성을 어떤 초월에의 내재성으로 보는 가운데) 하나의 창조하는 항들 내에 관계들의 창조성을 포함시키지 않는다. 영화에서 사유-이미지는 행위와 정념에 사로잡힌 어떤 사유하는 인물의 그것이 아니다. 사유-이미지는 사유 자체를 현시하는, 현실적 사유들의 정화purification이다. 들뢰즈는 우리가 결코 1차성이나 2차성을 순수한 형식으로 가질 수 없음을 인정한다. 다시 말해 감정들은 이미 행동하는 역능으로 향하는 경향을 가진다——언제나 우리에게 주어진 세계에 대한 최소한의 관계 혹은 반응이 있으며, 생산된 행위들은 이미 그것의 의미를 만들게 될 사유들을 향하는 경향을 가진다. 들뢰즈가 영화에 관한 책들을 통해서뿐 아니라 그의 전체 저작을 통해 하고자 애쓰는 것은 운동의 본질을 직관하는 일이다. 다시 말해 그것은 동일하게 남아 있는 것으로부터의, 혹은 그것을 향한 운동(공간 안에서 신체들의 운동)이 아니라 특수한 차이를 창조하는 운동이다. 감정들과 행위들 내에 설정될 수 있는 사유-이미지에서 우리는 사유하는 역능 자체, 사유한다는 것이 무엇인가를 부여받는다. 우리는 혼란스러워하거나 화난 듯이 보이는 한 인물을——혼란이나 분노에 대해 생각하면서——보는 것이 아니라 사유 감정들 혹은 사유가 무엇을 할 수 있는지를 보게 된다. 일례로 들뢰즈는 히치콕과 서스펜스를 언급한다. 신체들이 일반적인 싸움 장면 혹은 결투에 임해서 할 법한 방식으로 비매개적으로 행동하고 반응하도록 하는 대신, 히치콕은 행위를 멈추게 함으로써 인물이 막 행동하려고 하는 순간을 잠시 유지하도록 만든다. 행동하는 포텐셜은 하나의 이미지를 부여받는다. 다시 말해 무엇임what *is* 혹은 인물이 하려고 하는 것(현실적인 것)이 아니라 일어날 수 있는 것, 또는 그로부터 어떠한 인물이든 구축될 포텐셜한 행위들을 보여 주는 것이다. 히치콕의 영화에서 행위들은 일어나게 될 것으로서 나타난다. 즉 이것은 단지 장르적 기대감(그 중 다수가 히치콕에 의해 창조된) 때문만이 아니라, 사물들과 인물들이 모두 행위의 관계들 속에 포착된 것으로 보여 주는 이미지들에서의 컷들 때문이기도 하다. 행위와 감응은 장면 안에서 인물들로부터 해방된다. 신체들과 서사의 논리 사이의 상호 작용들을 넘어선 정신분석적 장면이 주어지며, 우리는 이것을 시각적으로——보이스-오버나 진술된 서사를 통해서가 아니라——부여받는다. 테이블 위의 칼은 그 자체로 위협적이며 베고 죽이게 될 것으로서 그 자체를 드러낸다. 즉 그 칼은 위협으로 생각될 수 있는 것——'하나의' 위협이다. '심상'mental image에서 우리는 인물의 생각이 아닌 생각들을 본다. 다시 한 번, 영화는 잠재적인 것의 이미지를 생산한다. 심상은

> ⋯⋯ 흡사 지각작용의 대상들이 지각작용 외부에 그 고유의 실존을 가지듯 사유의 외부에 고유한 실존을 갖는 대상들을 사유의 대상으로 취한다. 그것은 관계들, 상징적인 행동들, 지적 느낌들을 그 대상으로 삼는 하나의 이미지이다.[47]

사유-이미지에서 우리는 의미의 역능을 포착한다. 다시 말해 그것은 생산된 관계들이 신체들의 행위, 현실화될 수도 그렇지 않을 수도 있는 행위들의 포텐셜로 실존하는 방식이다. 우리는 의미의 영역을 본다. 그것은 단순히 신체들의 상호 작용이 아니라 신체들의 배치가 조망되고 의미가 통하게 될 수 있는 방식——행위들의 포텐셜한 공간으로서 인물들이 펼쳐짐에 따라 하나의 관점에 의해 조망되고 평가된 장면이다. 여기에는 되-접기의 효과가 있다. 행동하는 역능(1차성)

만이 있다면 행위들/반응들만이 있을 수 있을 것이고, 관계들이 현실화된다면(2차성) 관계들의 지각작용만이 있을 수 있을 것이다. 그러나 관계들의 지각작용은 관계들로서 우리가 마침내 우리가 그 안에 위치 지어진 운동들을 넘어 사유할 수 있는 장면을 연다. 관계들의 힘을 생생하게 그려 내는 히치콕 영화에서 우리는 3차성의 한 이미지를 부여받는다——그것은 단지 운동들 혹은 움직이려는 경향들만이 아니라 그 운동들을 하나로 품고 있는 체계들 혹은 프레임들이다.

> 히치콕에게서 행위들, 감응들, 지각작용들은 모두 처음부터 끝까지 해석이다. …… 그 이유는 간단하다. 히치콕의 영화에서 하나의 행위는 일단 그것이 (현재 혹은 미래나 과거에) 주어지면 문자 그대로 관계들의 집합에 둘러싸이게 되는데, 그 주체·본성·목적 등은 다양하다. 문제가 되는 것은 누가 행위를 했는가——히치콕이 경멸스럽게 whodunit이라고 부르는 것——가 아니며 행위 그 자체도 아니다. 그것은 행위와 그것을 한 사람이 그 안에서 포착되는 관계들의 집합이다. 이것이 매우 공간적 의미에서 프레임의 기원이다.[48]

그러므로 들뢰즈의 내재성의 철학은 사유함을 설명하는 어떤 우월한 항——이를테면 정신과 같은——을 설정하기를 거부한다. 대신 그의 과업은 사유하는 역능 그리고 그 역능이 정신에 의해 현실화되는 방식들에서 시작한다. 이것은 그가 **현실적인 설명**——정신을 생물학적으로 설명하거나 진화론적 관점에서 설명하는 것——에서 시작하지 않음을 뜻하는데, 왜냐하면 그와 같은 설명은 언제나 하나의 특권화된 이미지 ── 이를테면 생물학적 생명과 같은 개념에서 시작해야 하기 때문이다. 이와는 대조적으로 들뢰즈는 잠재적인 것에서 시작한다. 우리는 **사유하는 역능들**이 있음을, 그리고 이것이 관계들을 형성하는 역능임을 안다. 즉 생물학적 생명 역시 관계들을 형성하는 역능들에 의해 창조된다. 잠재적 설명들은 관계들이 그로부터 출현하는 최초의 항을 가정하지 않기 때문에 내재적이다.

『시네마 1』에서 들뢰즈가 히치콕을 관계들의 이미지를 제시한 작가로 예시한 것은 시간-이미지의 문제로 이어진다. 영화에서 시간-이미지는 세 경로를 통해 열린다. 그것은 시간-결정체, 현재의 정점들과 과거의 층들, 거짓 역능들이다. 시간-결정체는 현재적인 것과 나란히 잠재적인 것을 제시하고, 현재의 정점들은 하나의 현재 이미지를 그 잠재적 과거와 연결 지으며, 거짓 역능들은 어떤 근원적 실재 세계 위에 놓여 있지 않은 위장dissimulation을 보여 주는데, 왜냐하면 '실재' 세계는 단지 나타나고 생성하는 모든 것이기 때문이다.

운동-이미지에서 시간-이미지로 이 지점에서 들뢰즈의 『시네마˙ 1』은 하나의 문제이자 서두이다. 우리는 어떻게 관계들의 이미지를 넘어 관계들이 그로부터 출현하는 잠재적인 역능의 이미지로 가는가? 히치콕의 영화 스타일은 우리에게 반성하는 그리고 회귀하는 관계들의 형식을 줄 수 있다 ── '그는 그녀가 보는 것을 본다, 그리고 그녀가 그가 〔자신이〕 보고 있음을 보는 것을 본다. 그리고 그를 볼 때…….' 우리는 관계들의 지각작용이 그 안에서 그 이상의 관계들을 생산하는 방식을 본다. 즉 만일 내가 당신이 내가 비밀을 가진 것을 안다는 사실을 안다면, 이 당신의 앎에 대한 앎은 또 다른 비밀이 될 수 있다. 사유-이미지가 단순히 서사적 요소들의 조작을 통한 작동보다 관계들 자체를 제시한다면 우리는 잠재적인 것의 이미지 혹은 사유에 가까이 다가가게 된다.

들뢰즈의 영화사는 규범적인 궤적을 가지고 있으며, 거기서 영화는 그것이 가장 잘할 능력이 있는 것을 점진적으로 성취해 간다. 시간-이미지에서 영화는 인간 눈의 복제도, 현실적 운동들의 추적 장치도 아닐 것이며, 그 고유한 운동과 고유한 시간——예컨대 현실적인 어떤 것과 그 포텐셜들의 복수성이 그 안에서 대등하게 제시되는 시간——을 창조할 것이다. 이것은 우리에게 한 배우에 의해 연기되거나 흉내 내지는 어떤 자아가 아니라, 단지 행동들의 계열일 뿐인 한 자아로서 어떤 인물이 주어질 때 일어날 것이다. 먼저 실재적인 자아가 있어서 그가 어떤 역할을 맡는 것이 아니라, 자신의 외양 바깥의 어떤 것도 아닌 자아가 있는 것이다. 우리는 그럴 때——외적 이득이나 정신분석학적 만족을 위해서 현재의 자신이 아닌 것을 욕망하고 그가 실제로 누구인지를 숨기고자 하는 인물이 등장하는 「리플리」*The Talented Mr. Ripley*(1999)와 같이——가장하는 인물을 보여주는 '협잡꾼' 영화와 진정한 자아가 없는 '은폐자' dissimulator 영화를 구별할 수 있다. 크리스토퍼 놀런의 「메멘토」*Memento*(2000)에서 가이 피어스가 연기한 주인공은 기억이 없어서 자신의 신체와 주변 환경에 글로 쓴 표식을 남겨 그 자신의 삶의 줄거리를 계속해서 추적해야만 한다. 그가 자신의 고유한 정신을 가지고 있지 않기 때문에——그의 현재의 정신은 기록들, 문신들, 다른 기억의 도구들로 구성되었으므로——이 외적 기억의 도움은 다른 이들에 의해 조작될 수 있고, 그의 훗날의 '새로운' 자아에 의해 오해될 수 있다. 그의 '자아'는, 부분적으로는 자기-인각 印刻되고, 부분적으로는 타인들에 의해 인각되었으며, 부분적으로는 타인이 일러주거나 다시 써 준 것을 그 자신이 잘못-옮겨 쓴 서사들의 계열이 된다. 즉 그는 이 인각들과 사본들 외부에 존재나 실체를 갖지 않는다. 우리가 이 영화에서 얻게 되는 것은 원래 있던 현실적 자아가 비로소 어떤 잠재적이거나 허구적인 역할을 맡게 되는 이야기가 아니라, 그 존재의 현실성 자체가 현재에 있어 잠재적인 어떤 자아이다. 인각된 기억들, 그에게 거짓말을 하는 인물들, 그의 신체 위의 표식들로 이루어진 그의 현실적 세계는 결코 일어난 적 없는 것의 사본의 결과, 지시대상 없는 기호들의 한 계열이다. 이 '거짓 역능'은 잠재적인 것의 이미지이다. 다시 말해 어떤 현실적 세계가 우선 있고 그것이 변화를 겪는 것도, 어떤 자아가 우선 있어서 그가 어떤 역할을 맡는 것도 아니며, 다만 그 차이들, 왜곡들, 모방들일 뿐인 어떤 생명 혹은 자아가 있는 것이다.

영화가 (히치콕의 사유-이미지에서 그러하듯) "관계 자체를 한 이미지의 대상으로 만든"[49]다면 그것은, 단순히 기호들이나 관계들의 어떤 체계에 거주하지 않고 관계들이 어떻게 출현하는지를 묻는 철학자(초월론적 철학자)에 대한 영화적 상대항이다. 이것은 두 가지 가능성을 산출한다. 그 첫번째는, 비록 우리가 그것을 구체적으로 알거나 사유할 수는 없을지언정, 관계들이 그로부터 출현하는 어떤 실체나 존재를 상정하는 것이다——어떤 궁극적 실재가 우선 있고, 그것이 이미지들과 일치하지 않는다. 들뢰즈는 철학이 통상 모든 관계들(그리고, 왜냐하면, 혹은)이 존재(이다)에 근거하는 이 길을 택해 왔다고 주장한다. 고전 영화 또한 이 길을 지향했다. 몽타주는 운동들을 접속시킨다. 즉 우리는 더 이상 그 운동들(행위들과 반응들)에 사로잡히지 않고 그 운동들이 그로부터 출현하는 전체를 (본성, 역사 혹은 민족의식으로서) 사유한다. 시간, 혹은 생명이 차이화하는 역능은 그러므로 운동에서 소급하여 읽힌다. 이것은 당대의 후기구조주의 형식들과 유사한 것일 수 있다. 후기구조주의에서는 우리가 어떤 변별화된 개념적 체계 내에서 말하고 사유하지만, 우리는 단지 그 체계를 효과된 것으로서 알 수 있을 뿐, 결코 즉자적으로는 알 수 없음을 인정한다.[50] 두번째 초월론적 경로는 철학자들이 좀처럼 들어서지 않는 것으로, 관계들의 외부성을 사유하는 것이라 하겠다. 관계들을 결정하는 어떤 존재도 없다면, 각각의 관계가 각각의 새로운 조우에 기반하여 생산된다면, 그렇다면 우리가 가진 것이라고는 우선적인 근거 없는 접속들과 관계들이 전부이다. 다시 말해 '이다' 없는 '그리고들'의 계열이 전부인 것이다. 영화에서 우리는 오직 3차성에 따라서만 이 사유 ── 관계들의 역능, 또는 1차성 자체를 사유하는 역능 ── 에 접근하게 된다.

정신적 이미지는 관계들의 집합을 엮어 짜는 데 만족해서는 안 되었으며, 새로운 실체를 형성해야 했다. 그것은 이를 하기 위해 '난해해'지는 한이 있어도 진정 사유와 사유함이 되어야 했다. 두 가지 조건이 있었다. 한편으로 그것[정신적 이미지]은 곳곳에서 발견되는 클리셰들을 수반하는 한이 있더라도 행위-이미지, 지각작용-이미지, 감응-이미지의 위기로 몰아넣을 것을 요청하고 전제해야 했다. 그러나 다른 한편 이 위기는 그 자체로는 무가치한 것이었을 터였다. 이것〔정신적 이미지〕이 운동 너머에서 그것〔진정한 사유와 사유함〕을 기대하는 것은 필연적이었다 해도, 이는 새로운 사유함의 쇄도에 부정적인 조건이었을 뿐일 것이기 때문이다.[51]

즉 우리는 단지 기호들의 작동들을 기록하면서 관계들의 체계 내에 머물 수 있을 것이다. 그럴 때 한 체계의 각 지각작용은 그 고유한 체계와 관계를 생산하고 관계들이 그로부터 조망되는 또 한 지점을 수립한다. 이것은 우리에게 퍼스의 지속적으로-연장되는 3차성의 그물망을 제시한다. 들뢰즈는 퍼스 기호학의 이런 측면을 『시네마 2』 첫머리에서 비판한다.[52] 퍼스가 단순히 이미지의 세 가지 유형들을 '사실로서' 받아들이지 않고 그 유형들의 출현——그러니까 그러한 위계들 혹은 유형들이 어떻게 1차성으로부터 생산되는지 그리고 우리는 어떻게 1차성과 3차성 모두를 사유할 수 있는지를 고려했더라면 그는 들뢰즈가 '간격'이라고 부르는 것에 맞닥뜨리게 되었을 것이다. 생명은 힘들이 저희들끼리 하는 지각작용으로서, 각각의 포텐셜한 지각작용이 생명의 전체에 어떤 관계를 갖는 것이며, 또한 생명은 각각의 지각작용이 서로에게 반응하는 감속(혹은 빠름과 느림)이기도 하다. "모든 이미지가 다른 모든 이미지에, 그 모든 측면들과 그 모든 부분들에 작용〔행동〕하고 반응하는 것인 한 지각작용이 모든 이미지에 엄격하게 동일한 것"이라면, 우리는 결코 行爲를 갖지 않는다. 하나의 신체는 비매개적으로 반응하지 않으며, 이런 가능한 반응과 저런 가능한 반응 사이에서 멈추거나 동요한다. 캔버스에 뿌려진 물감과 눈에 가 닿는 빛의 파장 사이의 차이를 고려해 보자. 캔버스는 물감을 직접적으로 받아들여 비매개적으로 변화한다(빨강 혹은 녹색이 된다). 그것은 결코 그것이 받아들이는 것에 작용하지도, 그것을 느끼지도 않는다. 이와는 대조적으로 눈은 우선 감정을 느낀다. 즉 눈은 그것의 무엇임을 변화시킬 뿐 아니라, 그것을 움직이도록, 혹은 반응하도록 자극하는 방식으로 바꾼다――비록 단지 지루함이나 무관심의 특정한 생리학적 반응을 가질 뿐이라도 그렇다. 감정은 그때 행위가 될 수 있지만 결정적인 것은 빛을 수용하고 행위하는 사이의 시간이다. 다시 말해 감정의 운동이나 그것이 주어진 것을 지각하는 데 쓰이는 시간 혹은 우리가 그에 대해 반응하는 지각작용으로부터 시간적으로 거리를 둔 행위의 운동이다. 행위자 혹은 지각자가 출현하도록 해주는 것은 이러한 지연 또는 간격, 특정한 감속이다. 내가 하나의 자아로서 나에 대해 갖는 이미지는 분자적 운동이나 지각작용과는 달리, 내가 내 주변의 다른 운동들과 갖는 관계들이 반영된다는 사실의 결과이다. 다시 말해 과거의 이미지들(기억)과 관계들(내가 삶 전체에 대해 가지고 있는 이미지)은 내가 지금 여기에 반응하는 방식을 바꿀 것이다. 비매개적 행위와 반응(들뢰즈가 지각작용의 '0도'라 부르는 것)을 감정들(내가 느끼지만 행동하지 않는 곳)과 행동들(내가 삶이 어떠해야 하는가 하는 것에 대해 갖고 있는 이 의미에 대해 반응하는 곳)로부터 구분하는 것은 이 간격이다.

하나의 특수한 지각작용-이미지는 그러므로 더 이상 단순히 운동을 표현하는 어떤 이미지가 아니라 운동과 운동의 간격 사이의 반응을 형성한다. 운동-이미지가 이미 지각작용이라면 지각작용-이미지는 지각작용의 지각작용이 될 것이고, 지각작용은 그것이 운동에 동일화되느냐 아니면 그 간격에 동일화되느냐(모든 이미지들의 상호 관계 속에서의 변이 혹은 모든 이미지들이 그들 중 하나와 맺는 관계 속에서의 변이)에 따라 두 개의 극을 가지게 될 것이다.[53]

간격은 심오한 중요성을 가진다. 광대하고 상호 접속된 지각작용하는 우주의 작용들[행위들]과 반응들을 지연하는 뇌는 중개의 지대를 생산한다. 즉 이 신체가 할 것, 그것이 수립할 수 있는 관계들은 이미 주어진 것이 아니다. 그러므로 한 신체의 본질은 그것의 자기-안정화하는 본성이 아니라 그것이 기존의 존재가 아닌 것이 되는 역능, 새로운 (혹은 비-본유적인) 관계들을 생산하는 그 포텐셜이다. 간격은 잠재적인 것이다. 내가 그에 대해 반응하는 이미지는 일단 현실적이다──내 눈이 그 이미지와 조우하고 이것을 여기서 본다. 그러나 그것은 또한 잠재적이기도 하다. 다시 말해 나는 느끼지만 행동하지 않거나, 혹은 내가 반응했을 수 있는 방식을 교체하는 다른 이미지를 떠올린다. 그러므로 지각작용, 감응, 행위라는 퍼스의 세 가지 이미지들 외에 들뢰즈는 간격에 위치되는 또 다른 세 가지를 도입한다. 이것들은 감응과 행위 사이에서 일어나는 충동impulse-이미지, 행위와 관계 사이에 있는 반성-이미지, 관계-이미지 자체, 즉 이것이나 저것 사이의 간격의 이미지가 아니라 지연 혹은 멈춤이나 망설임과 같은 것의 이미지(시간의 역능)이다. 들뢰즈는 우리가 단순히 관계들을 지각하는 것을 넘어, 한 인물이 바라보는 것을 보는 영화(발화기호dicisign)를 넘어서 그가 '엔그램' engramme[기억흔적]라 부르는 것으로 갈 수 있다고 주장한다. 이것은 한 인물의 봄이 아니다. 즉 이것은 비인칭적 봄, 인간의 눈에서, 행위에서, 한 점에서 다른 점으로의 운동을 도표화할 수 있는 신체에서 해방된 봄이다. 이 영화적 눈은 단순히 운동의 '유동성'reume을 묘사하지 않는다. 엔그램에서 카메라는 고정된 점이나 장소를 갖지 않는다. 따라서 움직이는 이미지들이 움직이는 카메라와 결합된다. 이것은 우리에게 시간의 이미지를 주는 데 가까워진다. 시간은 고정된 점이나 운동들과 계기들이 그것을 통해 표상되는 지금이 아니다. 즉 우리에게 일단 상이한 흐름들──이를테면 카메라의 운동과 그에 짝 지어진 촬영된 것의 운동──이 주어지면 우리는 또한 시간이 가능하게 하는 복수의 지속들도 부여받는다. 운동들은 오직 시간이 변화하는 역능 혹은 포텐셜이기 때문에 가능하다──그것은 위치의 변화(생명 내의 변화)가 아니라 교체alteration로서의 변화(생명인 변화)이다. 영화에 관한 것 이외의 저작에서 들뢰즈는 지속적으로 관계들을 주는 독특성들 혹은 잠재력들을 언급한다. 그리하여 우리는 현재를 단순히 지금 여기에 있는 것으로만이 아니라 다른 때에라면, 다른 지각자에게라면 있었을 수 있는 것으로도 볼 수 있게 된다.

끝으로 엔그램은 지각작용의 발생적 혹은 기체적 상태, 나머지 두 개가 전제하는 분자적 지각작용이다. 감응-이미지는 도상icon을 구성의 한 기호로서 가지며, 그것은 하나의 질 또는 역능일 수 있다. 즉 그것은 현실화됨 없이 다만 표현될 수 있는 질 또는 역능이다(예를 들면 얼굴). 그러나 발생적 요소를 구성하는 것은 질기호qualisign 또는 잠세기호potisign인데, 왜냐하면 그것들이 여하한-모든-공간, 그러니까 아직 실재적 환경setting으로 나타나지 않은 어떤 공간 안에서 질 또는 역능을 구성하기 때문이다.[54)]

들뢰즈는 『시네마 2』를 발생 안의 운동을 현시하는 이 이미지로 시작하며, "운동-이미지는 물질 자체"라고 주장한다.[55)] 베르그손에 의하면 물질은 생명의 한 경향, 시간을 통해 연장을 향하는 경향, 혹은 동일하게 남아 있는 경향이다. 사고나 정신과는 달리 물질은 한 점과 다른 점을 관련지을 에너지 혹은 생명을 갖지 못한다. 우리가 상자에 든 돌 가운데 하나를 꺼낸다면 남아 있는 돌들은 동일하게 머물고, 돌들로서 머물 것이며, 이것은 한 현실적 복수성의 각 구성요소가 다른 어떤 구성요소와 관계를 맺지 않기 때문이다 ── 모든 것은 이미 주어져 있다. 이와는 대조적으로 잠재적 혹은 정신적 복수성은 더하고 나눔에 따라 성격이 변화하며, 그 변화의 과정은 비가역적이다. 내 기억은 강도적인데, 왜냐하면 과거의 각 사건이 현재를 바꾸고 미래의 각 사건이 내가 내 과거와 관계 맺는 방식을 바꿀 것이기 때문이다. 반면 물질은 연장적인데, 왜냐하면 그것은 그 차이들을 종합하거나 접속하지 않기 때문이다. 하늘을 나는 새가 흐르는 강에 비추일 때, 거기에는 또한 구름들의 이동도 비추인다. 다시 말해 우리가 이 상이한 지속들을, 혹은 생명이 상이한 속도로 흐르는 모든 방식들을 그리고자 한다면, 우리는 운동-이미지를 가져야 할 것이다. 우선 존재하고 난 후에 움직이는 물질이 아니라, 운동의 상이한 스타일들로서의 물질을 말이다. 그러나 이 운동들을 한꺼번에 사유하는 역능은 정신이며, 우리가 시간에 직접 접근할 수 있는 것은 오직 정신적 차원에서뿐이다.

3_ 예술과 시간

감각-운동 장치의 파괴와 영적 자동인형

고전 영화가 운동들의 이미지들을 단일한 위치에 있는 관찰자에로 환원할 수 없는 것, 하나의 열린 전체를 지시할 수 있는 것으로 제시함으로써 사유를 그 습관들과 클리셰들로부터 해방시켰다면, 현대 영화는 어떤 지배적인 (비록 동적이기는 하지만) 본성이나 역사에 대한 관계들의 포섭이 아니라 관계들의 창조를 사유하는 대안적 길을 택한다. 시간은 더 이상 운동들의 총체성으로서 사유되지 않는다. 심지어 그 총체성이 결코 완전히 주어지지 않은 것('열린 전체')일지라도 말이다. 시간은 운동들의 계열로서 존재하는 것(연대기적 시간)과는 거리가 먼, **균열 혹은 갈라짐**이 된다. 다시 말해 그것은 한 점에서 다른 점으로 이음새 없이 이어가는 것이 아니라 전체-임을 붕괴시키고, 모든 것을 아우르는 통일성을 배제하며, 감각-운동 장치를 인간 행위의 그 닫힌 회로 바깥으로 흔들어 댄다.

　그럴 때 들뢰즈의 영화 '사'는 상당 부분 고도로 규범적인데, 이것은 그가 영화를 사유와, 사유가 할 수 있지만 그때까지 하는 데 실패했던 것의 역사 내에 위치시켰기 때문이다. 사유함은 일단의 사실들에 대한 정합적 파악과 재인이 아니다. 반대로 재인은 상당 정도 사유하기의 실패이다. 우리는 운동들 혹은 교체들의 이 흐름을 시간적 생성으로서가 아니라 고정된 질들을 가진 일단의 사물들로 보며, 우리 자신을 이 사물들에 대하여 행동할 수 있는 (그러면서 내내 지금의 우리 자신으로 남아 있는) 주체들로 여긴다. 그러나 들뢰즈는 사유함이 정합성·연속성·재인이 아니라 간격이라고 보았다. 다시 말해 우리는 이것이나 저것을 하도록 인과된 것이 아니며, 우리는 우리가 세계의 의미로 취할 수 있는 것을 미리 결정할 수 없다는 것이다. 또 하나의 사유의 이미지 ── 이성적 동물 혹은 도덕적 행위자, 자기-원인적 주체, 의미화하는 존재 ── 를 산출하는 대신 영화는 우리가 이미지화 자체를, 관계들의 결과('인간'의 생산된 이미지)가 아니라 창조 중에 있는 관계들 혹은 생성할 수도 하지 않을 수도 있는 것을 대면하게 해준다. 현대 영화는 그러므로 틈, 비합리적 컷의 영화이다 ── 거기서 어떤 이미지들의 집합은 다른 이미지들에 의해 붕괴되고, 이 후자의 이미지들은 전자에 어떠한 내적 접속 혹은 논리적이거나 습관적인 접속도 갖지 않는다.

들뢰즈가 비-서사적 현대 영화를 특권화한 것을 새로운 것, 저항하는 것, 난해한 것의 충격에 대한 프랑스 아방가르드의 환상으로 환원할 수는 없다. 이것은 기호들의 수립된 체계들 너머로 가서 기호들이 어떻게 가능한지를 직관하려는 철학적 천착에 근거한다. 관계들은 관계 짓는 포텐셜들, 잠재적인 것의 역능의 효과로서 나타난다. 이것이 들뢰즈가 그의 전全 저작을 통하여 명사가 아니라 부정형이 본질의 문법이라고 주장하는 까닭이다. 다시 말해 그는 어떤 것의 현존재(그것의 동일하게 존속함)가 아니라 접속하는 포텐셜('푸르게 되다', '생성하다')을 주장한다. 모든 현실적 집합──움직이는, 위치 지어진 신체들의 이 공간──은 역능들로부터 나온다. 그리고 이 역능들은 또한 다른 집합들, 다른 공간들을 창조해 왔다. 그러므로 들뢰즈는 서사 영화에 반대하고자 한다. 왜냐하면 서사는 인물들, 그들이 존재하는 방식 때문에 행동하고 움직이는 인물들로부터 출발하는 데 반해 들뢰즈는 가능한 행위들·운동들·느낌들·감정들이 있어 그로부터 인물들이 창조된다고 보기 때문이다. 삶의 특정한 이미지, 이를테면 초기 소설에 등장하는, 욕망하는 남자와 같은 이미지는 행위와 관계들의 기원으로서 작동한다. 즉 우리가 (지금 특정한) 이런 방식으로 행동하는 것은 우리가 우리 모두 인식하고 긍정하는 인류의 일원이기 때문이다. 소설 『몰 플랜더스』*Moll Flanders*(1722)나 『로빈슨 크루소』*Robinson Crusoe* (1719)에서 이익, 이득, 부富에 대한 욕망은 인물들이 행동하도록 동기를 부여하고, 이것은 또한 서사에 동력을 제공한다. 즉 그 소설은 부가 획득되었을 때 끝날 것이다.

서사적 연속성에 대한 이러한 경향은 전前 근대 예술에 한정되지 않는다. 즉 현대의 도덕 철학은 종종 인간성과 같은 것이 있다고 가정하며, 그리고는 우리가 우리의 인간성을 완전히 성취하기 위해 어떻게 행동할 수 있는지를 묻는다. 이러한 메타렙시스metalepsis에서 그 효과──연속적 본성을 지닌 존재로서 생산된 '인간'의 이미지──가 원인으로 대체되는 현상이 일어난다. 그러나 들뢰즈는 인간 혹은 인간성의 어떠한 이미지의 원인도 불연속적이라고 본다. 즉 정신이 자신이 그 안에서 움직이는 세계에 비매개적으로 응답하거나 반응하지 않는 것은 그럼으로써 반응을 지연시키고, 그렇게 하면서 스스로의 이미지를 형성하기 때문이다. 예컨대 만일에 뇌가 어떤 자극을 받아들이지만 행동하지 않는다면, 그것은 감정을 생산하고, 이 느낌, 혹은 부동화는 사유하는 자아인 행위의 감속을 허용한다. 현대 영화는 사유를 가능하게 하는 사건 자체 ── 간격 또는 지연 ── 를 취하여 거기에 이미지를 부여한다. 사유함은 사유하지 않으려는 경향이 있으며, 이것은 생명을 연장하는 지각작용들에 대한 우리의 개방성에 또한 특정한 지각 불가능성이 맞서고 있기 때문이다. 우리는 생명에 대하여 완전히 열려 있을 수 없다. 즉 우리는 세계 자체로부터 선택하고 그로부터 비껴나갈 수밖에 없다. 간격 혹은 틈은 둘 다 ── 우리가 세계의 어떤 이미지를 형성하는 지연 속에서, 우리 자신을 그 세계와 관계 맺고 있는 영혼들로 창조하는 가운데 ── 우리에게 사유를 가능하게 해주며, 또한 우리를 사유함으로부터 배제시킨다. 왜냐하면 우리는 우리의 진행 중인 시점을 불안정하게 할 차이들과 지각작용들을 무시하기 때문이다.

현실적인 것 ── 효과된, 선택된, 지각된 구체적인 것 ── 과 위치 지어진 시간을 넘어서는 잠재적이거나 지각 가능한 것 사이의 틈은 들뢰즈가 결정-이미지라고 부르는 것과 직접 대비된다. 영화사에서 사유함이 그 고유의 역능(간격)과 그 불능*impotence*을 대면하는 것은 이 지점에서이다. 왜냐하면 언제나 틈, 혹은 갈라짐, 균열, 비사유, 탈인간성이 있어 우리가 생명과 완전히 '하나되는' 것을 막기 때문이다. 결국 생명은 다만 그 자체가 아님으로 해서 가능할 뿐이다 ── 그 자체로 존속하는 생명, 동일하고 완전히 주어진 것은 더 이상 살아 있는 것이 아닐 것이다.

그러므로 현대 영화는 고전 영화의 가능성, 즉 열린 전체와 맺는 관계에서 운동들의 여러 집합들과 접속하면서도 운동을 하나의 위치에 고정된 실천적 관찰자로부터 해방시킨 고전 영화의 가능성을 연장한다. 동시에 현대 영화는 서사를 지향하는 경향의 붕괴이기도 하다. 들뢰즈는 현대 영화가 사유를 외부의 역능으로 여는 다양한 방식들을 읽는다. 현실적으로 지각된 세계 ——지금 이 시간에 살고 있는 이 관찰자에게 상대적인 관계들의 한 공간—— 는 간격 혹은 지연의 효과, 즉 종합의 역능과 함께 특정한 보지 않음이다. 그때 현대 영화의 **외부**는 세계 내의 다른 공간이 아니라 공간화, 또는 그로부터 어떠한 세계라도 조립될 수 있는 차이생성적 포텐셜이다. 이것은 결정–이미지에서 가장 직접적으로 대면되는데, 거기서 현실적인 것과 잠재적인 것은 최소한의 가능한 회로 안에 현시된다. 모든 지각작용은 그것이 비매개적 지연의 0° 지대가 아닌 한, 하나의 잠재적 차원을 소유한다. 나는 미래의 포텐셜들에 의하여 ——나의 신체가 이 공간 안을 어떻게 움직일 수 있는지, 타인들이 어떻게 이 공간을 볼 수 있는지, 이 공간이 어떻게 변할 수 있는지—— 그리고 과거에 의하여 현실 세계를 경험한다.

기억은 잠재적인 것이 현실적인 것에 겹쳐져 있는 가장 명료한 경우이다. 세계가 낳는 모든 감각적 효과들과 더불어 내 신체가 조우하게 되는 세계는 하나의 잠재적 세계에 의해 '복제'된다. 다시 말해 내가 지금 이 물속을 헤엄칠 수 있다면 그것은 내가 이전에 조우했던 모든 파도들 때문이다. 나는 지금 이 물을 내가 수 년간의 수영하기를 통해 발전시킨 운동들, 정향들, 관념들과 더불어 경험한다.[1] 내 신체는 현실적 물질 그리고 이런 포텐셜한 운동들 모두로 구성되어 있다. 대부분의 기억은 이 습관적 기억의 형식을 취하며, 거기서 과거——그것이 회상되거나 현시되지 않을 때조차도 실재로서 존속하기 때문에 잠재적인——는 새로움의 현재와 희미하게 뒤얽힌다. 습관적 기억에는 두 가지 구별되는 차원들(현재의 지각작용과 현재로 정향된 과거)이 존재하지만 이 차원들은 하나의 통일성으로, 구별 없이 경험된다. 그러나 들뢰즈는 베르그손을 따라, 이러한 구별없음을 받아들이지 않는다. 그렇다. 우리는 (개념적이거나 문화적인 도식들을 포함하는) 습관들을 통해 현재를 경험할 수 있다. 그러나 충분한 노력이나 에너지를 들인다면 잠재적인 것의 구별되는 역능들을 분리할 수 있다. 실로, 우리가 과거의 독특성을 극단적으로 분리한다면, 그것이 새로움에 대한 순수한 경험이 존재할 수 있는 유일한 길일 것이다. 수영의 예로 돌아가 보자. 내가 평영 대신 접영을 배움으로써 다르게 수영하기를 원한다고 상상해 보자. 평영을 아무리 많이 반복해도 도움이 안 될 것이다. 그렇다면 나는 어떻게 새로운 관계를 열고 습관을 깨며 물에 대한 새로운 관계를 창조할 것인가? 나는 수영을 배운다는 것이 어떤 것인지, 하나의 습관을 들인다는 것이 어떤 것인지 기억해야 한다. 나는 마치 처음인 것처럼 물을 느껴야 하고, 그럴 때 수영을 배운다는 것이 어떤 것이었던가 하는 기억은 내가 배울 역능, 자신의 신체를 수영하는 신체로 창조하는 역능을 다시금 끌어낼 수 있도록 해준다. 수영함 일반——내 신체와 일상 생활에 결부되어 있는 습관들——을 회상하는 대신 나는 과거의, 최초의 조우를 되살리고, 재활성화하고, 그리고 변환시켜야 할 것이다. 기억의 이러한 형식은 현재가 과거의 형식을 취하는 것을 허용하는 습관 기억이 아니다. 이것은 과거가 현재의 피로를 깨도록 해주는 특이한 기억이다.

니체는 『반시대적 고찰』*Unzeitgemässe Betrachtungen*(1873~ 1876)에서 역사의 이용과 오용을 구별했다.[2] 우리는 동일하게 존속하기 위하여, 살아 있음living을 거부하기 위하여 과거를 반복할 때 역사를 오용한다. 문서보관인archivist은 과거의 복원과 보존이 우리가 새로움의 충격을 처리해야 할 때 우리를 구해 줄 것이라고 믿는다. 기실, 동일하게 존속하는 동일성들은 기록이 추가될 때마다 기존하는 것을 단순히 연장할 뿐인 문서보관소에 의해 생산된다. 즉 국립 문서보관소는 국가의 의미를 유지하고, 문학 문서보관소는 저자에 대해 우리가 가진 의미를 첨가한다. 과거의 더 많은 부분을 문서보관소에 덧붙일수록 과거에 대한 우리의 지식에 대해 우리는 보다 확고해지며 연속성을 더 유지하게 된다. 그러나 니체와 들뢰즈는 그 반대가 사실이라고 본다. 우리는 사실상 과거의 잔여물들──우리가 유지해 온 이미지들──로 현재를 파괴하기 위해 과거를 반복하며 과거의 잠재적 역능에 의해 갈기갈기 찢긴다. 그 본질에 따라 고려할 때 문서보관소는 현재의 연장, 혹은 과거에 대한 현재의 그림이 아닐 것이다──요컨대 우리가 과거를 보다 정확하고 냉정하게 읽으려고 이전에 '낭만주의' 라 여겼던 것에 계속해서 더 많은 18세기 시들을 추가하는 것은 아니다. 반대로 과거는 생명의 차이생성하는 역능의 한 표현이다. 과거의 반복은 매번 반복하면서 동일한 효과들을 생산하지 않고, 그럴 수도 없다. 그리고 이것은 잠재성의 실재성 때문이다. 위대한 낭만주의 시한 편과 같은 예술 작품은 시간의 방향을 바꾸는 포텐셜을 가진다. 습관——이 시, 저 시를 차례로 읽는——은, 다른 특이한 기억이 과거의 구성적 계기를 취하고 그 구성적 역능을 해방시킬 때 각 계기가 동일한 형식을 취하는 것을 허용한다. 과거는 생명의 잠재적 역능이 그 안에서 스스로를 표현하는 한 가지 방식이다. 우리가 과거의 잠재적 차원을 반복한다면 우리는 시간을 채우는 것이 아니라 시간을 창조하는 그 역능을 반복하는 것이다.

위대한 낭만주의 시 한 편, 이를테면 윌리엄 워즈워스William Wordsworth의 1805년작 「서곡」*The Prelude*을 생각해 보자. 한 가지 '문서보관소적' 반응은 이 작품의 위대함과 특이성을 탈신화화하는 일이 될 것이다. 문맥을 충분히 읽는다면 우리는 이 천재적이고 창의적인 일신이 사실상 이러한 유형의 많은 시들이 쓰이던 역사적 문맥을 표현하고 있음을 인식하게 된다. 실상, 정신적이고 상상적인 혁명에 대한 이 시의 기술은 현실적으로 구체적인 정치적 상황을 치환하고 있다. 문서보관인은 그 독특한 작품을 그것의 문맥으로 되돌리고, 그 작품을 보다 광범위한 역사적 운동의 반복이자 돌연변이로 보며, 그렇게 함으로써 이 시를 [역사적 문맥에] 관련시킨다. 그 결과로 우리는 「서곡」을 역사적 기록으로, 현재까지 연속되는 문학 전통의 일부로 읽을 수 있다. 이와는 대조적으로, 들뢰즈가 자신의 저작을 통해 발전시킨 니체의 영원회귀 개념에 따르면 모든 사건은 생명의 차이생성하는 역능의 표현이다. 예술의 특정한 사건들이 기념비적인 것은 바로 그것들이 각각의 시대를 반복하거나 강화하지 않고 시대에 대한 재고, 생명의 본성 자체에 대한 재고를 허용하기 때문이다. 이 작품들을 반복하는 것은 그것들이 출현한 창조적 포텐셜을 반복하는 일이다. 낭만주의와 같은 것이 전범적으로 된다면, 그래서 우리가 더 이상 낭만주의 시들을 독특한 것으로 읽지 않고 그 시들의 문맥에 즉각적으로 종속시키게 된다면, 이것은 바로 우리에게 더 큰 저항과 더불어 그 시들을 반복할 것을 강제할 것이다. 「서곡」은 어째서 그처럼 큰 힘을 가졌고, 그리하여 시대를 정의하는 작품이 되었는가? 우리가 텍스트의 그러한 힘, 그 잠재적 힘을 반복한다면, 우리는 텍스트를 그것이 구성된 시대로부터 떼어내고 그 구성적 시간, 시간 내에 실존하는 것이 아니라 시간을 창조하는 역능을 열게 된다.

과거는 그 자체를 다시 여는 포텐셜을 품고 있다. 영화에서 결정-이미지는 기억이나 역사의 이전 사례들보다는 잠재적인 것의 보다 비인칭적이고 열린 역능을 제공한다. 내가 나의 신체를 재-창조하고 새로이 수영을 배우게 해주는 독특한 기억, 혹은 그 시대의 이미지를 창조하는 독특한 예술작품 또한 습관화하는 경향을 가진다. 일단 우리가 수영하는 법을 새롭게 배우면 이것은 습관이 되고, 하나의 예술작품이 그 시대의 기념비를 일단 창조하면 우리는 그 시대의 형식을 반복하는 경향을 가진다(그 시간을-형성하는 역능을 반복하는 대신에 말이다). 영화에서 결정-이미지는 하나의 신체로부터 해방되었을 뿐 아니라, '하나의' 기억 또는 '하나의' 과거의 침입이고 잠재적인 것 자체의 붕괴이기도 하다.[3] 실로, 시간은 어떠한 이미지라도 지금 여기 나를 위해 있는 것으로서 ── 현실적인 것 ──그리고 동시에 다른 지각자, 어떤 시간, 어떤 장소에서 무엇이든 지각하는 어떤 지각자든 그를 위한 그 이상의 관계들을 창조하는 하나의 포텐셜로서 지각되게 하는 바로 이러한 역능이다. 우리가 어떤 것을 그것의 현존재, 그것의 앞으로의 존재, 그것이 되었을 수 있는 존재 그리고 여전히 될 수 있는 존재로서 본다면 우리는 시간 자체의 이미지를 파악하는 것이다. 이것은 영화에서 우리가 삶을 위해 극장——위치 지어진 관찰자를 위해 프레임화된 한 장면——을 떠날 때 획득된다.

우리는 삶으로 가기 위해 극장을 떠나지만, 우리는 그것을 흐름의, 즉 시간의 선상에서 지각 불가능하게 떠난다. 시간은 극장을 떠남으로써 그 자체에 하나의 미래를 부여한다. 삶[생명]이 어디에서 시작하는가 하는 질문의 중요성이 여기에서 비롯한다. 결정체 안의 시간은 두 개의 운동으로 분화되지만 그 중 하나는 그것이 결정체를 떠난다는 조건에서 미래와 자유를 떠맡게 된다. 동시에 그것은 현실적인 것과 잠재적인 것, 현재와 과거의 영원한 송환으로부터 탈출한다.[4]

들뢰즈는 페데리코 펠리니Federico Fellini의 영화를 결정–이미지의 대표적인 경우로 소개한다. 즉 「라 돌체 비타」*La Dolce Vita* (1960)에서 로마를 통하는 모든 통행로는 지금 여기의 이 장면인 동시에 편력의 과거에 대한 회상이자 아직 주어지지 않은 미래를 향한 포텐셜이다.[5] 그러나 들뢰즈가 시간–결정체를 논하기에 앞서 하고 있는 두 가지 관찰을 통해 우리는 생명의 사유에 있어 영화가 얼마나 중요한지 그리고 들뢰즈의 주된 관심사가 영화 자체가 아니라 생명의 문제에 관한 것임을 염두에 둘 필요가 얼마나 큰지를 알게 된다. 첫째로 들뢰즈는 결정–이미지에 비추어–봄mirroring이 예술의 역능 자체임을 언급한다. 예술은 특정한 어떤 것, 즉 하나의 현실성을 현시하지만 동시에 그 특정한 것은 하나의 역능 혹은 잠재성이다. 예술은 말하자면 특정한 시간과 장소에 놓인 과일 접시의 정밀한 재현으로서 현시된 정물화는 아니다. 오히려 하나의 현실성——이 과일 접시——의 현시는 어떤 독특성을 창조하고 내놓기도 한다. 다시 말해 이 색채들과 형태들의 배열은 무엇으로 보이기 위한 것이며, 틀 속에 넣어지고 수집된 하나의 사물은 무엇을 표현하기 위한 것인가? 잠재적인 것이 드러나도록 해주고 현실성에서 분리되게 해주는 예술의 이러한 잠재적 역능 혹은 능력은 근대의 비-재현적 예술에서 보다 명백하게 드러난다. 여기서 예술 자체는 허위에 대한 긍정——세계가 무엇인가가 아니라 실재의 반복이 어떻게 언제나 그것 이상을 산출하는지이다. 〔특정한〕 이 캔버스 위의 빨강은 물질적이고 현실적인 것——소멸가능한 지금 여기의 이 물감——인 동시에, 무한한 변이 속에 영원히 반복 가능한 '빨강-이기' to red의 역능으로서 잠재적이고 특이하다. 들뢰즈는 예술 내에 예술의 과정에 대한 지시들——연극 속의 연극 혹은 화가가 어떤 주제를 그리는 그림, 이야기 속에서 말해지는 이야기, 배우에 관한 드라마가 언제나 있어 왔음을 언급한다. 그런 경우에 예술은 현시의 역능 자체를 현시한다. 예술이 더 이상 스스로를 지시하는 것 이상의 아무것도 할 수 없는 그와 같은 예들은 예술의 고갈 또는 종말을 가져오는 듯이 보일 수도 있다. 그러나 들뢰즈는 자기-지시의 형식이 그 포텐셜 혹은 그 '정당화'에 입각해 이해될 필요가 있다고 주장한다. 영화 속 혹은 연극 속의 연극, 어떤 이미지의 이미지——회상하는 어떤 인물 또는 반영된 어떤 대상——가 있을 수 있다면 이것은 거기에 다만 원본——일차적 연극 또는 최초의 인물——이 존재할 수 있을 뿐이기 때문이며, 생명 자체가 창조하고, 위장하고, 이미지화하고, 그 자체를 넘어서는 것이 되는 역능이기 때문이다. 결정-이미지는 우리에게 현실적 출현과 그 출현된 형식이 다르게 반복되거나 비추어지는 역능을 모두 준다.

…… 거울 속의 작품과 씨앗 속의 작품이 미술을 수반하면서 언제나 그것을 결코 고갈시키지 않은 것은 미술이 그것들 안에서 어떤 특정한 이미지들을 창조하는 수단을 발견했기 때문이다. 마찬가지로, 영화 속의 영화 역시 [영화의] 역사의 끝을 알리는 것이 아닌데, 그것은 자족적이지 않은 만큼 플래시백이나 꿈도 아니다. 즉 그것은 다른 곳에서 정당화되어야만 하는 작업의 한 수단일 뿐이다. 사실, 그것은 결정-이미지의 한 양태이다.[6]

들뢰즈는 그럼에도 이 영화적 기법들——예술 내의 예술, 이미지들 내의 이미지들, 플래시백들——이 언제나 예술임을 나타내는 표식, 다시 말해 허위의 역능, 잠재적인 것을 현실적인 것으로부터 풀어놓는 역능을 드러낼 뿐이라고 말한다. 소설에서 한 인물이 죽는다면 우리는 이 인물의 죽음과 더불어 '하나의' 죽음, 죽는다는 것, 죽음의 독특성을 함께 읽는다. 예술은 생명의 잠재성을 현전으로 가져온다. 들뢰즈는 생명이 단순히 있는 것——완전히 주어진 한 세계, 그 질들이 완전히 읽히고 결정될 수 있는 세계가 아니라고 본다. 생명은 생성하는 역능, 얼마든지 많은 스타일의 복수적 창조들의 포텐셜이다. 대부분 세계에 대한 실천적 관계들은 무한한 생성을 닫힌 기능들의 집합으로 환원한다. 즉 우리는 질서 지어진 관계들의 세계를 하나의 안정되었지만, 반복 가능한 관점으로부터 사상寫像한다. 그러나 예술은 현실성으로 소환되지 않은 그 이상의 역능을 해방시키고자 이 현실화된 세계의 사건들을 반복한다. 즉 이것은 '반反-현실화' 또는 반反-효과화 counter-effectuation의 과정이다. 예컨대 춤에서 우리는 지금 여기서 움직이는 이 신체뿐 아니라 움직인다는 것의 표현을 본다. 또 연애담은 단지 이 커플이 사랑에 빠지는 것만이 아니라 사랑한다는 것의 포텐셜의 표현이다. 들뢰즈는 사랑과 춤을 포함하는 모든 운동과 관계들이 하나의 세계 또는 관계들의 집합을 열어 놓는다고 주장한다. 즉 그 춤이나 사랑의 관계가 하나의 예술 작품 안에 포함될 때 우리는 관계성이나 잠재성의 역능 자체에 대한 이미지를 부여받는다——그에 대한 관계를 받아들인다. 예술의 목적은 춤이나 마임의 위상을 유지하는 것이라고 들뢰즈는 주장한다——이 특수한 신체는 이러한 어떤 목적을 성취하기 위해 현재의 이러한 기능을 수행하는 것이 아니다. 이 신체가 스스로를 그 자신의 목적으로서 창조하는 것이다. 즉 예술에서 미술이나 마임, 춤, 연극의 묘사는 그러므로 주어지지 않은 것——잠재적인 것, 미래성, 시간의 이미지를 창조하는 생명의 역능 이미지이다.

반-현실화는 아무것도 아니다. 홀로 작동할 때, 일어날 수 있었던 것에 필적하는 체할 때, 반-현실화는 어릿광대의 것이다. 그러나 효과로서 일어나는 것의 무언극 배우가 되는 것, 마치 진정한 배우와 무용수처럼 반-현실화의 현실화와 하나의 거리距離의 동일화를 복제하는 것은 사건의 진실이 그것의 불가피한 현실화와 혼동되지 않을 유일한 기회를 제공한다. 그것은 균열에 그 고유한 비신체적 표면의 구역 위로, 각 신체 내의 폭발에 멈추지 않은 채 날아갈 수 있는 기회를 주는 것이다. 즉 그것은 마침내 우리에게 우리가 가능하다고 믿어 온 것보다 멀리 갈 기회를 주는 것이다. 순수 사건이 매번 그 현실화 안에 영원히 감금되는 만큼, 반-현실화는 언제나 다른 때들을 위하여 그것을 해방시킨다.[7]

시간과 화폐

결정-이미지를 소급하여 모든 예술과 모든 생명의 분투에 결부시킨 후에, 들뢰즈는 영화와 화폐에 관한, 처음에는 심히 국지적인 것으로 보이는 의견으로 옮겨간다. 영화에서 화폐의 역할에 대한 들뢰즈의 논고를 상세히 살펴보기 전에, 화폐와 시간의 보다 일반적인 관계를 염두에 둘 필요가 있다. 화폐는 실체들——말하자면 하나의 사물에 대하여 또 다른 사물——의 교환이 단순한 물물교환 체계로부터 벗어나게 해주는 교환의 매체이다. 나는 지금 내가 필요로 하는 것에 대해 당신에게 지불할 수 있고, 당신은 나중에 당신이 필요로 하는 것을 위해 내게 지불할 수 있다. 화폐는 교환의 시간적 집행 유예를 허용하며 일반적인 등가성을 도입하고 사물들을 교환 가치의 관점에서 측정함으로써 그렇게 한다——그 사물들은 더 이상 그 자체 혹은 내 필요에 따른 것들이 아니라, 그 체계에 들어서는 모든 사람에 대하여 가질 수 있는 가치에 입각한 것들이다. 자본주의에서 노동은 인간의 시간이 화폐에 의해 측정되는 한 화폐를 위해 교환되며, 그럼으로써 화폐는 시간의 한 척도가 된다. 그러나 시간은 또한 화폐에 의해 완전히 포섭되며 혹은 화폐로 환원 가능하다. 시간은 노동 시장의 실체이다. 즉 우리는 (다른 노동자의 노동을 구매함으로써) 시간을 절약하고 시간을 쓰기 위해 돈을 버는데, 왜냐하면 여가를 위한 시간이 필요하기 때문이다. 다시 말해 휴일, 여흥, 약품, 레스토랑, 할리우드 영화들은 모두 우리의 '자유 시간'이 자본주의적 생산에 기여하도록 해주는 상품들이다. 『안티 오이디푸스』와 『천의 고원』에서 들뢰즈·가타리는 이러한 내재적 포섭의 특징에 의해 자본주의를 구별한다. 우리는 더 이상 어떤 강제된 믿음──'더 열심히 일하면 천국에서 보상받을 것이다'──때문에가 아니라 믿음이 없기 때문에, 자본의 공리──보다 많이 사고, 보다 많이 일하고, 보다 많이 벌고, 보다 많이 갖는──이외의 다른 아무것도 없기 때문에 착취적인 노동 시장에 종속된다. 우리는 더 이상 우리의 삶을 어떤 가치에 종속시키며 전제 군주의 노예가 되지 않는데, 이는 우리의 삶이 유일한 가치이기 때문이다. 그것은 다시 말해 오직 자본의 흐름을 향한 욕망을 수반하는, 생산적 삶의 그토록 많은 시간들이다. 예술과 화폐의 문제는 예술의 반-현실화하는 역능──생명을 고정된 단위들로부터 해방시키는 역능──과 예술가의 매개──생명을 측정되거나 사상된 시간으로 환원하는 모든 클리셰들 또는 미리 주어진 형식들──에 대한 굴복 사이에 놓여 있다. 화폐의 문제는 예술이 언제나 플롯[모의] 또는 음모의 이미지로 암시해 온 것을 부각한다. 플롯이라는 개념은 구성된 질서, 가능한 결과들에 대한 사전의 특정한 결정, 이미 결정된 조합들의 집합으로 생명을 환원한 개념이다.

예술로서의 영화는 그 자체가 영원한 플롯[complot], 그것을 내부로부터 조건 짓는 국제적 음모와의 직접적인 관계 속에서 가장 친밀하고 가장 불가결한 적으로서 살아간다. 음모는 화폐의 음모이다. 즉 산업 예술을 정의하는 것은 기계적 재생산이 아니라 화폐와의 내면화된 관계이다.[8]

빔 벤더스Wim Wenders의 「사물의 상태」Der Stand der Dinge (1982)는 한 영화의 제작팀이 '해결책이 다른 곳에 있는' 재정적인 음모 때문에 흩어지게 되는 이야기이다. 들뢰즈는 돈에 관한 영화란 이를테면 이런, 영화에 관한 영화들(따라서 예술과 삶[생명]의 관계에 대한 영화들)이라고 본다. 영화는 그 극한에서 시간과 조우한다. 우리는 우리가 지금 지각하는 이미지들을 우리가 과거에 지각한 이미지들과 앞으로 지각하게 될 것들과 동일한 것으로 여길 때만 부동화된 세계를 가질 수 있다. 세계의 안정성은 이음새 없고, 등가적이며, 통약 가능한 이미지들의 흐름에 의존한다——그것은 공간화 혹은 연대기화된 시간으로서, 거기서 현재의 '지금'은 과거의 '지금'의 한 변이이고, 미래는 이 현재의 전개이자 변이가 된다. 영화가 이접되고 균열된 컷들을 현시함으로써 그와 같은 이미지들의 국지화를 붕괴한다면, 우리는 균등화되고 등질화되었으며 공간화된 계량적 시간을 상실한다. 우리는 화폐의 시간을 상실한다. 그것은 다시 말해 미래가 과거와 동일한 것인 시간, 단지 정도에 있어서만 차이화할 뿐, 하나의 공통된 척도에 종속되어 있는 시간이다. 자본은 내가 하는 것에 대하여 지불하고, 시간에 대한 총액을 준다. 그것은 내일이 오늘과 등가하리라는 것을 보장해

준다. 자본은 시간의 내기 위에서 번창한다.

화폐는 언제나 시간을 측정하고 균등화하며 질서 짓는 것으로 존재해 왔고, 인간 경험의 구조 자체가 언제나 시간을 통해 균일화하는 척도의 어떤 형식을 지향하는 경향을 가져왔다(그것이 들뢰즈·가타리가 『안티 오이디푸스』에서 모든 사회 관계들에는 자본주의를 향한 경향이 언제나 있었다고 주장하게 되는 이유이다). 내가 지금 사는 데 필요한 것 이상의 시간을 일하는 데 쓴다면 — 만일에 내가 시간을 보다 많은 식량을 거두어들이거나, 심지어 보다 복잡한 개념들을 사유하는 데 투자한다면 — , 그때 나는 다른, 그리고 덜 힘이 드는 미래의 가능성을 창조하는 것이다. 자본주의와 더불어 내가 지금 하는 잉여의 노동이 내가 나중에 덜 일하는 것을 뜻하지 않는 현상이 일어났다. 오히려 나의 잉여는 보다 많은 노동을 창조하는 데 이용되는데, 왜냐하면 자본가는 보다 많은 공장들과 보다 많은 생산에 이윤을 재투자할 것이기 때문이다. 낭비나 과잉, 또는 반-생산을 위한 장은 없다. 전前-자본주의 문화들은, 이를테면 왕실이 주최한 축제의 사치스러운 과시와 같은 반-생산의 어떤 지점들을 가질 수 있었지만, 자본주의에서 모든 과잉은 재투자된다. 화폐 또는 모든 과잉 노동은 단일한 척도로 수렴되면서 외부 없는 연속적 재투자의 한 체제 — 한 공리 — 를 허용한다. 예를 들어 오늘날 우리는 낭비와 과잉으로 보이는 어떠한 형식 — 이를테면 공동체들이나 예술 프로젝트들 혹은 자선단체들에서의 합작 투자 — 을 볼 수 있으나 그와 같은 지출이 궁극적으로 계산된 것임을 알고 있다. 법인회사는 문화 자본을 창조하고 생산과 소비의 강도를 증대하면서 그 이미지를 개선한다. 즉 과잉은 이제 또 하나의 상품이 된다. 최대한 간단히 말해서, 내가 살기 위해 필요로 하는 것 이상을 창조하고 생산한다면 ──내가 과잉을 생산하게 된다면──그때 나는 내 삶의 강도를 바꿀 수 있다. 예술은 단순히 내가 생존하기 위해 필요로 하는 것이 아니라 나를 다르게 그릴 수 있는 것, 과잉이다.

모든 예술은 그 물질적 한계를 갖지만 영화는 산업 시대의 예술로서 교환의 자본주의 체제에 결정적으로 결부되어 있다. 한 영화가 화폐의 플롯을 대면할 때, 그것은 영화에 관한 영화, 시간이 그 안에서 척도에 종속되는 방식에 관한 영화가 된다. 이런 의미에서 들뢰즈는 단순히 예술이 대중적으로 되었다는 이유로 예술의 상업화를 탄식하는 모더니스트 예술가들과 다르다. 즉 들뢰즈는 예술가와 화폐의 관계라는 문제가 보다 형식적이라 보았다. 과거에 근거하여 미래를 재생산하는 것을 목적으로 하는 예술은 어느 것이나 다수적이며 내용에 초점을 맞춘다. 그리하여 우리는 「해리 포터」 속편, 「스타워즈」 속편, 「빅브라더」의 다음 시즌이 ──이미 표현되었던 것을 반복하면서──만들어지리라는 것을 안다. 그 대신에 우리는 그 형식을 반복하려고 해야 하며, 어떤 책이 어린이 문학의 풍경을 변화시킬지, 어떤 영화가 공상과학의 새로운 스타일을 창조할지, 어떤 미디어 형식이 우리의 사유 방식과 생활 방식을, 텔레비전이 실재에 대하여 했던 것처럼 바꿀지를 물어야 한다. 그러므로 들뢰즈는 영화 혹은 예술이 위대한 것은 그것이 체계는 불변으로 놓아두고 내용을 유통하는 가운데 이미 표현된 것을 존속하거나 반복할 때가 아니라고 말한다. 위대한 예술은 체계의 본성 자체를 변화시킨다. 영화와 화폐에 대한 영화가 우리로 하여금 영화에 대한 우리의 소비를 달리 사유하도록 만들고, 우리로 하여금 달리 보게 만들 수 있을까? 들뢰즈는 대중 영화에 반대하지 않는다. 왜냐하면 그것이 공통적인 것이 되고, 그리고는 화폐를 만들기 때문이다. 즉 그는 '고급' 미술이 엘리트주의적으로 되고자 하거나 명백하게 시장 가치에 저항하는 데 반대한다.[9] 반대로 그는 고급/엘리트주의 예술과 대중/상업 예술 사이의 대립을 사유하는 새로운 방식을 창조한다. 위대한 예술은 미리-주어진 범주들, 그것을 통해 우리가 사유하는 그 범주들을 붕괴시킨다. 즉 그와 같은 예술이 소수적인 것은 그것이 엘리트에 의해 향유되기 때문이 아니라, 그 예술이 아직 그것이 표상하는 세계의 주인으로서 인민 또는 무리를 갖지 않기 때문이다. 그와 같은 독해에 있어 다수적 엘리트 저자들——요컨대 계관 시인의 신성시되는 작품들——과 소수적 대중 저자들——스티븐 킹 모방자들이나 『다빈치 코드』 지망자들의 소설들——이 있다. 그러나 또한 소수적 엘리트 저자들도 있을 수 있는데, 들뢰즈가 인용한 카프카의 예가 그러하다. 그는 어떤 동일화 가능한 문학 공동체 그리고 소수자적 대중 저자들에 속하지 않은 사람으로 읽힐 필요가 있다. 여기서 1970년대의, 페미니즘-의식을-고양하는 위대한 책들을 일부 인용할 수 있다. 예컨대 저메인 그리어Germain Greer의 『여성 환관』*The Female Eunuch* (1970)은 그것이 호명한 여성들의 무리를 창조했다.[10]

들뢰즈는 기계적 반복과 시장에 대한 종속이 그 개별성과 아우라의 작동을 강탈하는 상황이라고 보지 않는다. 독특성에 대한 들뢰즈의 주장은 어떠한 것이 현재의 상태로 존재하는 것은 오직 그것이 차이를 만들고 변이와 더불어 반복되는 한에서뿐임을 강조한다. 위대한 소설은 악용되고 극화되고 다른 문화들 속에 보급될 수 있는, 후대에 오독

되고 현대 영화의 판본으로 변환되는 작품이다. 예술과의 관계에서 화폐의 문제는 작품들이 그 아우라에서 분리되어 복제되고, 분배되고, 그 기원에서 떨어져 나갈 수 있게 되는 것이 아니다. 문제는 반복의 스타일에 있다. 자본주의는 실제로 탈영토화의 경향을 가지며, 어떠한 작품이라도 그 기원적 생산의 의향으로부터 떠나 무한히 변이되면서 문화들, 계급들, 소유권의 장들을 흐르는 가운데 유통되는 것을 허용한다. 이윤과 상품화를 허용하는——한 작품이 유효하게 무한히 반복될 수 있고, 그러면서 최초의 생산자가 자신의 원작이 지닌 에너지를 극대화할 수 있게 해주는——바로 그 메커니즘이 이윤이나 수익 없는 유통을 허용하는 메커니즘이다. 예를 들어 음악 복제의 경우, 한 작품이 동일하게 반복되고, 저작권을 갖게 되고, 교환의 그물망에서 유통되도록 해주는 녹음 기술(영토화, 즉 시장 관계들의 배치의 창조)이 또한 에너지의 분산과 변종적 반복을 허용하기도 한다. 즉 밀매, 불법 다운로드, 해적판, 변조는 예술이 처음에 이윤을 남기게 해주었던 바로 그 과정의 연장이다. 유통과 반복에서 화폐의 역할은 재영토화의 그것이다. 즉 모든 복제, 유통, 보급은 차이 또는 새로운 관계를 창조하기 위해서가 아니라 화폐의 유통을 강화하기 위해서 일어난다. 「브리짓 존스의 일기」 속편을 창조하는 것은 교환의 동일한 그물망들을 반복하기 위해서, 동일한 방식으로 반복되는 화폐·관객·산물들의 원래의 흐름들을 갖기 위해서이다. 들뢰즈에게 중요한 것은 예술의 반복과 유통에 저항하는 것이 아니라 그 유통이 화폐의 재영토화 없이 진행하도록 해주는 일이다. 다시 말해 속편의 창조는 원작의 창조적 힘을 반복해야 하는 것이지, 그 효과된 교환 관계들을 반복하기 위한 것이어서는 안 된다. 『철학이란 무엇인가?』에서 들뢰즈·가타리는 철학은 자본주의에 대한 반응이 아니며, 차이의 유통을 넘어서는 진실의 한 지점이나 자본주의의 반反-정초주의를 수립하고자 하는 시도도 아니고, **화폐를 초월하려는 자본주의의 경향의 연장임**을 논한다.

> 철학은 자본의 상대적 탈영토화를 절대적인 것으로 가져간다. 즉 철학은 자본의 탈영토화가 무한성의 운동으로서 내재면 위를 지나가도록 하고, 내적 한계로서의 자본을 억압하며, 그것을 다시 그 자체에 반하는 것으로 되돌려 새로운 대지, 새로운 인민을 호출해 내도록 한다.[11]

영화가 화폐의 논리에 부딪칠 때, 영화 제작이 돈이 떨어졌다는 이유로 가장 무지막지한 방식으로 삐거덕대다가 중단되었을 때, 우리는 외부에서 온 침해를 목도하고 있는 것이 아니라고 들뢰즈는 주장한다. 반대로 우리는 다시금 시간에 대한 생명의 투쟁과 대면하게 된다. 화폐는 시간으로 인해 가능하며 또한 시간의 급진적 포텐셜의 환원으로 인해 가능한 것이기도 하다. 현대 영화가 보여 주듯, 운동들은 공간 안에서 사물들의 교체들이 아니라, 생성하고 창조하며 접속하는 역능들로서 그로부터 공간들과 상대적으로 부동적인 '생성의 블록들'이 형성된다. 화폐가 가능한 것은 이 언제나 교체하는 시간성 때문이다. 즉 우리는 하나의 사물을 다른 사물과 비매개적으로 교환하는 것이 아니라 모든 사물들이 시간을 통해 동일하게 존속하는 한 단위의 관점에서 가능한 교환에 종속되는 것을 허용한다. 화폐의 체계는 관계들과 생산의 개방성을 교환으로 환원한다. 예술은 시간과의 내기이다. 다시 말해 이 사건이 현실적 체계 너머로 반복된다면, 작품이 화폐의 순환을 엄격하게 고려하지 않은 채 공개된다면 이 사건에 의해 어떤 역능들이 해방될지 누가 알겠는가? 화폐는 시간을 길들이고, 이미지들의 실험을 현재의 질서로 되돌리는 일이다. 화폐는 관계들이 비매개적 교환 또는 물물교환을 넘어서서 연장되도록 해주는 탈영토화로서, 그 과정에서 현재가 아닌 것을 창조 또는 생산하려는 생명의 경향을 연장한다. 그러나 화폐는 또한 등가성, 동일함, 시간을 통한 가치의 양화, 시간의 비非평형을 억누르고 정복하려는 시도를 도입하는 재영토화이기도 하다.

영화가 등가성으로의 환원으로부터 시간을 해방시킬 포텐셜을 담지하고, 어떤 단일한 이미지에 의해서도 이미 결정되지 않은 관계들을 엶으로써 이러한 시간의 해방을 성취하는 데 반해 화폐는 영화가 관계들의 절대적으로 열린, 그리고 비결정된 생산으로 존재하지 못하게 함으로써 그 엶을 닫아 버린다.

이것이 영화를 침식하는 오랜 저주이다. 다시 말해 시간은 화폐이다. 운동이 교환들의 집합 또는 대칭이나 등가성을 불변항으로 유지하는 것이 사실이라면, 시간은 본성적으로 대등하지 않은 교환 또는 등가성의 불가능성이라는 음모이다. 시간이 화폐라는 것은 이런 의미에서이다. 다시 말해 맑스의 두 가지 공식에서 C-M-C[C는 Capital, M은 Money]는 등가성의 공식이지만, 그러나 M-C-M은 불가능한 등가성 혹은 속임수를 쓴 비대칭적 교환이다.[12]

첫번째 공식(C-M-C)에서 화폐는 자본의 관계들을 매개한다, 혹은 등가한 것으로 만든다. 반면 두번째 공식 —M-C-M— 에서 화폐의 흐름들은 자본을 통해 이동하고, 그러므로 무엇이 순환되고 있느냐(사물들의 흐름들)에 따라 등가하게 나타나는 것(화폐)이 달라진다. 들뢰즈는 화폐와의 대면, 혹은 모든 운동들을 하나의 관계들의 체계로 환원시킬 시간의 길들이기가 영화에서 시간이 대자적으로 모습을 드러내는 계기라고 본다. 영화 속 영화에서 영화는 화폐의 결여로 만들어지지 않게 된다. 거기서 우리는 하나의 움직이는 이미지인 화폐의 운동에 대한 고착화를 통해 이미지 생산이 중단되는 것을 직접 대면한다. 영화는 오직 관점을 생산하는 생명의 포텐셜 혹은 현실적 삶에 근거하지 않은 기술들이 있기 때문에 가능하다. 이를테면 카메라의 발명이 그와 같은 것으로, 이것은 인간 신체와 다른 하나의 세계를 연다. 그러나 영화는 또한 이러한 탈영토화가 그것의 발전에 힘을 실어 주는 화폐와 이윤의 체계와 짝을 이룰 때 가능한 것이기도 하다. 즉 한편으로 잠재적 창조의 경향과, 다른 한편으로 그러한 창조, 화폐의 단위로 코드화하는 경향의 두 가지는 시간과 화폐를 대면시키는 영화들에서 직접 표상된다.

> 요컨대 영화는 그 가장 내적인 전제인 화폐를 대면하며, 운동-이미지는 동일한 작용 속에서 시간-이미지를 위한 길을 만든다. …… 영화는 운동이지만 영화 속의 영화는 화폐이고, 시간이다.[13]

일단의 이미지들을 생산하는 과정 자체의 이미지를 제시함으로써 영화는 시간과 직접 대면하도록 해준다. 시간은 더 이상 세계 내에서 운동을 측정하는 것이 아니라, 세계로 여겨지는 것을 교체하는 이미지들의 창조이다. 영화는 하나의 현실적 세계 내로부터 다른 세계의 관계들의 개방이라는 하나의 이미지를 현시한다. 이것이 시간이다. 다시 말해 그것은 세계들의 생산으로, 하나의 계기로부터 시간 '속'의 다른 계기로 이행하기가 아니라 시간의 개방함, 새로움의 창조이다. 인플레이션으로서의 화폐는 시간이다. 아직 주어지지 않은 어떤 미래에 관해 예견하거나 사변하는 바로 그때, 동일함과 평형을 유지하는 데 대한 현 교환 체계의 무능력이다.

> [영화] 속의 영화가 표현하는 것은 이미지와 화폐 사이의 이러한 지옥 같은 회로, 시간이 교환에 불어넣는 이러한 인플레이션, 이러한 '압도적인 상승'이다. …… 그러므로 결정-이미지는 그 정초로서 원칙을 받아들인다. 그것은 비대칭적이고, 대등하지 않으며, 등가성을 결여한 교환의 끝없는 재개, 화폐의 대가로 이미지를 주기, 이미지들의 대가로 시간을 주기, 투명한 편인 시간과 불투명한 편인 화폐를 마치 돌아가는 팽이처럼 치환시키기이다. 그리고 영화는 더 이상 화폐가 남아 있지 않을 때 끝이 날 것이다. ……[14]

화폐가 가능한 것은 오직 잠재적인 것 ——예견, 사변, 대상을 그것의 가치로 배증시킴—— 으로 인해서이지만, 화폐는 또한 관계들과 미래를 하나의 체계 또는 회로에 의해 코드화함으로써 잠재적인 것을 환원한다. 즉 결정-이미지는 대상의 한 이미지와 그것의 포텐셜을 동시에 현시하는 것으로, 따라서 화폐의 원리를 폭로하며, 그 원리를 닫힌 교환으로부터 해방하는 것이다.

시간은 단일한 닫힌 경제의 불가능성, 다양한 운동들로부터 하나의 전체 또는 고정된 면面으로 파악하기의 불가능성이다. 그것 안에서, 또는 그것으로부터 운동이 발생하는 면은 없다. 즉 시간은 운동의 펼쳐짐이지, 운동의 척도이거나 용기容器가 아니다. 그러므로 시간은 다질적이다. 이것은 시간이 어떤 지배적인 균일성이라서 그 안에서 모든 사물들이 그 자리를 발견하는 곳이기 때문이 아니다. 즉 시간은 탈-균일성, 비-등가성, 혼돈, 균열——지속들의 다양체이다. 영화에서 시간-이미지는 이 계기와 저 계기에 그 자체로 존속하지 않는 것과의 대면이다. 즉 모든 것은 그 자체(현실적)인 동시에 지금으로 환원 불가능한 차이에 대한 포텐셜이다.

시간은 이 분열로 구성된다. 그리고 우리가 결정체 안에서 보는 것은 이것, 시간이다. 결정체 이미지는 시간이 아니었고 우리는 시간을 결정체 안에서 본다. 우리는 결정체 안에서 시간, 비-연대기적 시간, 크로노스, 비-크로노스의 영속적인 정초를 본다. 이것이 강력하고 비-유기체적인 **생명**이며 그것은 세계를 움켜쥔다.[15]

4_ 예술과 역사

기념비

들뢰즈는 철학의 개념이 추상화가 아니라고 주장한다. 다시 말해 우리
는 정의正義의 모든 실례들을 살펴본 후에 정의란 것을 하나의 일반성
으로 규정하는 것이 아니다. 오히려 한 철학적 개념은 우리에게 한 현
실적 정의의 행동을 가능하게 만들 역능 또는 포텐셜을 사유할 수 있
도록 해준다. 이것이 개념이 무한한 속도로 이동하는 까닭이다. 개념은
여기서 한 경우를 살펴보고, 저기서 또 다른 경우를 살펴본 후에 거기
에 추가될 수 있을 경우들의 평균치나 집합을 안출하지 않는다. 개념
은 서로 얽혀 있는 관계들을 단번에 파악한다. 정의는 행위, 효과, 사
회적 신체, 판단, 의지, 불편부당성, 질서 사이에서 움직이는 특정한
접속 또는 역능이다. 어떤 행동에 대해 그것이 정의로운지 여부를 물
을 때 우리는 그 행동을 비교해 볼 어떤 분리된 외적 기준이 아니라 그
행동을 사유하는 어떤 방식을 가지고 있는 것이다. 그 행동이 어떤 작
용을 하는지, 그 스타일이 무엇인지를 사유하는 방식 말이다. 정의는

한 행동 안에 현실화된 힘들의 균형이 될 것이다. 들뢰즈는 예컨대 데 카르트가 수립한 코기토*cogito*의 개념을 고려한다.[1] 데카르트는 내가 사유하고 있다면 내가 의심할 수 없는 한 가지는 내가 사유하고 있다 는 사실이라는, 그러므로 *ego cogito*, 즉 '나는 생각한다' 는 사유함과, 특정하고 존속적이며 자기-현시적인 주체로서의 존재 사이에 비매개 적 관계를 수립한다고 하는 명제에 입각하여 코기토 개념을 수립했다. 이러한 특징들은 어떤 사물의 개념에 덧붙여지는 것이 아니다. 왜냐하 면 그 특징들 각자가 서로 비매개적 관계에 있는 개념이기 때문이다. 코기토는 단계들의 한 계열로 정의될 수 있다. 그러나 데카르트는 사 유함, 회의함, 자기 자신에 대해 확신함, 자기임이 그 안에서 모두 비 매개적으로 접속되는 하나의 개념을 창조한다. 유사하게 우리는 철학 이 정의의 개념을 상이한 방식들로 정의하는 사이에, 정의의 문제는 비매개적으로 판단함, 행동함, 옮음, 질서, 사회성, 즉 지금 이 문제의 면 혹은 정향으로부터 시작된 어떠한 정의든 연결한다고 말할 수도 있 다. 하나의 개념을 가지고 작업하면서 철학은 완전히 새로운 면을 개 시할 만큼 아주 많은 새로운 접속들을 만들 수 있다. 하나의 면 내에서 이성의 본성에 대한 논쟁——이성은 선천적인 것인가, 아니면 획득되 는 것인가?——이 있을 수 있다. 그러나 이성에 대한 새로운 개념들이 있어서 완전히 새로운 면을 요구할 수도 있는 것이다. 다시 말해 그것 은 우리가 이성을 컴퓨터나 다른 인공지능 기계들의 탈인간적 계산의 관점에서 사유할 때 일어날 수 있다. 플라톤의 『국가』 제1권과 같이, 정의가 인간의 판단을 초월하는 어떤 규범인지 여부에 대해 논쟁하는, 정의에 대한 논쟁이 있다. 그러나 정의의 개념을 매우 급진적으로 규정하여 그것이 철학의 새로운 탈인간적 면을 창조하게 되는 비판적 개입들도 있어 왔다. 데리다가 정의란 어떤 인간의 행위로 환원될 수 없는 것이고, 어떤 현시적 형식으로 주어질 수도 없는 것임을 주장할 때, 그는 명백히 연장적──우리가 정의롭다고 여기는 그 모든 것들의 일반화──이지 않은 개념을 창조한다. 데리다의 개념은 차라리 들뢰즈적 의미에서 강도적인데, 왜냐하면 그것이 하나의 포텐셜한 운동을 열기 때문이다. 다시 말해 우리가 순수하고 무한하고 부패하지 않은 어떤 정의를 상상할 수 있다면, 우리는 어떻게 사유하고 행동할 것인가?[2] 그러므로 개념은 생명의 운동을 개관하는 사유함의 역능이며, 체험된 것 내에 위치되지 않고 체험된 것의 특정한 측면을 한번에 파악한다. 다시 말해 사유함 자체, 정의 자체, 이성 자체는 무엇인가? 우리가 시간을 통해 동일하게 존재하고 유사한 본성을 갖는 것으로 지각하는 대상들을 갖기──효과적인 행위를 가능하게 하는 지성의 일반화──이전에 우리는 어떤 감각의 환경을 가져야 한다. 개념들의 창조를 가능하게 해주는 것은 현재를 그것이 '영구히' 제공하는 것의 관점에서 사유하는 이런 역능 또는 환경이다.

강도적이고 개관하는 것으로서의 개념들에 관한 자신의 이론과 매우 유사하지만 구별되는 방식으로, 들뢰즈는 또한 역능으로서의 예술, 다시 말해 체험된 경험 내에도, 구성된 시간, 즉 인칭적이거나 역사적인 시간 내에도 위치되지 않는 예술을 주장한다. 개념들과 예술의 현상학의 궁극적 근거가 경험──혹은 흘러가는 현재 속에서 어떤 이전before을 어떤 이후after와 종합함으로써 그 자체를 구성하는 어떤 시간──이라면 들뢰즈·가타리는 그들의 지각과 감정의 개념들을 통해 예술의 근거를 와해한다. 지각들과 감정들은 생명과 연속적이지 않으며 의식의 종합 활동의 효과들도 아니다. 감정들과 지각들은 홀로 서며, 자기-구성하는 의식의 가정된 어떠한 독립도 해제하는 자율성을 품고 있다. 다시 말해 "우리는 지각과 감정에, 더 이상 그것들을 경험하는 이들이나 그것들을 경험한 사람들에게 아무것도 빚지지 않은 자율적이고 충분한 존재들에 대하여 하듯이 도달할 수 있을 뿐이다."[3] 그럴 때 어떠한 예술도 재현적이지 — 세계에 대한 유사성을 품고 있지 — 않다. 다시 말해 "어떠한 예술과 어떠한 감각작용도 결코 재현적이었던 적은 없다."[4] 예술은 작가의 사적 비전을 표현하는 것 역시 아니다. 예술이 표현적이라는 말은 물질을 표현한다는 뜻이다. 다시 말해 "물질이 표현하게 된다."[5] 그리고 표현하게 될 때 물질은 그 현실화된 연장에서 떨어져 열려 가며 그 영원한 포텐셜을 해방시킨다. 그것은 우리의 위치 지어진 경험을 통해 조직화된 물질이 아니라, 우리의 관점을 넘어 다르게 경험되는 역능을 가지고 있는 물질이다. 예술은 더 이상 지각하는 주체나 구성된 세계에 의존하지 않고 감각작용을 생산하는 가운데 홀로 서 있다는 의미에서 기념비적이다. 한편으로, 들뢰즈·가타리는 이 점을 분명히 하기 위해 모더니즘 미학에 대한 유일무이한 독해를 창조한다. 예술은 더 이상 일상의 삶이나 인간의 체험으로 환원 가능하지 않다고 보는 모더니즘의 주장에 의지하는 동시에 그들이 이러한 예술의 분리를 예술 대상을 보다 폭 넓은 어떤 인간성이나 전통의 개념 내에 위치시키는 모더니즘 너머로 가져가기 때문이다. 모더니즘이 종종 예술을 일상의 향락과 소통에서 분리하는 반면, 모더니스트들은 종종 상품화에도 불구하고 호소력 있는 보다 폭넓은 삶으로서의 역사나 전통 혹은 문화에 호소했다. 들뢰즈·가타리는 인간의 어떤 역사나 전통이 있어 그로부터 생명을 다시 근거 지을 수 있고, 또한 예술이 일상의 삶에서 분리되었을 때 〔그러한 역사나 전통이〕 회수될 수 있다는 생각에 반대한다. 위대한 예술은 소수적이며 이는 바로 그것이 이미 구성된 하나의 전통을 표현하지 않기 때문이다. 그리고 그 작품이 여는 생명은 그 근본에서 탈인간적이고 미래적이다——아직 어떠한 형식도, 경험도 부여받지 않은 것이다.[6] 모더니즘의 어떤 측면들에 비판적인 한편, 들뢰즈·가타리는 급진적으로 분리된 예술 작품의 모더니즘적 생산을 통해 모든 예술에서 감정과 지각의 자율성을 볼 수 있게 되었다.

모더니즘과 들뢰즈가 의존한 의미의 철학들의 관계를 사유할 수 있는 한 가지 길이 있다. 베르그손과 후설은 모두, 경험을 기계론적 mechanistic이고 효율적이며 반복적인 운동으로 환원해 왔으며, 또한 체계들과 운동의 지도들의 원천인 생명에 생기를 불어넣기를 잊은 근대의 체계화된 삶을 비판했다. 유사하게 모더니즘 예술은 시계-시간〔크로노스적 시간〕, 습관, 물화物化, 상품화, 너무나 많은 조작 가능한 자료들과 유통되는 죽은 대상들로 전통을 환원하는 데 대해 비판적인, 극단적으로 역사화하는 제스처로서 읽힐 수 있다. 위대한 모더니즘 문학 작품들은 혼돈으로부터 출현하는 질서, 생명의 유동으로부터 창조되는 논리의 의미를 직관하기 위해 질서 지어진 현재로부터 물러났다. 삶에서 뒷걸음질치는, 그리고는 예술 작품과 더불어 재-출현하는 이러한 이미지야말로 에즈라 파운드Ezra Pound의 『칸토스』The Cantos (1975)를 프레임화하는 것이다. 이 작품은 호메로스가 『오디세이아』에서 〔오디세우스가 저승을 방문할 때〕 현재의 삶을 회수하기 위해 과거의 혼백들에게 피를 바치는 광경을 떠올리게 한다.[7] 일상의 현재적 삶이 죽어 있는 것은 바로 그것이 원래 생명을 유지하기 위해 형성된 기술들에 종속되었기 때문이다. T. S. 엘리엇의 『황무지』*The Waste Land* (1922)에서 도시 통근자들은 지옥으로 향하는 망자들의 행진으로 그려진다. "나는 죽음이 파멸시킨 자들이 그토록 많은지 몰랐었다." D. H. 로렌스의 소설들과 단편들에서 공동체를 전복하는 것은 일종의 산송장으로 재현된다. 조이스James Joyce의 『율리시즈』*Ulysses*(1922)에서는 장례 시신이 더블린의 거리들을 통과하여 지나가고, 버지니아 울프Virginia Woolf의 『댈러웨이 부인』*Mrs. Dalloway*(1925)에서는 전역 군인, 셉티머스라는 유령 같은 인물이 런던에 씌어 있다. 모더니스트들에게 이 산송장의 땅을 벗어나는 유일한 길은 최근에 체험된 삶으로부터 탈출함으로써 얻어진다. 들뢰즈·가타리는 『철학이란 무엇인가?』에서 망자와의 이러한 교섭을 직접 언급한다. 노동하는, 조직화되고 효과적인 인간 신체에 의해 질서 지어질 삶 대신에 들뢰즈·가타리는 아직 종합되거나 의미 있는 것으로 그려지지 않은, 아직 유한하고 제어 가능한 단위들로 환원되지 않은 감각작용들의 삶을 찬미한다.

> 철학자, 과학자, 예술가는 망자들의 땅으로부터 되돌아온 듯하다. …… 예술가는 혼돈으로부터 다양성들을 되찾아온다. 그것은 더 이상 유기체 안에서 감각기관의 재생산을 구성하지 않고, 감각기관의 한 존재, 감각작용의 한 존재를 무한한 것으로 복원할 수 있는 구성의 유기적 면 위에 세운다.[8]

조이스의 『율리시즈』가 몰리 블룸의 월경이라는 생명의 흐름을 더블린의 신문으로-뒤덮힌 거리들 너머로 설정하듯이, 그리고 엘리엇이 템스 강의 통행로를 축음기와 라디오의 탈신체화된 목소리들 너머로 설정하듯이, 울프 역시 클라리사 댈러웨이의 상상의 산책이 시계-시간의 울리는 소리에 방해받으면서 단속적으로 끊어지는 것을 기술한다. 들뢰즈·가타리는 기계화된 경험 너머 생명과 시간에 대한 모더니스트의 호소를 포용하면서 예술가가 혼돈 속에 내던져졌다가 쇄신된 질서와 더불어 회귀한다고 묘사한다.

'성스러운 원천'으로서의 지각에 도달함으로써, 생명을 활기 안에서, 혹은 활기를 체험된 것 안에서 보게 됨으로써 소설가나 화가는 숨을 멈추게 되고, 눈이 충혈된다.[9]

그러나 모더니즘에 대한 들뢰즈의 접근은 '체험된' 것에의 회귀로 환원 불가능하다. 이것이 들뢰즈가 베르그손과 현상학은 물론, 혼돈으로부터 예술가의 회귀를 의미, 균일성, 인간화의 재구성으로 여기는 모더니즘의 신비적 요소와 가장 차이를 보이는 지점이다. 후설이 수학과 논리가 경험을 그 포텐셜로 가져가 생명의 진실을 직관하게 하는 최상의 과학들이라 여겼다면, 그를 이어받은 현상학의 전통은 예술을 특권화했다. 하이데거는 주장하기를, 예술 작품에서 우리는 세계의 '세계화' worlding를 낳게 되며, 더 이상 우리 앞의 대상들을 단순히 현재에 있거나 '거기' 있는 것으로 보지 않고 세계가 어떻게 현전하게 되는지 혹은 드러나게 되는지를 알게 된다고 한다.[10] 우리가 이미 주어진 것으로 받아들이는 범주들과 습관들은 의식의 **행동들** 혹은 실존의 사건들로 보아야 하며, 그때 그로부터 주체와 대상의 구별이 산출된다고 보아야 한다. 인간 신체가 그로부터 단일한 중심을 창조하는, 지속들에 대한 사유함을 주장하는 베르그손조차도, 관심적 관점들을 초월하고 인간성 일반, 영구적인 인간성을 상상하는 인간의 능력을 특권화했다. T. S. 엘리엇만이 모더니즘을 무용無用의 파노라마로 추락한 세계의 복원으로 여긴 것이 아니다. 조이스 역시 전통의 모든 이종적이고 일의적인 음성들을 하나의 흘러가는, 신체적 삶[생명]에 위치시켰다. 이와는 대조적으로 들뢰즈는 예술이 홀로 서 있는 것을 해방한다고 주장한다. 여기서 그는 모든 문학의 모더니스트들 가운데 가장 덜 파노라마적인, 혹은 가장 덜 서사적이거나 총체화하는 경향이 가장 적은 인물로 버지니아 울프를 언급한다.

울프를 언급하면서, 들뢰즈·가타리는 순간의 문제를 제기한다. "세계의 한 순간은 어떻게 지속 가능한 것으로 그려지거나 홀로 실존하게 되는가?"[11] 영화에 관한 책들에서 그랬던 것처럼 들뢰즈는 예술의 재료가 어떻게 자율적인 지각들과 감정들을 해방할 수 있는지에 대해 세부화되고 형식적이며, 구체적이고 특수한 설명을 제시한다. 그러나 그와 같은 예술적 기법들techniques과 노력의 **가능성**은 들뢰즈의 생명의 존재론에 있다. 생명은 '체험된 것'이 아니며, 하나의 진행 중인, 의미를─생산하는 인간성의 균일화된 세계가 아니다. 반대로, 인간성의 생명 혹은 이 세계의 역사에 대한 지각작용만이 있을 수 있으며, 이는 다양한 감정들이 어떤 종합하는 관점들로부터 조직화되어 왔기 때문이다. 들뢰즈·가타리는 '체험된' 것 이전에, 그로부터 삶들이 주조되는 감정들 또는 가능한 조우들이 있다고 본다. "감정은 확실히, 마치 문명의 저변에서 우리가 유사성의 관점에서 수성獸性이나 원시적 인류의 존속을 재발견하듯이 근원으로의 회귀를 떠맡지 않는다."[12] 생명은 차이를 생성하는 역능들의 다양체이며,[13] 그러므로 물질은 그것이 인간의 눈과 조우함(현실적으로 지각된 것 혹은 지각작용)에 있어서만이 아니라 자율적이고, 진동하는 탈인간적 역능(잠재적 지각, 거기 있어 지각되게 되는 것)에 있어서도 표현적이다.

이것이 들뢰즈 · 가타리가 모든 예술이 기념비이고 홀로 서 있는 것이라 여기는 까닭이다. 즉 캔버스 위의 빨강은 체험된 세계(빨강이 특정한 장소와 기능을 가진 어떤 존재의 색채로 존재하는 곳)로부터 선별된 것이지만, 이때의 선별은 색채를 관습적 문맥에서 취하여 그것이 그 자체로 지각되도록 해준다. 나아가 들뢰즈는 예술이 물질을 선별하여 행위와 의미라는 그 일상적 문맥에서 떼낸 다음, 생명의 다른 경향——정신과 접촉하게 만드는 방식에 주목한다. 대부분의 경우, 우리는 생명을 이 두 가지 경향들의 조합 속에 경험한다. 즉 내 물질적 신체는 내 의도와 지각을 통해 조직화되고, 그리하여 모든 물질은 그것의 홀로 서 있는 역능 속에서가 아니라 그것이 나를 위하여 있는 대로 체험된다. 그러나 예술에서 이러한 구성은 깨어지고 우리는 물질을 정신화될 수 있는 것으로서 체험한다. 생명의 두 가지 경향이 있다. 그 첫번째는 물질로, 이것은 공간과 연장(혹은 물질의 포텐셜이나 무엇일-수-있음으로부터 분리된 채, 또는 그에 대한 참조 없이 비관계적으로 실존함)을 향하는 경향이 있다. 두번째는 정신으로, 이것은 이미 현실적이지 않은 것과 접촉하며 가능성 또는 될[생성할]-수-있음과의 관계를 허용한다. 예술에서 우리는 즉자적으로 존재하는 물질이 표현의 역능들, 즉 주어지지 않은 차이들을 전개하는 역능들과 접속하게 됨을 볼 수 있다. 예컨대 윌리엄 블레이크의 판화에서, 화가는——저항하는 재료에 명백하게 새겨진——선들의 경직된 물질성에 운동 중인 신체들의 형상을 결합시키는데, 이때 신체의 욕망이나 역동성이 물질을 운동이나 표현으로 가져가는 방식들이 드러난다.[14] 블레이크는 들뢰즈가 프랜시스 베이컨에 관해 쓴 책에서 윤곽 지었던, 예술의 문제를 명료하게 보여 주는 예를 제공한다. 블레이크는 동판화——표현 형식——와 운동 중인 것으로 묘사된 신체——내용 형식——를 결합한다.[15] 그러므로 그의 작품은 동판, 그 판 위에 바른 왁스, 왁스가 벗겨진 부분을 부식하는 산, 그렇게 해서 새겨진 윤곽에 칠해지는 잉크와 같이 그가 작업한 재료들이 이미 그 고유한 형식을 취한 방식들을 보여 주었다. 그러나 이러한 표현 형식은 그때 내용 형식과 조우해야 하는데, 블레이크에게 그 내용 형식은 강조된 근육, 역동적인 운동, 과장된 얼굴 표정 등을 수반하는 신체들로 이루어졌다. 우리가 블레이크에게서 보는 것은 다른 어떤 매체로 전달될 수도 있었을 어떤 전언이 아니라, '홀로 선 채' 인간 형상의 한 이미지를 해방하려고 투쟁할 때 하나의 단일한 대면을 창조하는 매체 자체로서인 물질이다. 마치 블레이크가 그 재료에서 신체 고유의 운동에 대한 투쟁이라는 감정을 포착한 것처럼 말이다. 이 예를 선택한 것은 블레이크의 이미지들이 인터넷에서 쉽게 접할 수 있는 것들이기 때문이다. 비록 복제된 이미지들이 블레이크가 반복해서 판을 찍어 낼 때마다 획득한 차이들이나, 블레이크가 일부 판들에서 물감을 두껍게 사용해 얻은 질감의 질은 갖고 있지

않겠지만 말이다.[16)]

물질은 모든 미술에서 표현적이다. 여기에는, 말하자면 빨강을 그 것 자체로 지각되거나 지각작용을 생산하는 그것의 역능의 상태로 현 시하고자 했던 색채주의 예술도 포함되고, 형태가 현실적 신체들로부 터 분리되어 우리에게는 선 혹은 관계의 역능들만 주어지는 추상주의 도 포함된다. 그러나 들뢰즈가 드러내서 선호했던 것은 색채주의도 추 상도 아닌 표현주의였다. 거기서 우리는 일상에서 구별되지 않는 두 경향들의 차이를 보게 된다. 한 가지는 정신을 향한, 또는 주어지지 않 은 것의 창조함을 향한 경향이고, 다른 하나인 물질의 경향은 단순히 주어진 바를 보존하고 유지한다. 미술이 잠재적인 것을 여는 역능을 가진 것은 그것이 다만 현실화된 바의 생명에 결박되어 있지 않기 ── 마치 교통 신호와 같은 방식으로 훈련된 응답과 습관들로 우리의 행위 들에 대등한 것이 아니기 ── 때문이다.

물질의 경향들을 정신의 경향들로부터 분리함으로써 예술은 우 리를 효율적이고 생산적으로 체험된 삶으로부터 해방하고, 생명을 그 것의 무엇일-수-있음에 개방한다. 여기서, 다른 곳에서 그랬던 것처 럼, 들뢰즈의 사유는 그가 꾸준히 관계들의 외부성이라 칭하는 것을 대면한다. 생명은 인간의 지각작용에 고유하게 실현된 것이 아니다. 왜냐하면 우리의 '세계'는 생명이 그 속에서 현실화되거나 체험될 수 있었을 방식들 가운데 하나에 지나지 않기 때문이다. 예술가의 역능은 현실화된 관계들의 집합 ── 체험된 것 ── 을 취해 다른 관계들의 포 텐셜을 여는 것이다. 여기서 우리는 생명을 그 자체로 파악할 수 없고, 인간성을 어떠한 의미 있는 삶이 구성되는 근거로서 파악할 수도 없다. 그 대신 예술은 생명을 변이하는 역능으로, 색채나 빛 혹은 선이 이미 체험된 것과 다른 감각작용들을 생산하도록 하는 포텐셜로 현시한다. "예술가는 언제나 세계에 새로운 다양성들을 추가한다. 감각작용의 존재들은, 마치 개념의 존재들이 변이작용들인 것처럼 다양성들이며, 존재의 기능들은 변이가능하다."[17] 일단 감각작용이 생산된 관계나 체험된 바대로의 감각작용에서 해방되면, 우리는 홀로 서 있는 감각작용, 관계들이 그로부터 야기되는 진동들 또는 생명의 차이 생성하는 역능, 즉 '감각작용 그 자체'에 도달하게 된다.[18] 이것은 예술이 주체에 의한 세계의 폭로와 종합을 상기하는 가운데 의식을 재활성화한다는 이야기가 아니다. 들뢰즈·가타리는 예술 작품이 우리를 우리가 접점을 잃어 버린 세계의-드러냄 혹은 의미-만들기의 어떤 기원적 조건으로 데려간다는 생각에 반대한다. 다시 말해 예술은 향수나 자기-회상이 아니라는 것이다. 왜냐하면 예술은 사유가 무한한 속도에 접근하는 경로들이기 때문이다. 신체가 비매개적으로 행동하지 않고 어떻게 행동할지를 결정하기 위해 멈추거나 속도를 줄이기 때문에, 그리고 시간을 통해 동일하게 존속하는 세계의 어떤 이미지를 고정함으로써 그렇게 하기 때문에 주체-대상 관계를 갖는 것이라면, 그럴 때 예술은 세계에 대한 행위로부터 지각 기구를 해방함으로써만 감각작용 자체에 접근할 수 있다. 우리는 지금의 이 연장된 세계를 더 이상 나와 나의 가능한 행위들에 대한 것으로서 가질 수 없다. 우리는 지금이 인간 신체의 욕구에 입각하여 세계를 '프레임화' 할 실천적 관심의 관점을 수립할 수 없다. 왜냐하면 행위하지 않음으로 해서, 혹은 삶을 수동적으로 관조함——하나의 자기로 존재하지 않거나 '지각 불가능하게-되기' —— 으로 해서 생명은 더 이상 하나의 특수한 시점을 중심으로 해서 펼쳐지지 않고, 그 대신 다양한 관계들을 창조하는 자신의 역능을 드러내기 때문이다. "관조함은 창조함이며, 수동적 창조의 신비이다."[19]

들뢰즈가 예술과 생명을 접속한 것은 모더니즘의 특정한 해석 그리고 서구 사유에서 보다 일반적인 행동의 특권화함과 미묘한 차이를 갖는다. 모더니즘의 공포와 악몽으로서의 한 가지 비전은 점증적으로 탈인간화되는, 혼돈스럽고 무의미하며 파편화된 세계에 직면한 인간화와 능동적 이성의 상실이었다. 그러므로 예술가는 최고의 제작자로서 하나의 세계, 인간의 의미와 관계들로부터 발생했다는 사실 자체가 잊혀져 온 세계를 다시 한 번 창조하게 될 것이다. 이런 관점에서 모더니즘은, 세계의 우발적 탈인간성에 등 돌린 채 의미심장하고 목적-지향적이고 자기-표현적인 행위의 이미지를 고양하는 서구 전통과 공모하고 있다. 신이 그 자신의 본질 이외의 다른 어떤 것에 의해서도 결정되지 않는, 그 자신 순수한 행동인 완전한 존재로 정의된다면, 인간들은 그들이 스스로를 만들어 낼수록 좀더 신과 비슷해질 것이다. 이러한 이해에 의거하면, 예술 작품은 인간의 자기-구성의 표현이자 결과이다. 인간 존재는 스스로를 창조하고 자신의 완전한 포텐셜을 창조의 행위를 통해 현실화한다. 즉 예술-대상[예술품]은 '인간-되기'의 표현인 것이다. 이와는 대조적으로, 예술을 기념비로 본 들뢰즈의 정의는 급진적으로 무정념적인 생명의 이미지를 주장한다. 자기-현실화의 순수 행동 이외의 어떠한 존재(어떠한 본질)도 아닌 신에 대한 관념에 반하여, 잠재적인 것에 대한 들뢰즈의 철학 전체는 행동하지 않는 것, 현실화되거나 현전되지 않은 것, 효과된 관계들로서 스스로를 실현하지 않은 것을 긍정한다. 관조, 감각작용 그 자체, 순수 감정들과 지각들——이 모든 것들은 능동적이고 생산적인 균일체들로 종합되지 않은 생명의 역능들을 위한 이름들이다. 들뢰즈는 자신으로 존재하지 않음에 있어서만, 스스로를 무無로부터 *ex nihilo* 창조하는 능력에 있어서만 '존재하는', 인간의 삶(생명)에 대한 실존적 강조에 대립된다. 이런 의미에서 들뢰즈는 생기론과 직접적으로 대립되며, 가능한 모든 것을 근거 짓는, 자기-구성하는 어떤 생명으로 소급하여 관계 짓는 것에도 대립된다. 즉 중요한 것은 **생명의 전개**(거기서 생명이 어떤 궁극적인 의사-신학적 행위자 또는 주체인)가 아니라, 그 고유한 것이 아니고, 예견할 수 없으며, 근거 지어지지 않은 주름들을 창조하는 생명의 역능이다.

> 생기론에는 늘 두 가지 가능한 해석들이 있었다. 하나는 행동하지만 존재하지 않는——그러므로 외적 대뇌의 지식의 관점에서만 행동하는 어떤 관념에 관한 것 …… 다른 하나는 존재하지만 행동하지 않는——그러므로 순수한 내적 앎인 어떤 관념 …… 우리에게 두번째 해석이 불가피하게 느껴진다면 그것은 보존하는 응축이 행위 혹은 심지어 운동과의 관계에서 언제나 분리된 상태에 있고 지식 없는 순수한 관조로 나타나기 때문이다.[20]

들뢰즈·가타리는 여기서 베르그손의 『창조적 진화』에 의지한다. 정신과 물질은 생명의 경향으로부터 출현하는 두 궤적들이다. 앞으로 나아가기 위해서 생명은 에너지를 폭발적인, 차이화하는 힘 안에서 연장해야 한다. 다른 한편 효과적으로 앞으로 나아가기 위해서 생명은 소비를 지연하고 에너지, 궁극적으로 시간을 절약해 줄 습관들, 규칙성들의 형성을 허용하는 가운데 어떻게 행동할 것인지를 관조하기도 한다. 그러므로 생명은 소비(비매개적으로, 사유함 없이 행동하기)인 동시에 비축(적은 시간에 효과적으로 움직이기 위해 행동하지 않기, 멈추기, 사유하기, 관조하기)이다. 우리는 또한 이것을 물질의 이완이나 연장의 관점에서 생각해 볼 수 있다. 그럴 때 모든 것은 한 번에 주어진다——우리는 [특정한 어떤] 돌이 많은 돌들 중 하나임을, 그것이 무엇을 할 수 있고 무엇인지를 완전히 알 때 물질로서의 돌을 경험한다. 이와는 대조적으로 정신은 수축한다. 그것은 완전히 주어지지 않는 것으로 혹은 비축된 것으로 지각되는데, 서로 다른 정신들은 이미 주어지지 않은 상이한 방식으로 행동하는 능력이라는 면에서 모두 서로 다른 것으로 경험되기 때문이다. 그러나 만일에 정신의 관조가 완전히 느려져서 전혀 행동하지 않는다면 그때 정신의 수축은 감각작용 자체의 이미지를 허용한다. 그것은 행위하기 위한 감각작용이 아니라, 우리 자신의 것이 아닌 영혼들, 또는 역능들과 조우하는 감각작용이다. 눈은, 자신의 욕구와 운동성에 따라 감각작용에 질서를 부여하는 어떤 신체 내의 한 기관이 아니라, 그것이 향유하는 감각작용과 다름없다.

수축은 행위가 아니라 순수한 정념, 이후 안에 이전을 보존하는 관조이다. 그때 감각작용은 메커니즘, 다이내미즘, 궁극성과는 다른 하나의 면 위에 있다. 다시 말해 그것은 구성면인데, 거기서 감각작용은 자신을 구성하는 것을 수축함으로써, 그리고 반대로 자신이 수축하는 다른 감각작용과 더불어 그 자체를 구성함으로써 형성된다. 감각작용은 순수한 관조이다. 왜냐하면 우리가 수축하는 것은 관조를 통해서이며, 그때 감각작용은 자신이 수축하는 다른 감각작용과 더불어 그 자체를 관조하기 때문이다.[21]

프레임화, 영토화, 구성면

그렇다면 그와 같은 관조는 어떻게 획득되는가? 우리는 어떻게 이미지가 한 관찰자를 위한 사물의 이미지로서 파악되지 않고, 다만 봄, 감각작용만이 있는 그런 사건을 획득하는가? 여기서 들뢰즈는 건축적이고 영화적인 운동들에 의존하는데, 그 두 가지는 모두 우리에게 시간 내에서 안정적으로 보이는 예술 작품(이를테면 책이나 캔버스)을 생성의 시간으로 가는 입구로서 상상하도록 해준다——하나의 계기가 다른 계기를 따르는 연대기적[크로노스적] 시간에서 아이온의 시간 또는 '영원'으로. 우리는 감각작용 자체를 시간의 다양체 안에서 반복되고 변이되고 현실화될 수 있는 그 포텐셜로 본다. 영화의 프레임들은 운동의 한 장면을 선별한다. 이것은 하나의 운동-이미지, 움직임이 거기서 공간을 생산하는 운동-이미지를 가능하게 한다. 다시 말해 공간은 운동에 의해 가로질러지고 횡단될 수 있는 것으로 주어진다. 사물들이 그 안에서 움직이는 공간은 없으며, 비등질적 공간을 구성하는 운동들만이 있다. 시간-이미지에서 프레임화된 운동은 역사와 행위의 관심적 연쇄를 멈추고 운동을 시간의 다양성 안에서 관계들의 다양성을 생산하는 하나의 역능으로 현시한다. 즉 예를 들어 클로즈업은 우리에게 감응된 것으로서의 얼굴을 주고, 그리하여 앞으로 일어날 것, 느껴지고 분절되고 행해질 것에 열린 채 존속한다. 예술의 이런 관조적 역능은 물론 영화에만 있는 것이 아니다. 모든 예술이 하나의 감정이나 지각의 고립——질서 지어진 세계로부터의 고립——이며 이는 비로소 무한의 입구를 허용한다. 다시 말해 예술은 무한성을 복원하는 유한성을 창조하고자 한다. 즉 예술이 펼쳐 놓는 구성면은 역으로 감성적 인물들의 행위를 통해 기념비나 합성의 감각작용들을 낳는다.[22] 한 폭의 캔버스는 프레임화이되, 재현되어야 할 어떤 장면이 아니라, 구성면의 어떤 선별을 프레임화한다. 비록 감성들이 우리가 그것을 통하여 존재를 파악한 질들이기는 하지만, 보여지는 것은 채색된 바와 같은 세계가 아니다. 오히려 색채들, 질감들, 그림자들, 선들, 형상들이 세계의 존재이다. 들뢰즈가 『차이와 반복』에서 지적하는 것처럼 존재는 어떤 감각 가능한 차원을 갖는 것('존재의 감성')이 아니다. 왜냐하면 존재가 감각 가능한 것이기 때문이다('감각 가능한 것의 존재'). 색채들, 빛들, 음향들, 면들, 선들, 질감들은 우리에게 세계를 지각하게 해주는 역능들 또는 포텐셜들로서 현시된다. 따라서 예술 작품에서 색채는 구성면에서 추출되어야——영구적인 덮개가 아니라, 존재가 그것을 통하여 주어지는 한 접속으로서 현시되어야 한다. 우리가 색채를 갖는 것은 오직 서로 조우하는 빛의 힘들과 감각작용들이 있기 때문이다. 마치 우리가 기하학적 형태들을 공간과 단편들의 조우를 통해서만 얻을 수 있고, 캔버스의 질감을 빛이 깊이와 두께와 조우할 때 비로소 얻게 되는 것처럼 말이다.

예술의 목적은 물질적인 것에 의해서 지각을 대상들에 대한 지각작용과 지각하는 한 주체의 지위로부터 떼어 내는 것이고, 한 상태에서 다른 상태로의 전이로서의 감응에서 감정을 분리하는 것이다. 다시 말해 감각작용의 블록, 감각작용의 순수 존재를 추출하는 것이다.[23]

모든 경우에 예술의 성취는 거기 있어 지각되고 느껴지게 되어 있는 것의 결과로서 우리가 지각하고 느끼는 세계를 현시하는 데 있다. 어떤 식으로든——그리고 이것은 예술가마다 달라지겠지만——재료, 즉 캔버스 위의 물감은 강도들이나 독특성들 혹은 역능들을 시간과 공간 내에 잡아 두어야 한다. 그것들은 공간들을 열고, 그리고는 연대기적 시간 속에서 지각될 것이다. 이런 의미에서 그와 같은 독특성들은 '영구적'이며 혹은 '반시대적'이다. 즉 그것들은 영원히 회귀하면서 계속해서 반복해 현실화되는 역능을 품고 있다.

하나의 예술작품에 의해 열린 구성면은 시원이나 바탕 혹은 정초하는 주체에 동일화될 수 없다. 이는 들뢰즈·가타리의 모든 저작에서 결정적인 것으로, 이들을 모더니즘의 예술 개념에 결부시키는 **동시에** 그들을 생철학자나 현상학으로부터 구별 짓는 요소이기도 하다. 우리는 '구성면'을 모더니즘의 감성론[미학]이라는 관점에서 보다 구체적으로 들여다보고, 들뢰즈의 감성론적[미학적] 모더니즘이 철학을 급진화하는 방식에 주목함으로써 이를 이해할 수 있다.

포스트모던 예술을 반어적이고,[24] 탈역사화되고,[25] 풍자적이며,[26] 평면적이고, 메타픽션적이고,[27] 인용적이고, 다의적인[28] 것으로 보는 표준적인 정의를 고려해 보자. 포스트모던 문학 작품들은 청취된 음성들, 반복되는 클리셰들, 슬로건들, 인용들, 신화들을 수용한다. 포스트모던 시각 작품들은 상업광고 이미지들, 역사적인 도상 이미지들, 거리의 간판, 수프 상표들, 신체의 산물들, 대량-생산된 키치를 이어 붙인다. 포스트모던 예술에 어떤 관념이 있다면 이미지들의 순환 외부에 아무것도 없다는 것이 될 것이다. 즉 우리의 유일한 비판적인 입장은 이미 **기호들로서** 구성된 기호들을 반복하는 것이다. 막 쓰려고 하는, 그 자체의 생산과정에 대해 언급하는 텍스트들——예컨대 이탈로 칼비노Italo Calvino의 텍스트들——은 작품 외부의 저자라는 개념을 탈신비화한다. 즉 저자는 완전히 평면적인 혼성품 안의 여러 목소리들 가운데 하나의 목소리가 되며, 거기서 기호들은 더 이상 어떤 세계의 기호들이 아니다. 모더니즘과 포스트모더니즘의 작품들이 모두 서사적 연속성과 저자라는 중심들을 피하면서 종종 파편들과 단편들에 지배된다면, 들뢰즈는 물질이 홀로 서도록 해주는 예술작품의 능력이 갖는 특수한 본성에 초점을 맞춘다. 따라서 들뢰즈가 선호하는 예술작품들은 종종 모더니즘적이며——가장 거리가 먼 포스트모던 작품만큼이나 재귀적이면서——인용을 훌쩍 넘어서서 '감각 가능한 것의 존재'를 대면하는 것을 목적으로 한다. 예컨대 프랜시스 베이컨에 관한 책에서 들뢰즈는 [화가가] 캔버스들을 가지고 인물과 배경 사이의 관계를 다루는 방식들을 면밀히 관찰한다. 그러면서 들뢰즈는 재료의 이러한 협상이 사유함의 스타일이고, 물질의 포텐셜과 차이생성의 역능을 통한 작업방식이라고 주장한다(마치 한 철학자가 운동들 혹은 본질들을 차이화하는 개념들을 창조하듯이 말이다). 시각 예술에서 구성면은 시각장을 여는 역능들을 포함하되, 그것은 우리가 일종의 시각적 출구 자체를 가지는 방식을 취한다. 따라서 색채주의자는 빨강의 모든 잠세성을 노출하면서 한 색채를 변이시키며, 그럼으로써 우리가 그 모든 변이형 가운데 지금 보고 있는 색채는 영구히 반복해서 보여지는 (그리고 변이되는) 하나의 역능이다. 색채의 프레임을 선별하는 어떤 캔버스, 이를테면 흰 물감을 층층이 쌓아 질감을 낸 사이 톰블리Cy Twombly의 캔버스는 우리에게 하양의 역능을 준다. 즉 본질은 이 색채를 그 자체로 현시하는 데서 주어지는 것이 아니라, 그것의 변이작용의 역능과 포텐셜을 현시하는 데 있다고 말할 수 있다—지금 여기서 보여지는 것 그리고 그것이 다른 때에 다른 변이작용들로 보여질 수 있을 상태로. 색채 또는 선 또는 형태 또는 인물을 변이함으로써 우리는 각각의 시각적 술어를 어떤 실체에 부속된 질로서—x는 희다—가 아니라 존재가 그것을 통해 표현되는 하나의 역능으로서 본다. 즉 '존재' 는 차이를 생성하는 역능들로 구성되며, 이것은 들뢰즈가 일찍이 『의미의 논리』에서 '순수 술어들' 이라 지칭한 것이다. 프랜시스 베이컨에 관한 책에서 들뢰즈는 베이컨과 세잔Paul Cezanne이 모두 '색채의 공간화하는 에너지' 를 해방시켰음을 긍정한다.[29] 그렇게 함에 있어 그는 우리가 그것을 통해 어떤 근원적인 존재를 파악하는 질들이라는 관념을 거부했으며, 그 대신 '존재' 는 다만 변이작용 또는 차이 속에서 그 자신을 표현하는 하나의 역능에 다름 아님을, 그 각각의 차이는 진행 중이거나 정초하는 어떤 실체의 표현이라기보다는 다양한 접속들에 반응하는 능력임을 주장했다.

이런 이유로 들뢰즈는 『차이와 반복』에서 '?존재' 에 대해 썼다. 시각예술 작품에서 우리는 지각들과 감정들을 통한 표현의 역능들——지각되는 역능들(예컨대 지금 여기서 보여지는, 그리고 다른 때에 전개되는 변이작용 속에서 보여질 능력을 모두 가진 이 하양)과 감응되는 역능들(행위로 전개될 수 있는 충격들, 전율들, 감각작용들)과 조우한다. 톰블리의 그림과 같은 캔버스에는 변이들을 프레임화하는 하나의 영토가——차이 생성하는 역능을 가진 하양이 있다. 그러나 예술이 포텐셜을 획득한다면 이는 우리가 지각을 통해 사유하기 때문이다. 예술은 우리가 다른 경우에 개념들을 통해 표상했을represent 것을 물감으로 재현하지represent 않는다. 즉 예술은 그 고유한 방식으로 사유한다. 물감이 칠해진 캔버스의 경우에 색채 자체를 그 지각 가능성에 있어서 사유함은, 중립적 실체의 세계가 먼저 있고 비로소 질들이 그 위에 놓인다는 생각에서 우리를 해방시킨다. 다시 말해 '즉자적인' 세계가 먼저 있고 그것이 비로소 지각작용을 통해 보는 이와 관계를 맺는 것이 아니라는 뜻이다. 오히려 지각들의 고립이 우리로 하여금 관계이고 변이작용인 하나의 세계를 살도록 해주며, 거기서 술어들이나 질들은 조우들의 결과이다. 어떤 공간이 있어서 비로소 흰 물감으로 덮이는 것이 아니다. 즉 하양은 어떤 근원적인 실체의 색채가 아닌 것이다. 공간들은 어떤 역능——색채, 질감, 선의 역능들이 변이함으로써 초래된다.

문학 작품에서 버지니아 울프와 D. H. 로렌스에 대한 들뢰즈의 언급은 그가 의존하는 것이 모더니즘의 언어적 자기-반영성이 아니라, 더 이상 명제적이지 않고, 더 이상 세계가 이러저러한 고유성을 가져야 한다고 판단하는 주체에 의해 구축되지 않으려는 언어의 시도임을 시사한다. 그 대신에 언어는 감정을 얻고자——술어가 그로부터 출현하는 역능들 또는 포텐셜을 해방시키고자 애쓸 것이다. 언어는 어떻게든 순수한 기호가 되어야 하며, 관습적인 소통의 관계들 이상의 것이 되어야 하고, 어떠한 단일한 지각자나 장소로부터도 해방될 그러한 감각작용들에로 열려야만 한다.[30] 그러므로 예술은 형식과 의미의 기원으로의 회귀도, 복귀도 아니다. 이것이 들뢰즈의 탈영토화의 언어가 예술 작품에서 어떠한 단순한 시간적 회복도 전복하는 지점이다. 즉 예술은, 하이데거의 생각처럼, 잊혀져 온 세계의 실험적 개방이나 형성에 수반되는 어떤 것이 아니다. 들뢰즈는 우리의 현실 세계를 하나의 '영토'라 보았다. 즉 우리는 재인의 습관적 관계들에 따라 말하고 본다. 우리는 우리가 말하는 것을, 우리 고유의 일정하고 자기-영구화하는 리듬의 관점에서 조우하는 것과 결부시킨다.

명제는 두 가지 의미에서 주어[주체]와 결합되어 있다. 다시 말해 우리는 세계를 하나의 주어(하나의 중성적인 x)로서 보고 그것에 대해 비로소 다양한 방식으로 서술한다('s는 p이다'). 그러나 우리가 공유되고 비교 가능한 질들 또는 술어들에 의하여 한 시각적 체험을 다른 것에 귀착시키면서 자신의 세계를 서술하는 안정된 시점으로서 행동하는 한, 우리는 주체[주어]들이다. 우리는 세계를 완전하고 매개되지 않은 비인칭적 혼돈으로서 살지 않는다. 즉 우리는 혼돈 안에서 자신의 길을 방향 짓는 한에서 살 뿐이다. 그러나 들뢰즈는——하나같이 우리의 삶을 시간화와 공간화의 역능들을 연장함으로써 시작하는—— 예술과 과학과 철학이 사유함의 관습적 정향을 넘어서는 능력을 강조한다. 철학은 개념들을 창조하며, 그 개념들은 우리가 우리 삶의 정향이나 지도,[31] 또는 영토화를 사유함에 있어 세계에 대한 우리의 관습적 관계에 입각해서가 아니라 정향 자체, 사유의 순수한 관계들을 사유하게 해준다. 예를 들어 만일에 우리가 시간과 공간을 통하여 한 사물을 다른 사물에 비유함으로써 삶을 살아간다면, 철학은 '동일성'과 같이 우리가 그 과정을 사유하도록 해주는 개념들을 창조할 수 있다. 들뢰즈는 우리가 그러한 과정들을 과정들로서 사유할 때 비로소 철학을 하고 있다는 것이라고 여긴다. 즉 우리는 단순히 'x는 y와 같다'고 말함으로써 동일성을 설명해서는 안 되고, 한 질이나 유사성 또는 의미를 시간을 통해 운반할 수 있는 정신의 운동을 이해하려고 해야 한다. 사유함(혹은 예술, 과학과 더불어 사유함의 한 양식인 철학)은 실천을 버리고 하나의 실천을 가능하게 만드는 구조 또는 형식을 파악한다. 즉 우리는 예컨대 우리가 의미의 어떤 역능, 모든 고립된 경험을 다른 변이작용 하에서라면 어떠하였으리라는 관점에서 사유하는 능력을 가질 때 비로소 한 사물을 다른 것에 비할 수 있다. 그러므로 철학은 습관과 관습으로부터 우리가 사유함의 잠재적 역능들, 사유가 할 수 있는 것, 관계들을 창조하는 그 역능에 눈뜨게 한다.

이와는 대조적으로 의견은 체험된 세계와 우리의 반응 사이에 습관적 관계들을 창조한다. 즉 우리는 법정 드라마를 보고 '정의'에 대해 생각한다. 또 우리[서구인]는 서구인의 흰 얼굴을 보고 '인류'를 생각한다. 즉 우리는 감각작용에서 일반성들로 곧장 이행한다. 예술은 이미지와 의견 사이의 이러한 연결고리를 탈영토화한다. 얼굴의 하양——비매개적으로 자기 또는 내면성으로 일반화되는 하양——은 할리우드 영화의 '주체'에 있어 너무도 중심적인 것으로, 소름끼치는, 혹은 유령과 같은 탈인간성의 기호가 될 수 있다. 데이비드 린치David

Lynch의 「로스트 하이웨이」 *Lost Highway*(1997)에서는 낯선 두려움*을 불러일으키는 방문객이 칵테일 파티장에 들어서서 주인공에게 자신이 바로 그 시각에 주인공의 집에 있음을 알려준다. 흰색으로 칠해진 그의 얼굴은 하나의 색채인 동시에 가면이기도 한 하양을 현시하고 있다. 방문객은 주인공에게 자신에게 전화해 달라고 요청하고, 주인공이 집으로 전화를 하자 그곳에 침묵하고 서 있던 동일한 인물이 또한 [주인공의] 집에서 전화에 응답한다. 이 장면은 우리에게 시간-이미지를 줄 뿐 아니라——그 유령 같은 인물은 파티에 현전하는 동시에 집에서 [주인공이] 휴대폰으로 건 전화에 답을 하고 있기도 하기 때문에——감정과 지각의 습관적인 연합을 바꾸어 버린다. 얼굴의 하양은 탈인간적이고, 유령 같으며 비실재적인 것으로, 구성면으로부터——우리의 세계를 구성하는 감각작용들과 감정들을——선별하는 한 세기 동안의 영화 예술에 反하여 작동한다. 그 대신 그 하양은 그 재료들을 그것들이 홀로 서게 해주는 방식, 그것들의 습관적이고 비사유적인 unthinking 연계로부터 해방시키는 방식으로 재구성한다.

　　예술이 구성면으로부터 선별할 수 있는 것은 오로지 그것이 더 이상 세계를 인간적인 의견의 관점에서 보지 않을 때 가능하다. 즉 예술

---

* 프로이트의 용어이자 이를 다룬 논문의 제목이기도 한 'das Unheimliche'는 영어로 'uncanny'라 번역되지만 사실상 번역 불가능한 용어라 할 수 있다. uncanny가 어떤 대상에게 받게 되는 섬뜩하고 무시무시한 인상을 나타내고 있다면 독일어 원어는 낯섦이라는 그 인상의 원인을 담지하고 있다. 그것은 원래 친숙한 어떤 대상이 낯설게 다가올 때 발생하는 감정이다. 한국에서 출간된 프로이트 전집에서는 이 논문과 용어를 '낯선 두려움'이라고 옮기고 있지만, 원어의 함의를 충분히 표현했다고 말하기엔 역시 부족해 보인다. 그럼에도 불구하고, 「로스트 하이웨이」에서 주인공의 공포와 분노의 대상이었던 인물이 결말에서 주인공 자신의 분열된 자아임이 드러난다는 점에서 단순히 '섬뜩하다'보다는 '낯선 두려움' 쪽을 택했다.

은 의견의 이미지들을 탈영토화하고 구성면을 불러냄으로써 다른 질
서를 부여하거나 재구성한다(재영토화). 들뢰즈·가타리의 핵심적인
관점은 이것이 '한 층 높은 단계의 탈영토화' 라는 것이다. 우리가 색
채를 그 의견 지어진 규칙성으로부터 떼어 낼 수 있다면, 그때 우리는
색채 혹은 감각작용 자체의 역능들을 사유하게 된다. 우리는 영토——
감정이 의견에 결부되어 있는 곳에서 인간 또는 주체성으로서의 하
양——로부터 탈영토화——색채, 감각작용으로서의 하양——로, 재영
토화로 간다. 그것은 (사이 톰블리의 회화에서와 같은) 구성되고, 프레
임화되고, 캔버스 위에 배치된 하양, (린치의 「로스트 하이웨이」에서와
같은) 물감, 가면, 위장자로서의 하양이다. 그러므로 모든 생명이 탈영
토화라면[32]——왜냐하면 '하양' 의 현실적 일어남을 넘어서는 어떤 질
을 취하고 그것을 하나의 일반적 연장으로 당연시하는 역능이 없었다
면 우리는 인류를 '하양' 으로 사유하지 않을 것이기 때문에——'보다
높은 단계의 탈영토화' 는 예술이 하나의 질을 어떤 일반성을 넘어서
서 연장하는 이러한 역능을 취할 때 일어날 수 있다. 하양은 더 이상
어떤 것의 기호이거나 상징이 아니라 지각적 역능 또는 포텐셜이며,
그로부터 지각된 사물들의 한 세계가 출현한다. 무한한 것은 어떠한
질, 어떠한 감각작용도 그것이 무엇이든 보여지고, 현실화되고, 생성
하는 역능이다.

지각들과 감정들로 이루어진 복합적 감각작용은 지배적인 감각작용
과 감응을 하나의 자연적, 역사적, 사회적 환경 내에서 접합하는 의견
의 체계를 탈영토화한다. 그러나 복합적 감각작용은 구성면 위에서

재영토화되는데, 이는 그것이 자신의 집들을 세우기 때문이며, 그것이 자신의 구성요소들, 즉 순수 지각들이 된 풍경들, 순수 감정들이 된 인물들을 둘러싸고 연동된 프레임들, 즉 결합된 단편들 내에서 출현하기 때문이다. 동시에 구성면은 보다 높은 탈영토화 안에서 감각작용을 수반하는 가운데, 그것을 개방하고 그것을 부수어 무한한 우주로 열어 놓는 일종의 탈프레임화를 통해 감각작용이 흘러가도록 한다. …… 아마도 예술의 독자성은 〔예술이〕 무한한 것을 재발견하고 복원하기 위해 유한한 것을 통과해 간다는 데 있을 것이다.[33)]

들뢰즈가 영화에 관한 자신의 책에서 구체적인 형식 기법들이 사유의 새로운 이미지들과 관계들을 어떻게 가능하게 하는지를 분석한 것처럼, 들뢰즈·가타리는 『철학이란 무엇인가?』에서 예술이 감정들과 지각들의 창조라는 그들의 정의를 이용해 예술의 역사에서 매우 특수한 차이들을 탐구한다. 그들이 형식주의적 접근과 역사주의적 접근의 대립을 극복한 것은 이런 점에서이다. 그들은 하나의 예술 작품이 언제나 어떤 문맥, 즉 역사적이고 문화적인 일단의 조건들과 관계들로부터 출현함을 인정한다. 그러나 그들은 또한 그 작품이 그러한 관계들로 환원될 수 있는 것도, 그러한 관계들의 관점에서 가장 잘 이해되는 것도 아니라고 주장한다. 예술은 필연적으로 관계들의 재배치 혹은 새로운 세계나 문맥을 여는 능력이다. 들뢰즈는 이 지점에서 다시 한 번 생기론이나 역사주의 혹은 생철학과 차이를 드러내는데, 왜냐하면 그가 언제나 생명의 잠재력 자체를 변환시키고 재-창조하는——예술 작품과 같은——생명의 특정한 사건들이 있음을 주장하기 때문이다.

예술은 생명에 내재하는 특정한 가능성들로부터 출현하는 것이 아니다——말하자면 우리가 말하거나 그리고, 노래하고, 혹은 움직일 수 있는 가능성에서 출현하는 것이 아니라, 특정한 예술 작품들이 가능성들을 창조하는 것이다. 어쩌면 우리가 참으로 사유하기에 이르는 것은 '우리가'——아마도 되는 대로——어떤 예술 작품을 창조해 왔기 때문에 비로소 가능한 일이다. 물감이 캔버스 위에 뿌려진다. 이때 비로소 '우리는' 이것이 무슨 의미인지를 물을 수 있고, 그러는 가운데 예술적으로 사유하는 어떤 주체를 창조할 수 있다. 들뢰즈는 그때, 어떤 주체가 있어 그 삶의 궤적이 외적 창조 속에 그 자신을 표현하는 것이 아니라고 본다. 그의 표현주의는 이와는 반대된다. 다시 말해 표현들——사건들, 접속들, 창조들, 통접들——이 있고, 이로부터 상대적인 주관적 안정성의 지점들이 초래된다. 우리는 어떤 우연한 조우들——이를테면 문학이나 조각, 회화, 또는 영화의 기술들을 발전시키는 어떤 사회적 환경——을 통해 예술의 관람객이 되고 창조자가 된다. 예술이 특수한 유형의 표현으로서 출현하는 것은 이러한 우연한 조우에서이다——그것은 생생한 표현을 기다리고 있는 어떤 필연적인 포텐셜로서 실존해서 생명은 단지 이미 주어진 가능성들을 펼치기만 하는 그런 것이 아니다. 우리는 주체로서 먼저 실존하고 비로소 우리 자신을 표현하는 것이 아니다. 오히려 생명이 그리기, 글쓰기, 말하기, 움직이기, 조각하기, 짓기, 춤추기와 같은 표현의 특정한 양태들을 생산하며, 각각의 표현 스타일은 그 고유한 주체를 생산한다. 그 특수한 표현에 우선하는 균일화된 삶이나 주체는 없다.

들뢰즈의 철학에 생명으로부터 사유의 스타일들의 출현을 설명하려는 경향이 있다면 이것은 가타리와의 합작에서 보다 강화된다. 가타리의 경력은 욕망의 종합들이 어떻게 재배치될 수 있느냐 하는 실천적인 문제들에 지배되었다.[34] 욕망하는 생명이 쇠락해 가는 통접들을 창조하는 것은 어째서이며, 분석가로서 어떻게 어떤 궁극적인 규범적 삶 혹은 본연의 삶에 호소하지 않고서 그런 삶들을 다룰 수 있는가? 그들의 공저에서 예술 작품은 언제나 욕망하는 생명과 규범들 사이의 관계들을 논하는 데 핵심을 이룬다. 들뢰즈·가타리는 『안티 오이디푸스』에서, 역사가 생명을 예속시키고 종속시키는 특정한 이미지로서 '인간' 또는 '주체'를 생산해 왔다면, 예술은 새로운 동일화나 새로운 감정, 또는 역逆-현실화를 창조한다고 주장했다——그리하여 하나의 이미지('인간')를 생산한 잠재적 경향들에 의존하여 다른 이미지들을 생산할 수 있다고 주장했다. 『철학이란 무엇인가?』에서 표준적인 예술사의 관찰——관점perspective의 '탄생'——에 대해 논할 때 그들은 예술의 역사를 그것이 인간 본성에서 단순히 출현했다는 관념에서 떼어 놓는 세 가지 결정적인 점들을 분명히 한다.

첫째, 들뢰즈·가타리의 논의는 구성면을 다루는 것으로서의 예술이라는 생각에서 출발한다. 다시 말해 우리는 어떻게 우리가 대면하는 혼돈스러운 감정들 속에서 우리 자신을 정향하여 단순히 경직되고 습관적인 클리셰들을 반복하지 않게 할 수 있는가? 살기 위해서 우리는 어떤 질서나 최소한의 '영토화' 또는 주체성을 필요로 한다. 그러나 우리는 어느 정도의 창조나 새로움도 필요로 한다. 어떠한 자극도 어떠한 상호작용도 없이 절대적으로 자신 안에 존속하는 살아 있는 존재는 살아 있는 존재가 아닐 것이지만, 모든 차이에 대한 순수하고 절대적인 개방성은 살아 있는 존재를 산출하지 않을 것이고, 최소한 안정된, 동일화 가능한 어떤 형식을 허용하지 않을 것이다. 그들은 예술이 감각작용에 대하여 작업한다고 주장한다. 즉 예술은 일상의 신체, 즉 실제적인 지각작용과는 달리 하나의 행동하는, 또는 관심적인 신체 주변에 지각작용을 펼쳐 놓지 않는다. 예술가는 재료——물감, 캔버스, 점토, 석고, 음향, 선, 단어들, 리듬들——를 사용해 감각작용을 해방한다. "감각작용은 다른 질서에 속하며 물질이 존속되는 한 그 자체 안에 하나의 실존을 소유한다."[35]

둘째, 철학·예술·과학이 본질적으로 상이한 경향들을 가짐을——그리하여 우리는 예술의 모든 구성요소들에서 단지 예술을 예술로 만드는 것을 식별할 수 있음을——강조함에도 불구하고, 들뢰즈·가타리는 또한 예술의 역사를 형성한다. 이것은 그들의 합작에서 가장 복합적인 측면일 수 있으며, 『안티 오이디푸스』에서, 그리고 또한 정치적 관계들로부터 생산된 '인간성'을 극복하는 역능을 성취하는 '뇌'에 대한 그들의 최종 성찰들에서 그들의 정치적 삶의 역사에 공명한다. 예술사의 경우에 그들은 본연의 형식(이를테면 사실주의적 재현)이 있어 그것을 향해 예술이 진보해 나가고, 기법은 생명의 점증하는 참된 비전을 싣는 수단이 된다고 보는 목적론적 발전을 기술하지 않는다. 그러나 역사가 한 형식에 다른 형식이 이어지는 임의적 연쇄인 것도 아니다. 역사는 지속의 한 스타일이다. 즉 매번의 변이 mutation가 현실화될 수도, 그렇지 않을 수도 있는 변화를 향한 앞길을 열어 준다(말하자면 철학의 역사에는 취해지지 않은 기회들이 있었다——그리고 이것이 들뢰즈가 스피노자와 라이프니츠와 같은 작가들에게로 돌아가 철학을 다르게 상상할 수 있을지를 살펴보는 이유이다). 미래는 단계를 밟아 당도하는 것이 아니고 질적이고 비가역적인 운동이 있으며, '진보'는 단지 생명의 모든 경향이, 그것이 어떤 것이든 자기-변별화의 힘 속에서 겪는 투쟁일 뿐이다. "예술에 진보가 있다면 그것은 예술이 그토록 많은 우회들, 귀환들, 분할선들, 수준과 규모의 변화들과 마찬가지로 새로운 지각들과 감정들을 창조함으로써만 살 수 있기 때문이다."[36] 그렇다면 예술의 미래는, 이를테면 투시도법*에 의한 사실주의에 의해 마침내 성취될 수 있을, 실재의 재현과 같은 어떤 초월적 규범에 대한 참조로 예견될 수 있는 것이 아니다. 경험의 구조를 포착한 모더니즘이나 모든 내용으로부터 그 자체를 해방시켜 순수하게 자기-반영적이 된 아방가르드도 예술 일반의 범례들이 될 수 없다. 진보와 미래성은 차이의 획득이며, 최대한의 차이를 획득하는 기법들을 위한 능력이다. 그렇게 볼 때, 우리는 어떠한 시대에 대해서든 그 시대의 현대성——이를테면 바로크의 규범 내에서 인벤션을 창조한 바흐의 천재성——을 평가할 수 있다. 또한 우리는 그[차이를 획득하는 기법]들의 창안 능력에 새로운 형식들을 부과할 수 있을 것이다. 이를테면 서간체 운문이 운동성이 적은 문학 장르였을 때 엄청난 변이의 역사를 연 소설이 그렇다. 르코르뷔지에Le Corbusier가 현대 건축에

---

* perspective는 일반적으로 '관점'을 뜻하지만 여기서 이 말은 서양 미술사의 거대한 화두인 '투시도법'의 성취와 이를 통해 획득된 사실주의적 재현의 규범이라는 문제를 함의하고 있다. 주지하다시피 '관점'과 '투시도법'은 서로 긴밀히 연관된 두 개념이다. 15세기 이래로 서양 근대 미술사를 지배한 투시도법은 (소실점으로 수렴되는) 부동의 초월적 관점 하나를 상정한다는 점에서 쉴 새 없이 움직이는 두 개의 구체球體[인간의 눈]가 만들어 내는 인간의 시각 경험을 추상화하는 기법으로 설명되어 왔다. 이 문제에 관한 고전적 연구로는 Erwin Panofsky, "Die Perspektive als 'symbolische Form'"이 있다.

수많은 유산과 잠재력들을 열었다면, 베르나르 추미Bernard Tschumi 는 아직 그만큼의 다양한 이해를 낳지는 않았을지언정 채 현실화되지 않은 미래들과 포텐셜들을 가지고 있다. 비평가의 임무는 적어도 부분 적으로는 한 작품의 잠재력들을 평가하고 진단하는 데 있다. 예술이, 삶의 스냅숏들을 찍어 시간 속에 동일하게 존속하는, 어떤 외적 참조 의 세계를 수립해야 하는 일상의 지각작용과 다르다면, 그것은 예술이 역-현실화——우리가 그로부터 하나의 공통된 외적 세계를 종합한 지 각작용의 힘을 취하고 그것을 감각작용 자체로 현시하는 것이기 때문 이다. 예술의 기법이 다양할수록, 역사는 실재에 대해 '인간' 이 거둘 것 으로 가정된 진보적 승리로부터 해방된다. 즉 예술은 탈인간적이거나 후後인간적 혹은 비인칭적 구성면을 성취하는 것으로 보일 수 있다.

셋째로, 그리고 가장 중요하게, 예술의 역사에서 가장 비평적인 점들 가운데 하나에 대한 들뢰즈·가타리의 논의는 구성면에 대한 그 들의 천착이 어떻게 작동하는지, 그리고 구성으로서의 예술이 어떻게 (이미 실존하는 어떤 실재나 표현의 규범 대신) 관계들을 창조하는지를 보여 준다. 우선 들뢰즈·가타리는 기법적 과정들이 구성면에 종속되 어 있다고 주장한다. 예술은 기법의 완성이 아니다. 기법은 오직, 재료 에 의존하지만 재료로 환원 불가능한 감각작용을 해방시키기 위해 존 재하기 때문이다.[37] 다시 한 번 우리는 이것이 예술을 단순한 물질로 환원하는 동시에 재료를 매개할 여하한 형식으로서 기법을 버리는 특 정하고, 지배적인 '포스트모던' 의 기획들을 배제하는 듯이 보인다는 점을 지적할 수 있을 것이다. 기법의 면과 구성의 면 사이의 관계를 정 리하기 위해서 들뢰즈·가타리는 투시도법이라는 기법이 재료를 다루는 또 한 가지 방식임을 주장한다. 여기서 들뢰즈가 영화 책들에서 보여 준 시간과 공간의 역사와 『철학이란 무엇인가?』에서 언급한 예술의 역사를 비교해 볼 수 있다. 두 경우 모두에 있어서 혼돈을 조직화하거나 안정화하는 상이한 방식들이 서로 구별되고, 그리하여 우리는 역사적 단계들이 있다고, 그러나 그 단계들은 단순히 정도의 진보들이라기보다는 경험을 구성하는 관계들의 스타일 자체의 극적 변환이라고 말할 수 있다. 투시도법 이전과 이후에 대한 들뢰즈·가타리의 설명은 투시도법이 참된 재현에 더 낫고 불가피한 것으로서 발견되었다는 주장이 아니다. 그러나 그들은 역사에서 어떤 변화들은 실로 독특한 것임을 주장한다. 다시 말해 여러 변화들 가운데 그저 하나가 아니라, 미래의 변화의 포텐셜들을 급진적으로 이동시키는 변화들이 있다. 그들은 투시도법의 초기 미술사적 단계를 〔지각작용이 아닌 감각작용에 집중하게 되는 이후 단계와〕 구별한다. 초기 단계에는 캔버스에 〔백묵으로〕 소묘를 한 후, 그 위에 〔물감으로〕 윤곽선과 색채를 추가했으며, 이모든 것이 재료 자체의 강렬함을 은폐함으로써 하나의 초월적 세계를 열도록 하기 위해 이루어졌다. 캔버스는 배경이고——음향들이 음색의 진행에 따라 조직화되는 음악처럼——재료들은 특정한 공간의 감각작용을 창조하는 데 기여한다. 그들은 예술이 여전히 재현이나 모방이 아니며, 그림 그 자체의 것이 아닌 어떤 감각작용의 창조를 목적으로 한다고 주장한다. "예술은 결국 재현될 사물이 아니라, 투사의 패러다임적 성격과 투시도법의 '상징적' 성격에 표현된 초월의 유사類似를 향유한다."[38] 그러나 나중에 배경은 단순히 그 위에 윤곽이 그려지고 형태가 만들어지기 위해 있는 것이 아니라, 그 고유의 생명을 취하게 된다. 그리하여 작품의 '건축' 혹은 그것의 관계들이 색채·음향·질감·작품의 빛 자체로부터 출현한다.[39] 가장 단순하게 보면 우리는 르네상스 회화가 재료를 사용해 공간 안에서 빛의 다양한 각도들, 신체 위에 떨어지는 빛의 그림자들, 윤곽 지어진 형태 주변 배경에서 공간의 깊이나 질감의 체험을 창조하는 방식의 차이를 생각할 수 있다. 이와는 대조적으로 근대의 예술 작품은 그 재료를 가지고 감각작용을 창조하는 것이 아니라——그러니까 C장조로 긍정의 감정을 창조하면서 결단을 가지고 교향곡을 작곡하는 것이 아니라——감각작용 그 자체를 가지고 작업한다. "두번째 경우에 재료에서 실현되는 것은 더 이상 지각작용이 아니라 감각작용이 되어 가는 재료이다."[40] 예를 들어 피에르 불레즈Pierre Boulez의 작품들은 상호 작용하는 관계들 안에서 음색의 색채들을 탐구하되,——베토벤처럼——더블리드 악기들이 목가적 감정을, 트럼본은 악마적인 감정을 창조한다는 관념을 가지고 작업하지는 않는다. 요점은 들뢰즈·가타리가 이러한 차이를 이용하는 방식이다. 그들은 이를테면 물감의 두께와 같은 재료가 (말 그대로) 영속하지도, 형태의 명료함과 영구성을 지켜 주지도 않기 때문에 예술이 이 두번째 단계와 더불어 퇴락한다는 생각을 거부하는 데서 그치지 않는다. 그들은 또한 예술 작품과 그것의 감각작용에 대한 관계, 감각작용을 변형하는 그것의 역능 사이에서 생산된 관계들의 차이를 상술한다." 첫번째 경우에 감각작용은 재료 안에서 실현되고 이 실현의 외부에 실존하지 않는다."[41] 가장 단순하게, 명료한 선들의 투시도법적 회화가 (명료하게 기술하는 사실주의 소설과 같이) 그 고유의 세계를 창조한다고 말할 수 있을 것이다. 즉 그것은 어떤 외부의 세계를 참조하지 않음에도 불구하고 감각작용의 관계를 창조한다. 거기서 감각작용은 어떤 것의, 어떤 깊이의 감각작용이다. 이러한 기술적 성취와 더불어 예술은 그것의 기법적인 면을 통해 그 고유한 면으로부터의 초월 또는 외부를 수립했다. 그러나 이렇게 창조된 세계는 보다 높은 세계 또는 종교를 초월한 것이 아니다. 실로, 예술은 이 세계를 부정하는 생명을-부정하는 정신적 경향에 직접 대립한다. "예술의 감각적 초월은 종교의 초감각적 초월에 대한 숨겨진 대립 혹은 열린 대립으로 진입한다."[42]

고유한 깊이 또는 외부를 생산하려는 이러한 경향은 이미 예술이 그 자체를 더 멀리 가져갈 수 있는 포텐셜을 제공한다. 즉 예술이 감각작용을 재현에서 ——감각작용들을 오직 어떤 '너머'의 기호들에 종속시키는 재현들과 더불어 ——해방하는 기법들 혹은 재료들의 역능이라면, 이러한 역능은 재료가 "감각작용이 되어 갈" 때 극대화된다. 우리는 일상의 실천적 지각작용이 감각작용을 하나의 질서 지어진 세계, 알 수 있고 다룰 수 있으며 예견 가능한 세계의 표상으로 환원하는 것을 볼 수 있다. 투시도법적 예술이 다른 세계와 공간들을 창조할 때, 그것은 이미 다른 상징화된 감각작용에 현시된 것 너머로 감각작용을 개방한다. 그것은 정물의 다양한 표면들로부터 비껴 나가는 것으로 현시된 빛, 베토벤의 6번 교향곡에서 전원적 장면을 여는 음향들을 넘어서는 것이다. 예술이 더 이상 감각작용을 창조하는 재료로 사용되지 않고, 재료 자체가 감각작용으로 나서도록 해주는 것일 때, 우리는 어떤 존재의 감각작용으로서의 감각작용과 구별되는 예술의 역능을 더 멀리 연장한다. 들뢰즈가 『차이와 반복』에서 사용한 표현을 빌자면, 우리는 존재의 감성에서 감각 가능한 것의 존재로 이행할 것이다. 기법은 이제 구성 자체로 견인되며, 예술 작품의 색채, 빛, 형태, 선은 "어떠한 투시도법 혹은 깊이에도 구애되지 않는 두께를 창조한다."[43] 이 두께는 문자적이지 않다, 혹은 문자적이기만 — 단지 물감 위에 겹쳐진 물감, 색채 위의 색채의 깊이이기만 — 하지 않다. 왜냐하면 그것이 또한 하나의 잠재적 차원을 창조하기 때문이다. 이것은 예술이 재현과 참조와 맺는 모든 관계를 상실할 때, 예술이 재료를 감각작용들로서 조작할 때 일어난다. 물감의 역능은 색채의 모든 포텐셜들을 조명하는 것일 것이고, 그럼으로써 우리는 여기 있는 이 빨강만이 아니라 감각작용으로서의 빨강이 할 수 있는 것, 부정형 혹은 '빨강이기……'로서의 빨강을 보게 된다. "회화는 사유이다. 다시 말해 비전은 사유를 통하며, 눈은 그것이 듣는 것 이상으로 사유한다."[44] 예술이 사유함이라면, 하지만 철학의 개념들과는 다른 사유함이라면, 그것은 예술이 어떤 외적 실재성을 충실히 따르기 때문도, 그것이 실재를 정복하기 때문도 아니며, 다만 — 그 역능의 정점에 있는 생명과 같이 — 예술이 세계들을 열어젖히기 때문이다. "그렇다면 사유하는 것은 사유를 위한 음식을 창조하는 것이다."[45] 우리는 있는 그대로의 세계를 부여받지도, 우리의 관심을 반영하거나 그것에 종사하는 것으로 부여받지도 않는다. 차이에 대한 그것의 포텐셜 속에서 부여받는다.

그만큼 많은 면들이나 우주들, 저자들, 심지어 작품들이 있지 않은가? 사실 우주들은 서로 동일한 예술에서만큼이나 이러저러한 예술들에서도 서로 도출되거나 포착의 관계들로 진입하며, 어떠한 파생에도 얽매이지 않고, 더 이상 공간과 시간의 것이 아닌 질적 거리들에

따라 그 자체를 성운들 혹은 상이한 항성 체계들로 흩뿌리면서 우주의 성좌들을 형성한다.[46]

아마도 들뢰즈·가타리가 이 '두께'가 문학과 음악을 포함하는 모든 예술을 규정한다고 주장하는 방식에 주목한다면 시간적인 것도 공간적인 것도 아닌 거리의 개념을 가장 잘 이해할 수 있을 것이다.

단어들과 구문이 구성면으로 상승하여 그것을 관점으로 가져가는 일을 수행하는 대신 그것을 비우는 것은 현대 문학의 특징이다. 또한 음조·평균율·반음계를 강제하는 투사작용과 관점들을 포기함으로써 음향의 면에 독특한 두께를 부여하는 것은 현대 음악의 특징이다. 이는 매우 다양한 요소들을 통해 입증된다.[47]

차이화하는 역능, 관계들 또는 시간·공간·색채·음향의, 사유함·운동의 차이들을 포함하는, 펼쳐진 차이들을 생산하는 역능이 있다면 특수하게 공간적인 예술들——또는 심지어 철학의 내재면——만이 있을 수 있다.

그렇다면, 보다 높은 탈영토화는 우리가 등질화된 시간에 길들여져 온——말하자면 빨강이 '멈춤'을 의미하거나 노랑이 '질투'를 뜻하는——감각작용들을 해방할 때, 그리고 그러한 감각작용들이 '빨강이기…' 또는 '노랑이기…'의 역능이나 포텐셜들이 될 때, 혹은 색채 자체가 그 고유의 차이 속에서 주어질 때만 일어나지 않는다. 보다 높은 탈영토화는 우리에게 감각 가능한 차이와 감각작용을 통한 사유의 차이를 제시한다. 예술은 **사유함**, 즉 감각작용 안에서 차이를 생산함에 있어 사유함의 특수한 스타일이다. 마치 철학이 개념들을 통해 차이를 생산함에 있어 사유함이듯이 말이다. 우리는 순수한 개념이 창조된 후에 비로소 다르게 사유하고 산다. 그것은 마치 우리가 사건 이후에 한 예술 작품을 다르게 보는——그리고 아마도 봄을 다르게 사유하게 되는——것과 같다.

5_ 정치학과 의미의 기원

생명을 초월하기와 의미의 발생

들뢰즈가 영화에 관한 책들을 통해 이룬 가장 중요한 성취는 동적 생명의 기술적 ─ 눈에서 카메라로 ─ 돌연변이들이 상이한 스타일들, 형태들, 사유의 형식들을 창조했음을 보여 준 데 있다. 그러므로 들뢰즈의 공간적 언어는 언제나 은유를 넘어선다. 다시 말해 신체들 사이의 관계들, 운동들, 정향들, 접속들이 사유함의 지도들을 생산한다. 대상화된 세계의 정복과 전용에로 정향되어 있는 인간 신체의 감각 기구들로부터 이미지들을 해방함으로써 영화 이미지는 사유 안에 새로운 거리를 연다. 즉 그것은 현실적이고 위치 지어지고 현시된 이미지가 그것의 잠재적이고 포텐셜하고 영원한 분신double과 나란히 실존하도록 해준다. 『차이와 반복』에서 들뢰즈는 철학이 하나의 사유 이미지에 의해 지배되어 왔다고 주장한 바 있다. 다시 말해 합리적 정신의 형상은 그것이 받아들이는 감각작용들을 종합하여 하나의 안정적인 대상을 구성하도록 하고, 그 행위들이 타인들의 정신들과 조화를 이루어

양-식과 상-식을 갖춘 '인간'이 되게 한다. 정말로 이러한 조직하는 이미지 없이 이미지들 자체의 종합을 고려한다면 우리는 어떤 불일치하는 주체를 고려해야 할 것이다. 사유하는 자아는 없고, 의지되지 않은 사건으로서 일어나고 단일한 장소나 발생으로 환원될 수 없는 사유함이 있게 될 것이다. 합리적이고 상상적인 종합들은 분기할 것이다. 즉 우리가 느끼는 예술의 세계는 우리가 사유하는 개념들의 세계로 환원될 수 없고, 우리가 기능적으로 전개하는 과학의 세계에 직접 일치하지도 않을 것이다.

사유가 그 자체에 대해 가지고 있는 이미지에 따라 변이할──우리가 오늘 특정한 방식으로 사유하는 것은 우리가 사유함의 장소로서 정신 또는 뇌라는 이미지를 가지고 있기 때문이라는──가능성을 받아들인다면 우리는 또한 『차이와 반복』에서 선언된 '이미지 없는' 사유의 가능성 또한 고려할 수 있다. 이것은 두 권의 『시네마』에서 매우 구체적으로 접근되는데, 이 책들에서 이미지들은 바라보는 주체로부터 해방된다. 그러나 유용성과 '인간'의 기능에서 해방된 사유에 대한 탐구는 그보다 훨씬 이전에 펠릭스 가타리와 공저한 기념비적인 저서 『안티 오이디푸스』(프랑스어판은 1972년, 영어판은 1983년 출간)에서 이미 이루어졌다. 첫째, 들뢰즈가 가타리와 조우하였을 때 어떠한 돌연변이가 일어났는지, 둘째, 이 조우가 20세기 사유의 문제적 지형을 어떤 방식으로 변화시켰는지를 살펴봄으로써 이 저작의 대담함을 얼마간 이해할 수 있을 것이다.

들뢰즈는 『안티 오이디푸스』 이전에 이미 현상학적이고 정신분석학적인 관점 양쪽에서 의미의 기원을 탐구하였으며, 특히 『의미의 논리』(프랑스어로 1969년에 출간)가 그런 시도였다. 생명의 여하한 현재적 측면이 특정한 의미를 가진 것으로 (그러므로 그 현재의 일어남을 넘어서 시간 속에서 동일화 가능한 것으로) 여기게 하는 의미의 체계들 또는 구조들이 있다는 사실을 단순히 받아들이는 대신에, 들뢰즈는 의미의 두 발생〔정적 발생과 동적 발생〕을 개괄했다. 한편으로 현상학에 따르면, 의미는 노에마Noema적 속성의 사건에 의존한다. 다시 말해 우리는 단순히 지각된 구체적인 자료들만을 보는 것이 아니다. 그것을 어떤 것으로서 봄으로써 지각작용은 어떤 것을 봄(단순히 수동적이거나 맹목적으로 수용함이 아니라)으로 정향되어 있는 동시에 현재를 넘어 그 자체를 시간 속에서 지속해 가는 것으로 견인되어 있다.[1] 이 모든 지각작용들은 'x'의 지각작용들이고, 그러므로 봄, 상상함, 기억함, 예견함, 함의 지각적 행동 ——혹은 노에시스Noesis —— 은 지각된 것, 또는 '보여진'·'기억된'·'상상된' 등의 것 ——노에마—— 을 수반한다. 현상학에 의하면 이것은 모든 경험이 의도적인 것임을, 즉 그 자체를 넘어선 것, 다시 말해 초월하는 것이나 초월적인 것으로 견인되었음을 뜻한다. 들뢰즈의 철학은 언제나 현상학의 이러한 측면을 유지했다. 즉 그는 단순히 초월적이거나 '외부의' 세계를 받아들인 것이 아니라, 초월이 어떻게 구성되었는지를 물었다. 그는 의식이 이 세계를 구성했다는 주장에 동의하지 않았지만 초월이 내재성으로부터 출현한다는, 후설이 처음으로 명시한 주장은 지속했다. 즉 내부와 외부, 자기와 세계, 경험되고 체험된 의미의 세계와 체험된 세계의 변별화는 동적인 생명에서 출현하며, 생명을 설명할 수 있을 어떤 기원적인 차이로 받아들여져서는 안 된다. 그러므로 우리는 세계를 단지 체험되고,

감각되고, 경험된 것으로서만 고려해서는 안 된다. 왜냐하면 우리는 경험의 이 관계들이 어떻게 출현했는지를 설명해야 하기 때문이다.

들뢰즈에게, 특히 『의미의 논리』에서, 현실적으로 존재하는 세계와 지각되거나 감각된 것으로서 세계 사이의 차이를 드러나게 하는 의미나 환경은 의식에 의해 설명되지 않는다. 들뢰즈는 여기서 '정적 발생'의 문제를 언급한다. 어떤 철학이든 좋다. 이를테면 두 항들(말하자면 정신과 감각[의미] 정보들)을 참조함으로써 경험을 설명하고 비로소 정신의 이미지가 정보들에 대립되는 것으로서 어떻게 구축되거나 관계되었는지에 주목하는 철학을 살펴보자. 들뢰즈는 그와 같은 관계들은 역설적이거나 요행한 요소에 의해서만 가능할 뿐이라고 답할 것이다.[2] 예를 들어 의식의 경우를 고려해 본다 할 때, 우리는 의식이 어떠한 세계가 어떻게 가능한지를 설명하리라 기대한다. 다시 말해 우리에게 세계는 오직 의식이 있어 시간을 통해 경험들을 접속하고 지각작용들의 정합적인 계열들을, 체험되고 의미 있는 이 세계로서 생산하기 때문에 존재할 수 있다고 여긴다. 비록 의식이 동시에 이 세계의 일부로서, 경험된 것으로서 체험되기도 하지만 말이다. 들뢰즈는 의미가 우리로 하여금 한편으로는 세계를, 다른 한편으로는 경험하는 정신을 상상할 수 있게 해주는 표면일 뿐이라고 주장한다. 즉 그와 같은 이분법이나 도식은 의미의 특정한 분배를 통하여 생산되지만, 만일에 그 도식을 말하려고 하거나 분절하려고 하면 우리는 또 다른 의미를 생산하게 될 뿐, 결코 의미의 기원 자체는 얻지 못한다. 언제나 체험된 세계와 체험하는 세계 사이의 표면이 있으며, 만일에 이 표면을 이해하려고 한다면 우리는 언제나 생명으로부터 의미를 만들게 *making sense of life* 될 것이다. 그러므로 우리는 의미의 의미에 대해 말할 수 없다.

경험의 가능성을 설명하는 어떠한 도식이든 그 자체로 경험 내에서는 완전히 설명 불가능하며, 적어도 하나의 항에서 발생해야 한다고 주장하는 이러한 정적 발생 이외에, 들뢰즈는 또한 '동적 발생'을 언급한다. 의미의 노에마적 표면, 이러저러한 사물의 경험으로서 경험을 생산하는 표면은 어떻게 초래되는가? 들뢰즈는 『의미의 논리』에서 멜라니Melanie Klein 클라인과 자크 라캉을 모두 따른다. 부분대상들 혹은 특정한 부분들의 접속 ── 입과 가슴, 애무하는 손과 팔 ── 을 특권화하려는 신체의 경향 때문에 하나의 좋은 대상이 완전함integrity의 이미지, 최초의 전체-임wholeness 또는 동일성, 존재하는 어떤 것으로서 생산된다. 부분대상의 이 첫 단계는 아직 자기-동일적 주체에 반反하여 설정된 통일된 세계로서 체험되지 않는다. 정합적이고 객관적인 것으로 체험된 세계를 말하고 표상하는 '나'는 오이디푸스 구조를 통해서만 주어진다. 이것은 팔루스가 질서나 법의 형상으로 나타나는 잠재적 신체 일부가 될 때 일어난다.[3] 현상학은 이미 의미를 다른 주체의 세계에 결부시켰다. 다시 말해 이 세계를 시간 속에서 동일한 존재로서, 그리고 실재로서 살아간다는 것은, 또한 이 세계를 타인들을 위해 존재하는 것으로서, 상호 주관적으로 살아감을 의미한다. 이 경험을 어떤 객관적이고 의미 있는 사물의 경험으로 ── 의미를 가진 것으로 ── 본다는 것은 이미 나의 비매개적 지각작용과 감정들을 넘어서는 어떤 세계 혹은 환경을 암시한다. 오이디푸스 콤플렉스는 이러한 합법한 세계의 출현, 또는 동적 발생을 설명하는 한 가지 방식이다. 의미 ── 신체들이 종속되는 어떤 질서의 관념 ── 는 우선 요행하거나 역설적인, 팔루스의 대상으로 나타난다. 왜냐하면 팔루스는 의미를 갖는 신체의 일부라기보다는, 의미가 있다고, 신체들과 관계들의 혼합이 단순히 내가 지금 여기서 보는 것만이 아니라 타인들이 언제나 보는 세계이기도 한 의미의 표현에 의해 부수된다고 신호하는 한 요소이다. 라캉은 팔루스가 성차性差를 가진 인물을 통해 특권화된 잠재적 대상이 되는 방식을 설명한다. 다시 말해 타인의 신체에 대한 최초의 관계는 어머니의 신체에 대한 관계이며, 어머니의 신체로부터의 분리는 상징화에 종속되면서 일어난다. 그러므로 말하는 주체는 상징적 질서의 법을 받아들여야 하는 '그'이다. 즉 그는 오직 그가 그러한 구조 안에서 말하는 한에서만 존재하며, 법 안에서 말하는 '나'가 아닌 '나'는 있을 수 없다. 이와는 대조적으로 여성은 법을 위해 버려진 자이며, 그러므로 그녀는 법을 결여하고 있는 자이다(팔루스는 이러한 결여, 의미의 결여의 기호이다).[4]

이 지점(『의미의 논리』)까지 들뢰즈의 저작들은 대부분 라캉주의 정신분석학과 후기구조주의의 경향들에 일치한다. 라캉 저작의 가장 명료한 업적은 기의가 결여의 오이디푸스적 환상에 결부되어 있다는 생각이다.[5] 하나의 물체적 관계——음식에 대한 신체의 욕구, 입과 가슴의 접속——로부터 다른 신체의 이미지가 욕망을 향한다. 욕구(신체의 본능들)가 요구(나의 욕구에 답해야 하는, 그의 욕망을 내가 호출해야 하는 〔특정한〕 이 타인을 향해 유도된 욕동들)가 될 때 비로소 음식을 제공하는 타인의 신체——가슴, 입, 손 등의 부분대상들을 가진 신체——는 말하는 신체, 말하는 입이 된다.[6] 욕망은 그 자신의 욕구들이 현전하지 않는, 그의 이미지나 세계의 의미가 주어지지 않는 타인의 신체에 대한 이러한 욕구의 투사일 뿐이다. 신체들 간의 관계들은 의미작용의 체계, 결코 완전히 주어지지 않고 다만 의미가 있다고 하는 법의 이미지를 통해 형상화되는 한 체계에 종속된다. 우리는 결코 의미 자체를 말할 수 없기 때문이다. 즉 욕망은 언제나 의미작용의 체계를 통하여 흐르고, 결코 그 자체와 하나가 되지 않으며, 그러므로 욕망이 전제해야 하지만 결코 획득하지는 못하는 어떤 현전 주변을 영원히 순환할 것을 강요받는다. 그러므로 라캉은 오이디푸스적 장면을 의미에 대하여 있는subtend 환상으로 제시한다. 다시 말해 우리는 의미작용에 종속되어 있고, 의미작용에 대한 그와 같은 종속을 우리 존재에 주어진 외상 또는 상처로서 체험한다. 그러면서 지연된 완전한 향유(체계에 종속되지 않은 한 대상, 한 여인 혹은 '너머')와 그 너머를 금지하는 타자 혹은 법을 모두 상상한다. 성차는 우리가 이 세계를 존재로서, 나를 위해서만이 아니라 타인을 위해서, 그러므로 합법하고 객관적인 실존함으로서 살아가는 방식을 구축하는 하나의 논리 또는 환상적인 공식이다.

후기구조주의, 특히 데리다적 형식의 후기구조주의는 라캉의 오이디푸스적 장면에 대한 반론을 제공하는 것으로 나타났다. 데리다는 정신분석학이 의미의 출현, 차이의 출현 그리고 이 장면의 환상을 어떻게 설명할 수 있는지를 논했다. 그러나 데리다가 주장하듯 정신분석은 그 자체가 이미 한 장면이고 텍스트이다. 그러므로 그것은 모든 이야기에 대한 이야기, 모든 진실에 대한 진실일 수 없다. 우리가 상실된 충만함의 형상과 개입하는 법을 통해 체계에 대한 우리 자신의 종속을 체험한다고 주장함으로써 오이디푸스적 환상을 탈신화화하려는 정신분석학의 시도는 그 자체로 정복이라는 상상적 형상, 즉 체계 자체를 대면하는 분석가, 의미나 진실, 즉 현전이라는 환영 없는 순수한 기의를 취해야 한다. 이러한 정복의 이미지는 진실의 진실 혹은 궁극적 현전이라는 환상을 창조한다.[7]

정신분석학과 후기구조주의의 이 막다른 골목은 최종적인 것인 듯하다. 우리는 모든 문화와 글쓰기를 궁극적 현전의 부재를 의미 있게 만들려는 시도로 읽음으로써 의미에 대한 우리의 환상들을 극복하고 횡단하거나, 아니면 하나의 장면을 정복하려는 모든 시도를 버리고 하나의 장면을 여는 기술적記述的 혹은 텍스트적 메커니즘에 전념한다. 예컨대 라캉의 에드거 앨런 포 해석을 둘러싼 1980년대의 논쟁에서 전형화된 두 가지 스타일의 읽기를 생각해 보자.[8] 라캉은 「도둑맞은 편지」를 하나의 환상적phantasmatic 장면으로 읽었다. 왕비의 외도를 암시하는 편지를 장관이 훔쳐 낸다. 여왕은 탐정인 뒤팽에게 편지를 되찾아 올 것을 청하고, 탐정은 임무를—(경찰이 했던 것처럼) 장관의 거처를 샅샅이 뒤져서가 아니라 장관의 욕망을 읽음으로써— 수행한다. 탐정 뒤팽은 자신이 상황을 장악하고 있다고 생각하는 사람이라면 편지를 어디에 둘지 상상한다. 탐정은 장관이 자기 자신이 경찰보다 영리하다고 생각하고 있으므로 그가 편지를 경찰이 찾아보지 않으리라는 사실을 잘 아는 곳—벽난로 위 잘 보이는 곳에 꺼내어 두었을 것임을 안다. 라캉은 이 이야기로부터 몇 가지 결론을 도출한다. 첫째, 중요한 것은 편지의 내용(그것이 뜻하는 바가)이 아니라, 그것의 위치(누가 그 편지를 가지고 있으며, 누가 그 편지를 가지고 있으리라 간주되는가)이다. 문제는 어떤 것이 무엇을 뜻하는지보다는 누군가가 의미를 찾고 있으며, 누군가가 주어지지 않은 것을 찾고 있다는 사실이다. 둘째, 편지와 우리의 관계는 다른 주체의 욕망들을 읽음으로써 결정된다. 즉 '그 편지가 무엇을 뜻하는가?'가 아니라 '그 다른 사람이 나와 그 편지의 관계를 어떻게 읽느냐?'에 따라 결정된다는 뜻이다. 포의 이야기에서 승자──탐정──는 편지 자체를 찾지 않고 타인들에게 그것이 어디에 있을지를 생각한다. 마지막으로, 편지는 엄격히 말해서 그 자체로 아무것도 아니다. 모든 인물들과 위치들이 그들이 다른 사람들이 어떻게 행동하리라고 상상하는가에 따라 결정된다. 편지는 그 자체로는 힘을 갖지 않는 것으로 남는다. 이 이야기를 읽으면서 라캉은 텍스트가 인간과 기의 사이 관계의 진실을 보여 주는 것으로 여겼다.[9]

　이와는 대조적으로 데리다는 기표에 기대되는 우위를 도구적이라 여김으로써 라캉의 독해에 반응했다. 우리는 이 이야기를 주체들이 의미작용을 통해 서로 관계 맺는 방식에 대한 실례나 특권화된 우의로 읽을 수 없다. 왜냐하면 그것이 그 자체로 하나의 텍스트이고 정복될 수 없는 기표들을 통해 생산되었기 때문이다. 그러므로 데리다는 전 과정을 독해하면서 어떤 장면이 그로부터 열리는 구체적인 텍스트의 자취들에 주목한다. 여기에는 포의 이야기가 진실의 유일무이한 진실 *the* truth을 제공하는 것으로 설명해 줄 정신분석학적 장면이 포함된다. 예컨대 포의 이야기에서 화자의 음성은 이야기를 한 장면 안에 위치시킴으로써 주체들 간에 어떤 유희가 있을 수 있기 '전에' 주체의 위치들을 생산하는 표식이 있었음에 틀림없다고 암시한다. 이를테면 포의 이야기를 전하는 '나'는 이야기된 장면 외부에 하나의 공간과──탐정 뒤팽을 포함하는──인물들을 관찰할 수 있는 하나의 관점을 창조한다. 라캉이 고려하지 못한 것은 이 '글쓰기의 장면', 우리가 결코 벗어나거나 정복할 수 없는 한 장면이다. 라캉은 그 자신이 차지한 정복의 위치가 어떻게 발생되는지를 설명하지도 않고, 또 할 수도 없다.

진실을 지배하는 하나의 위치와 정신분석학이라는 지배 서사에 대한 [라캉의] 이런 단순한 수용은 들뢰즈·가타리의 『안티 오이디푸스』에서 혹독하게 비판된다. 실상 그들은 우리 모두가 우리 존재의 진실을 가지고 있는 타자 또는 아버지-상에 종속될 수 있음을 인정하지만, 우리는 이러한 환상의 역사적이고 정치적인 발생에 대한 설명을 필요로 한다.[10] 들뢰즈·가타리가 불가피하고 보편적인 것으로 보이는 의미작용 체계의 역사적 출현을 추적하고자 한다면, 들뢰즈는 언제나 생명으로부터 기호들의 발생을 추적하자고 주장하고, 데리다는 우리가 언제나 변별적 관계들 내에 있고, 차이를 넘어선 지식의 위치에 우리 자신을 위치시킬 수 없다고, 즉 텍스트의 순수한 외부란 없다고[11] 주장하게 된다. 특권화된 오이디푸스적 장면, 즉 '우리'가 그것을 통하여 체계에 대한 우리의 종속을 체험하는 가정된 상상계에 따라 텍스트를 해석하는 독해 방식과는 대조적으로, 해체는 체계의 불가능성을 노출한다. 한편으로 경험은 그것이 어떤 현전의 드러냄으로 정향되었을 때, 그것이 그 자체를 넘어 존재하는 어떤 것에 유도되었을 때만 의미를 가질 수 있다. 경험은 주어지지 않은 것에 정향된다. 다른 한편, 이러한 현전, 즉 완전한 소여성은 결코 당도할 수 없고, 그것이 효과된 차이생성적 운동으로부터 그 자체를 결코 해방할 수 없다. 그러므로 해체주의적 독해는 어떠한 상상적 장면 '이전에' (그리고 어떠한 '이전'과 '이후' 혹은 어떠한 서사나 어떠한 주체 '이전에') 차이생성적 운동을 긍정한다.[12]

우리는 두 가지 경향들 사이에 사로잡힌 듯하다. 그 하나가 구조에 대한 우리의 종속이 의미의 어떤 시원적 장면(우리가 요구하지만 결코 충족되지 않는 환상화된 향유)을 통해 상상된다는 것을 인식하는 경향이라면, 다른 하나는 유희를 긍정하고 모든 향수나 정복을 거부하는 해체에 의한 이 체계의 이산離散을 긍정하는 경향이다.

상징계와 상상계를 넘어

들뢰즈의 초기 저작은 이미 해체주의와 라캉주의적 경향들 양측과 모두 잘 맞지 않았다. 그가 (『의미의 논리』와 『차이와 반복』에서) 오이디푸스적 장면을 통한 의미의 출현을 기술하기는 했지만 그의 저작을 지배하는 기획은 조직하는 이미지들로부터 사유를 해방하는 것이었다. 실로, 들뢰즈를 따르는 많은 저자들이 오늘날 그의 철학을 지지하는 생물학과 물리학 이론들로 돌아갔음에도 불구하고, 들뢰즈의 기획은 언제나 한 현상의 출현과 그것이 분기하는 포텐셜들을 구별해 왔다. 이 기획은 『차이와 반복』에서 '이미지 없는 사유'로 설정된 목적과 더불어 명료하게 표현되었지만, 또한 그의 베르그손·흄·스피노자 독해의 배경이기도 했다. 그들은 사유의 종합들을 연구해 환영을 향한 내적 경향들을 설명하고 극복했던 철학자들이었다. 나중에 가타리와 조우하면서 들뢰즈는 기의에 대한 21세기의 강박을 정치화하고 라캉주의 정신분석학이라는 이론적 패러다임에 대면한다.[13] 가타리의 저작에 주목해 보면 들뢰즈·가타리가 사유의 지배적인 이미지의 역사를 창조하게 해준 특정한 테마들 ── 기계, 황단성, 분열분석 ── 을 식별할 수 있다.[14] 들뢰즈의 철학적 문제 ── 생명의 변별적 운동들, 접속들, 흐름들(혹은 종합들)이 사유의 중심 이미지에 의해 조직화되어 온 방식들 ── 는 명백한 정치 문제가 되었다. 다시 말해 욕망 또는 생명의 흐름이 어떻게 상실되고 불가능하며 환상적인 대상, 기의에 의해 매개된 현전에 대한 욕망으로서 그 자체를 보고, 상상하게 되었는가? 정치적으로 말해서, 우리는 어떻게 자아라는 어떤 본유 개념, 그것이 먼저 있은 후에 비로소 우발적으로 부패되는 자아에 대한 어떤 본유 개념에 호소하지 않고서 파시즘에 대한 개인의 욕망을 설명할 수 있는가?『안티 오이디푸스』의 주목할 만한 업적은 이 질문에 단순해 보이는 방식으로 답한다는 점이다. 그 답은 자본주의이다.[15]

그러나 들뢰즈·가타리의 오이디푸스적 정신분석학 ── 욕망이 가족의 형식을 취한다고 가정하는 정신분석학 ── 극복은 부르주아 가족이 다른 가족 형태들의 역사 내에 위치된다는 맑스주의 서사를 가정하지 않는다. 훨씬 더 급진적으로, 들뢰즈·가타리는 인칭성 자체의 역사를 쓰고 이 역사를 단지 여러 경제 형식들 가운데 하나가 아니라 모든 생명의 경향, 교환과 잉여 창조를 향한 경향으로서의 자본주의의 역사에 결부시킨다. 협의의 자본주의는 화폐에 의한, 보다 일반적이고 열린 교환의 그물망의 지배이다. 자본주의 그리고 오이디푸스 콤플렉스의 실현은 우발적이지만, 일단 출현하면 그것들은 생명 자체에 대한 읽기를 가능하게 해준다. 들뢰즈·가타리는 단순히 라캉주의 정신분석학이나 후기구조주의에 대립하지 않는다. 그들은 두 가지 운동이 모두 어느 지점까지는 정밀하다고 주장한다. 그러나 '인간'이 자신을 욕망하는 존재로, 그의 관계들이 '유일무이한' 기의의 법칙에 종속되는 그런 존재로 어떻게 인식하게 되는지 그들은 묻는다. 또한 글쓰기 —— 차이의 체계 자체 —— 는 어떻게 생명의 모든 흐름들을 **초코드화**하게 되는가? 우리는 왜 모든 관계들이 텍스트성에 의해 매개된다고 본다거나 우리가 세계를 오직 담론을 통해 알 수 있다고 여기는가? 들뢰즈·가타리는 자본주의가 생명의 특정한 경향들, 즉 스스로를 원래 형성된 관계들로부터 해방시키고자 하는 욕망의 경향(탈영토화)과 그에 나란히 존재하는 관계들의 새로운 체계를 재-형성하려는 경향(재영토화)의 역사에서의 통접이라고 주장한다.

들뢰즈·가타리가 흐름들의 한 역사를 쓸 때 그들은, 수많은 불연속적 변화들 또는 진보들 —— 원시주의에서 봉건 제도로, 자본주의로 —— 과 같이 한 시대가 다른 시대로 이어지도록 하지 않았다. 그러한 시대들은 차라리 생명 안의 포텐셜, 언제나 존속하는, 혹은 다양한 형식들에 '씌이는' 포텐셜의 실현들이다. 자본주의는 사물들의 흐름들을 통제하기 위해 행동하는 전제 군주들을 수반하는 원시적이고 야만적인 사회들에서 물리쳐진 한 포텐셜이다. 유사하게 자본주의 문화에도 원시적이고 야만적인 의고주의가 존재해서, 전제적 환상들 속에 모습을 드러낸다. 들뢰즈·가타리의 역사는 불연속하는 지점들의 계열이라기보다는 하나의 **지속**의 형식을 취한다. 즉 흐르는, 혹은 각각의 우발적 조우와 더불어 다르게 되는 생명을 위한 포텐셜들이다. 자본주의와 부르주아 '인간'이 우리 존재의 진실과 본질로 나타나게 된다면, 그리고 역사적으로 운명 지어진 것으로 나타나게 된다면 이것은 생명에 그러한 형식들을 생산하는, 그리하여 자본주의와 부르주아 '인간'을 그들이 아니라면 가능했을 코뮌적 삶에 대한 침입들로 여겨 탄식할 수 없게 하는 포텐셜이 있기 때문이다. 그러나 그와 같은 형식들은 또한 그 자체에 대한 비평을 가능하게 한다. 들뢰즈·가타리가 직관하고자 하는 바는 바로 이와 같은, 자본을 읽고 식별하는 능력의 우발적 출현이다. 들뢰즈·가타리는 『안티 오이디푸스』를 단순히 생명과 자본 너머로 고양된 어떤 위치로부터 쓰지 않는다. 그들은 생명의 흐름이 어떻게 자본주의와 내재적 비평 양쪽에 모두 이르게 되는지를 설명한다. 그들은 그들 자신의 역사적 위치가 어떻게 출현하는지, 자본주의와 오이디푸스적 인간이 그들 자신의 극복함을 어떻게 가능하게 하는지를 설명한다.

배설물과 화폐

이를 명료하게 만들기 위해 먼저 『안티 오이디푸스』에서 검토된 '흐름들' 가운데 두 가지, 배설물과 화폐를 고찰할 수 있다. 훗날 두 권의 『시네마』에서 화폐에 대한 들뢰즈의 성찰은 영화와 화폐의 대면을 기술한다. 영화의 본질 혹은 경향이, 출현하려는 잠재적 포텐셜을 허용함으로써 현실적 세계를 여는 그것의 포텐셜에 있다면, 이와 대조적으로 화폐는 생명의 유동성과 생성을 공준이 되게 하기 위한 메커니즘이다.[16] 『안티 오이디푸스』에서 들뢰즈·가타리는 인간의 생명이 교환 속에 창시된다는 모든 구조주의적이고 자본주의적인 가정에 이의를 제기함으로써 이러한 화폐의 공준을 보다 설득력 있게 만든다. 여기서 그들이 쓴, 화폐와 배설물 양쪽에 대한 역사는 중요해진다. 화폐는 궁극적으로 사유화를 허용해서, 인간 관계들이 더 이상 외적 권위(전제 군주)에 의해서도, 집단 투여(신체들의 욕망이 특정한 강도나 생명의 흐름을 향하게 되는——부족의 모든 신체들이 음향 혹은 고통의 흐름들을 통해 배치되는 곳)에 의해서도 지배되지 않게 하는 것이다. 그들은 최초의 사유화는 항문에서 일어난다고 주장한다. 우리는 여기서 잠시 멈추고, '인간', 글쓰기, 문명화, 화폐의 발생에 대한 들뢰즈·가타리의 설명이 어느 정도는 신화적이라는——사건 이후에 현재와의 관계를 통해 말해지는 이야기라는——사실을 유념해야 한다. 그것은 하나의 '지질학' 또는 현재의 관계들이 어떻게 분배되어 왔는가를 식별하려는 시도이다. 그러나 그들의 신화는 자본주의적 부르주아의 휴머니즘으로부터 그것의 출현을 허용하는 힘들과 사건들을 직관하는 하나의 능동적 방법이다. 그리고 이것은 과거가 특유한 집중 혹은 분석과 더불어 재부상할 수 있는 환상들, 기억들, 관계들 속에 잠재적인 현전으로 존속하는 것을 가정한다. 그들의 역사는 생명의 지리학, 현재의 영역을 구성하는 힘들의 해부이다. 사유화는 동시대 자본의 동력이고 오이디푸스적 인간의 구조일 수 있지만, 그것은 들뢰즈·가타리가 원시적 사회체라고 부르는 것 안에서 예고되었다.[17]

그들은 욕망이 한 사적 주체의 욕망으로 먼저 시작되고, 그후에 비로소 그가 시장에 들어가 자신의 성과를 획득하기 위해 타인들과 협상하는 것이 아니라고 주장한다. 욕망은 집단적이고 강도적이다. 그러므로 우리는 한 무리의 신체들——원시적 사회체——을 하나의 욕망하는 흐름으로 상상할 수 있다. 그리하여 욕망의 투여들, 혹은 정념에 찬 강도 높은 신체 부분의 고양은 하나의 사회적 무리를 창조한다. 그 것은 이를테면 일제히 그들의 시각이 (어떤 특정한) 이미지를 향하게 하는 눈들, (어떤 특정한) 동물을 기쁨에 차 파괴하도록 움직이고 흐르는 신체들, 음악회에서 (어떤 특정한) 리듬에 맞추어 일제히 움직이고 흐르는 사지들이다. 원시적 팔루스 주변에 모인 신체들은 하나의 영토를 창조하며, 여기에는 '사회적 기계'가 수반되어 욕망, 그것의 안정화 또는 상대적으로 고정된 형태로의 인각의 기록이 된다. 모든 욕망은 그것이 관계들을 창조하고 영토들을 생산하는 한 생산적이다. 욕망하는 기계들은, 특정한 반-생산 또는 욕망의 능동적이고 동적인 흐름들을 취하여 정적이거나 일정한 인각을 형성하려는 운동의 경향을 효과하는 사회적 기계들과 짝지어진다.[18] 예컨대 그 친자 형식filiar form 에서 사회적 기계는 인간 역사와 생성의 사건들을 취하여 이 운동들을 인간성의 역사——동일한 단위('인간')의 계기적이고 진보적인 세대들의 역사로 기록하고 인각한다. 그렇게 함에 있어, 사건들에 하나의 일정한 도식을 추가하면서 나타나는 이러한 기록은 또한 그 사건들의 근원적 힘을 가르친다. 다시 말해 인간의 신체들은 욕망하고 생산적이지만, 그들의 욕망과 생산이 어떤 형식이나 체계에 의해 통제되게 된다면 그 욕망의 한 요소가 사회적 총체성에 의해 견인되거나 굴절된다. 원시적 사회체의 집단 투여들은 과중하게 코드화된 사회적 기계를 허용하지 않지만, 운동들과 관계들이 단일한 단위에 종속되게 되는 코드화 또는 경향을 향한 운동이 있다.[19]

화폐의 역사와 오이디푸스 콤플렉스의 사적이고 가족적인 '인간'

과 화폐의 접속에 관한 역사를 쓰기 위해 들뢰즈·가타리는 포텐셜한 삶의 세 가지 특징들에 초점을 맞춘다. 요컨대 교환이 있기 전에 선물과 절취가 있다는 것, 사적인 '인간'이 있기 전에 집단적 투여와 무리의 환상이 있다는 것, 인칭들의 관계들과 체계들이 있기 전에 '강도 높은 배아적 유입' intense germinal influx, 매개된 형식들로 환원 불가능한 생명이 있다는 것이다. 들뢰즈·가타리가 『안티 오이디푸스』와 『천의 고원』에서 작금의 글쓰기와 의미작용의 지배를 비평할 수 있었던 것은 방금 마지막으로 거론한 강도에 대한 포텐셜 덕분이다. 우리는 이 세 가지 잠세성들을 차례로 다룰 수 있다.

교환, 선물, 절취

선물과 절취에 관한 들뢰즈·가타리의 논의는 또한 부채의 출현, 근대 휴머니즘 안에서 사적이고 내적이고 무한한 것이 된 부채의 출현을 기재하고 있다. 20세기의 구조주의 인류학자 클로드 레비-스트로스 Claude Lévi-Strauss는 문화란 교환에 입각하는 것이라고 주장했다. 즉 우리는 순전한 삶의 비매개성을 버리고 타인들과의 관계들로 진입한다. 이런 주장을 하는 가운데 그는 인간의 삶에 대한, 우선적으로 실용주의적인 개념을 영속시켰다. 다시 말해 그것은 보다 높은 어떤 목적을 위해 동물성과 비매개적 욕망을 떠난 인간 존재들이다. 그리하여 자신의 비매개적 가족 내에 머무는 대신, 그리고 단순한 동물적 삶에 비매개적으로 만족한 채로 있는 대신, 인간은 근친상간을 금하고 다른 가족과의 혼인만을 허용한다. 인간의 삶을 타인과의 협상과 교환으로 몰아간 것은 이러한 금지였다. 그러므로 여성은 교환의 대상이 되고, 사회적 관계는 성적 만족을 자신의 가족 너머에서 찾으라는 요구로부터 효과된다. 이러한 혈족 관계의 교환 속에서 타인은 자신이 스스로 부정한 쾌락에 대한 권리를 가지고 있음을 인정해야 한다. 그러나 이러한 자신의 기쁨의 희생은 상호 교환에 의해 상쇄되는데, 왜냐하면 다른 부족의 여성들을 얻어 향유할 수 있기 때문이다. 이러한 구조주의적 해석에서 인간은 비매개적 욕구를 지연함으로써 타인과 협상을 통해 자신의 욕망을 매개한다. 문화가 개시되는 것은 이러한 매개, 또는 교환을 통한 지연을 통해서이다. 레비-스트로스의 저작은 문화를 어떠한 특수한 내용을 갖는 것이 아니라 다만 협상과 본능의 구조화로서만 나타나는 것으로 기술한 점에서 급진적으로 보이지만, 한편으로 그것은 '인간' 이 '생명' 에서 출현하는 것으로 읽는 19세기 후반의 가정들에 의존하고 있다. 미셸 푸코에 따르면, '인간' 이 생명의 욕구들이 협상, 체계화, 경영을 요구하는 바로 그러한 이유로 생산된 존재로서 이해되게 된 것은 19세기의 일이다. 그러므로 푸코는 구조주의가 휴머니즘과 그것의 특수한 규범과 가치를 극복하는 것으로 보이기는 하지만 여전히 어떤 보편적 구조화를 요구하는, 생명의 어떤 이미지에 천착하고 있다고 주장했다. 실로 근대적 형식의 '인간' 은 그가 정복하고 매개해야만 하는 하나의 삶, 즉 언어와 사회와 노동의 구조들 너머의 숨겨진 힘이었던 하나의 삶과의 관계 이외에는 아무런 특수한 성격이나 본질을 갖지 않았던 초기 휴머니즘과 차이를 갖는다.[20] 그러므로 레비-스트로스의 구조주의는 동기에 있어서 정신분석학, 현상학, 맑스주의와 실존주의의 특정한 형태들과 유사하다. 즉 이 모든 운동들은

'인간'을 단순한 생명 이외의 존재, 비매개적이고 현시적이지 않은 것에 대한 그의 욕망이 그를 모든 적극적positive 존재와 분리시키고, 그로 하여금 예견되고 집단적으로 인식된 인간의 목적을 위하여 현재의 욕망을 지연하는 어떤 구조로 진입하도록 강요하는 존재로 묘사한다. 의식이 부정, 혹은 주어지지 않았거나 비매개적인 것을 위해 행동하는 인간들의 능력을 통해 출현한다고 주장한 헤겔은——들뢰즈와 푸코, 양자 모두에게——철학사에서 결여, 부정, 매개를 사유함의 심장부에 설치한 당사자이다. 레비-스트로스의 인류학을 지배한 교환의 형상은 그런 점에서 이전 시기 생명의 규범적 이미지들로부터 급진적으로 일탈한 것으로 보기 어려운데, 왜냐하면 [레비-스트로스는] 모든 경우에 있어 인간 존재들이 모든 교환이나 관계들을 어떤 사회적 평형의 형식을 창조하는 데 이용한다고 가정하기 때문이다. 다시 말해 우리는 비매개적 욕망을 희생하지만, 그렇게 함으로써 보다 안정적이고 연속적이며 이미 있는 삶을 보장받기 때문이다. 즉 '인간'은 그의 비매개적 욕구들을 연기하지만, 그렇게 함으로써 그 욕구들이 보다 효과적이고 효율적으로 충족되도록 한다. 그럼으로써 우리는 혼돈스럽고 우연적인 동물적 삶의 세계에서 관리되고 예견 가능한 인간적 삶의 세계로, 혼돈스럽고 방향성 없는 단순한 우연의 시간에서 측량되고 계산되는 사회적 시간으로 옮겨간다. 예컨대 교환의 경우에, 우리는 단순한 욕구가 요구하는 것 이상으로 일하거나, 혹은 우리에게 비매개적으로 현시하는 신체들에 대한 욕망을 부정한다——우리는 우리 자신을 단순한 삶으로부터 분리시킨다. 그러나 그럴 때 신체에 대한 욕망의 부정은 우리가 우리의 삶을 보다 큰 효율성과 더불어 살게 해준다. 즉 우리의 추가적인 작업은 교환되거나 더 많은 생산을 산출할 수 있는 잉여를 생산하며, 우리의 지연된 욕망은 사회적 안정성을 허용하는 혼인과 혈족 구조들로 이어진다.

교환에 대한 이러한 특권화에 반하여, 들뢰즈·가타리는 마르셀 모스Marcel Mauss와 니체가 말한 절취와 선물의 비평형disequilibrium을 주장한다. 그들은 니체, 조르주 바타유, 장 주네에 의존해 절취를 설명한다. 다시 말해 우리는 너무나 많은 역능을 가져서 우리 자신을 보존하거나 유지하는——안정된 힘을 유지하는 데 종속되는——대신에 가치나 생산, 유지에 주의를 기울이지 않고 사유없이 폭력적으로 그 자체를 연장하는 에너지를 상상할 수 있다. 선물의 경우, 그들은 마르셀 모스를 끌어들이는데, 그는 인간의 삶이 기능적 교환, 우리가 단지 생명을 안정시키고 유지해 줄 모종의 이득이나 보상을 예견하기 때문에 그토록 많은 에너지를 포기하게 되는 기능적 교환으로는 정의되지 않는다고 주장한다. 선물은 보상을 위한 것이 아니라 에너지의 소비이다. 실로, 힘이란 쓸수록 늘어나는 것이다(예컨대 과시와 축제에 아낌없이 힘을 낭비하면서도, 인정認定에 대해서는 전혀 개의치 않는 군주가 얼마나 많은 권력을 얻는지 생각해 보라. 또 이와는 대조적으로 자본주의가 발렌타인 데이부터 크리스마스까지 선물 시장을 이용하여 보상이나 인정 없이 준다는 것의 이런 잠세성을 사실상 부정하는 방식을 생각해 보라). 들뢰즈·가타리는 인간의 잠세성이 생명에, 그리고 동일함과 평형의 존속에 기여하는 부정의 체계, 거기서 '우리'는 모두 상대를 등가하게 인식하는 체계 속에서 실제로 드러나는지를 묻는다. 아니면 욕망은 초월함이나 생명의 과잉 속에서 더 잘 드러나는가?

이 문제의 핵심에는 어떤 것이 무엇인가를, 그것의 공통되고 반복 가능한, 혹은 통상적인 현현manifestation——일반적인 것——에 주목함으로써가 아니라 그것의 경향들이 극한까지 밀어 붙여졌을 때 어떤 것이 무엇이 될 수 있을지를 물음으로써 이해하려는 들뢰즈 철학의 천착이 있다. 그러므로 우리는 영화들이 통상 어떠한지에 주목함으로써가 아니라, 영화가 할 수 있는 것이 무엇인지, 소설이나 과학 논문들과 다른 영화의 역능이 무엇인지를 물음으로써 영화를 이해할 수 있다. 그리고 우리는 모든 철학 저작들이 공유하는 특징들이 무엇인지——다시금 하나의 일반화——에 주목함으로써가 아니라, 사유함의 어떤 역능이 이 모든 상이하고 이종적인 현현들을 가능하게 하는지를 물음으로써 철학이 무엇인지를 묻는다. 다시 말해 철학이라는 것이 있다면 사유함은 무엇을 할 수 있어야 할지를 묻는 것이다. 『안티 오이디푸스』에서 들뢰즈·가타리는 욕망에 대한 설명을 '인간'이 작금에 어떻게 보이는가 하는 데서 시작하기를 거부한다. 그 대신에 그들은 어떤 역사적 힘들이 당대의 오이디푸스적 인간을 생산했으며, 그 힘들은 어떻게 인간 너머로 연장될 수 있는지를 묻는다.

『안티 오이디푸스』에서 들뢰즈·가타리의 생명의 역사는 생명의 흐름들이 자본과 교환에 포섭되는 방식들을 기술한다. 그 최종 형식에서 '인간'은 노동하는 존재, 그의 힘이 더 이상 **코드화된** 흐름에 투여되거나 신성한 땅이나 무시무시한 군주와 같이 특수한 대상으로 견인되지 않고, 화폐와 노동을 통해 탈코드화되고 탈영토화되는 그런 노동하는 존재가 된다. 처음에 교환을 **코드화**하는 방식으로 시작된 (그리하여 내가 어떤 외부적 가치에 준해 두 가지 비-등가적인 생산물들을 표상할 수 있게 된) 화폐는 자본주의에서 탈코드화의 한 형식이 된다. 다시 말해 화폐의 흐름 자체가 욕망되고, 그것은 더 이상 어떤 추상화된 노동 가치의 양量이 아니다. 가장 단순하게, 생산하는 신체들은 더 이상 한 사람이 사회적 기능과 위치에 일치하게 되는 장소인 그들의 생산하는 동일성을 통해 위치 지어지거나 인각되지 않는다. 노동은 무엇이건 이용하여 자본이 되게 하는 힘이다. (오늘날 노동 기능들이 서비스를 해외로 보내는 콜 센터들과 더불어 세계를 가로질러 이동하는 방식, 이민 노동자들이 그때 그때 요청되는 노동에 그것이 무엇이든 큰 힘으로 사용되는 가운데 노동하는 신체들이 또한 유동적으로 움직이는 방식을 생각해보자.[21]) 결정적으로, 한때 동맹/결연의 흐름이던 자본은——무리들과 신체들 사이의 관계를 허용하는 가운데 친자적인 것이 된다. 다시 말해 자본은 모든 관계들이 그로부터 방사되는 근원 또는 근거로 나타난다. 예컨대 우리는 모든 문화가 교환의 체계들에 대한 종속에서 출현한다고 설명한다. 들뢰즈·가타리가 교환의 지배와, 화폐와 노동의 흐름들의 통접에 지나지 않는, 세계의 텅 빈 구조에 종속된 사적이고 가족적인 인간의 이미지를 모두 비판하는 데 사용한 것이 바로 이 결연과 친자관계의 구별과 역사이다.

들뢰즈·가타리는 『안티 오이디푸스』를 세 개의 광범위한 역사적 시대와 세 가지 종합 주변에 구축한다. 종합에 대한 관심은 복합적인 철학적·정치적 유산을 가진다. 그것은 (칸트와 흄에 대한 들뢰즈의 초기 저작들이 그렇듯) 정신이 이미지들을 접속하여 통일성들을 형성하는 방식을 연상시킬 뿐 아니라[22] 사회적 접속들을 참조하며, 『안티 오이디푸스』에서 들뢰즈·가타리가 사회적 종합들과 정신의 종합들을 명료하게 구분하지 않는다는 사실은 의미심장하다. 첫번째 종합은 생산의 종합이다. 그리하여 생명 혹은 욕망으로서의 생명은 생산적이다. 여기서 우리는 이미 교환 모델에 대한 도전에 조우한다. 들뢰즈·가타리는 욕망이 한 신체로부터 다른 실체로의 관계가 아니며, 한 신체가 갖지 않은 것을 향한 분투함도 아니라고 주장한다.

> 욕망은 부분대상들·흐름들·신체들을 공작하고, 생산의 단위들로 기능하는 일련의 **수동적 종합들**이다. 실재계는 최종 생산물, 무의식의 자가 생산으로서의 욕망의 수동적 종합들의 결과이다. 욕망은 아무것도 결여하고 있지 않다. 즉 욕망은 대상을 결여하고 있지 않다. 오히려 욕망 속에서 실종된 것은 주체이며, 혹은 하나의 고착된 주체를 결여한 것이 욕망이다. 즉 억압이 없다면 고착된 주체는 없다. 욕망과 그 대상은 동일하다. 다시 말해 그것은 기계, 기계의 기계로서의 기계이다.[23]

욕망은 흐름들 또는 접속들로부터의, 상대적으로 안정된 지점들로서의 신체들의 생산이다. 고전 정신분석학의 패러다임으로 되돌아가자면, 들뢰즈·가타리는 그 욕구로 인해 어머니와 맺는 관계에서 의존과 요구의 위치에 놓이게 되는 아이의 이미지에 이의를 제기한다. 그 대신 그들은 흐름들의 이미지 ── 가슴에서 입으로 흐르는 젖의 흐름들, 항문에서 나오는 배설물들의 흐름들, 얼굴에서 나오는 시선들의 흐름들, 손에서 사지를 향하는 접촉의 흐름들, 음식이나 가슴 또는 손과 입술의 접속들 ── 에서 시작하며 이러한 짝 지음과 접속은 '욕망하는 기계들'을 생산한다. 그것들은 그때 비로소 어머니와 아이로서 코드화되고 인각될 수 있다. 그럴 때, 두 항들 사이의 욕망의 관계 이전에 상대적으로 안정된 항들과 관계나 종합의 특정한 스타일들을 생산하는 흐름들이 있다. 항들 사이의 관계들로부터 설명을 시작하는 것은 불합리하다. 왜냐하면 항들은 처음에 연장된 단위들——어머니와 아이——이 아니라 강도들의 결과로서 효과되었기 때문, 혹은 생산되었기 때문이다. 그것은 하나의 흐름으로, 지금 있는 그대로의 생명이 아니라 생성될 수 있을 것으로서의 생명이 그것을 향해 강화되거나 연장될 것이다. 하나의 연장된 대상으로 견인된 욕망은 반복 가능하고 재인 가능한 이러저러한 사물에 대한 욕망이다. 그러나 그러한 욕망은 하나의 강도로 인해서만 가능하다. 다시 말해 가슴으로 이끌리는 입의 욕망은 그것이 상실한 것을 되찾는 것이 아니라 접속함, 접촉함, 빪, 소비함으로 점점 더 멀리 나아가는 것이다.

두번째 종합, 즉 이접적 종합은 관계들을 창조한다. 그리하여 최초의 연접적 종합——말하자면 가슴에 대한 입——에서 생산된 한 흐름(혹은 기계)은 상대적 안정성의 지점들 주변을 진동한다. 즉 입은 가슴이냐 아니면 음식이냐 아니면 손가락이냐 아니면 소음이냐를 선택할 수 있다. 문제는 **생명으로부터 효과된** (그리고 그러므로 내재적인) 이 종합들이 생명이 종속되어야 할 법칙들로 나타날 때 발생한다고 들뢰즈·가타리는 주장한다. 『안티 오이디푸스』와 『천의 고원』을 아우르는 방법론은 내재적 종합과 초월적 종합의 구분에 놓여 있으며, 전자가 생명의 흐름으로부터 생산된다면 후자는 생명을 지배할 법칙들이나 관계들의 어떤 체계로 여겨진다. 그러므로 내재적으로 이해하면 생명의 접속들은 일치의 조화, 즉 그 이상의 접속들과 그 이상의 흐름들을 창조하는 연장적 접속들을 생산하는 어떤 흐름과 특정한 접속들이 거의 혹은 전혀 공명을 생산하지 않는 불일치의 조화를 생산한다. 초월적인 이해에서 생명의 조화는 어떤 미리-수립된 질서일 것이다. 경험은 오직 그것이 세 가지 합법한 종합들에 복종할 때만 가능하다고 주장한 칸트에 대해 들뢰즈가 비판한 것이 바로 이러한 초월적 이해이다. 칸트의 합법한 세 가지 종합은 정합적 계기繼起(첫번째 종합), 그 계기를 이전과 이후에 따라 위치시키는 능력(두번째 종합), 그 모든 계기적이고 시간적으로 질서 지어진 경험들의 경험하는 주체의 관점으로의 귀속이다. 이와는 대조적으로 들뢰즈에게는 정합성과 통각을 넘어 접속하는 생명의 능력이 중요하다.

그러므로 『안티 오이디푸스』의 과업은 종합들을 그 혁명적 역능, 재인과 정합성을 넘어서는 그 역능 안에서 보는 것이다. 상대적으로 안정된 지점들을 둘러싼 운동 ── 누군가가 이것일 수도, 이것일 수도, 이것일 수도 있는 ── 에서 생산되는 이접적 종합의 경우에, 우리는 교환의 원리에서 그 불법적이거나 초월적인 사용을 볼 수 있다. 다시 말해 어머니를 욕망해 전前-오이디푸스적 혼돈에 머무르거나 아니면 아버지에 동일화하여 규칙들이나 문화에 종속되는 것. 그와 같은 이접은 내포적이기보다는 제한적이다. 그리고 욕망의 사회적 인각을 욕망 자체로 여기는 이러한 환상은 또한 욕망의 과잉적 힘을 보지 못하게 된다. 교환의 관념은 연장된 결연의 개념에서 시작된다. 다시 말해 다른 신체들(다른 가족들)과 방계적 관계들에 진입해서 문화를 교환의 안정적 그물망으로서 생산하는 ── 어머니, 아버지, 아이의 ── 신체들이 있다. 그러한 설명은 또한 부채의 개념을 특권화할 것이며, 그리하여 각각의 성적 관계는 보상으로 다른 신체를 요청하게 된다. 들뢰즈·가 타리에 따르면 역사의 전 근대적 단계에서 그와 같은 부채는 유한하 며, 특수한 항에 적용된다. 다시 말해 다른 부족에게 여성들을 지불하 는 방식으로 상환된다. 자본주의에서 부채는 무한한 것이 되는데, 왜 냐하면 개인은 법과 체제에 종속되게 되지만, 이 법이 특정한 신체보 다는 텅 빈 형식적 종속을 요구하기 때문이다. 그러므로 교환의 관점 에서 설명된 문화는 특수한 신체들——남성들, 여성들, 아버지들, 어 머니들——로부터 시작하되 이 동일성들의 발생에 대해 묻지 않는다. 이 연장된 신체들은 어떻게 생산되어 왔는가? 여기서 들뢰즈·가타리 는 선물과 친자성의 의미를 언급한다. 결연이 신체들의 무리들을 수평 적으로, 혹은 방계적으로 서로 관련 짓는 공간적 개념이라면, 친자성 은 신체들을 그 근원들과 후손들에 관련시키는 시간적 개념이다. 부족 들의 관계들은 결연의 관계들이지만, 어머니나 아버지의 아들, 딸로서 아이의 출현은 친자성의 관계이다.

들뢰즈·가타리의 가장 복합적인 항들 가운데 하나인 '탈기관체' 는 강렬하고 근원적인 친자성에 대한 그들의 이해로부터 생산된다. 거 기서 원시적 사회체에 대한 신체들의 욕망들은 신화적 대지와 친자적 관계를 품는다. 신체들은 아직 상호 교환 가능한, (이를테면 어머니들 과 누이들이 한 가족에서 다른 가족으로) 교환될 수 있는 단위들로 조직 화되지 않았다. 들뢰즈·가타리는 신체들이 아직 코드화된 형식들—— 어머니, 아버지, 아이——로 변별화되지 않았지만 강도적으로 상이한 '강도 높은 배아적 유입'을 상정한다.

(부계로 또는 모계로) 연장되어 온 친자성으로부터, 그리고 그것들이 내포하는 결연들로부터 창조된 연장적이고 물질적인 기억을 위해 억압되는 것은 강도 높은 배아적 유입의 거대한 밤이다. ……

연장 중인 체계는 그것을 가능하게 만드는 강도적 조건들로부터 태어나지만, 그 체계는 그러한 조건들에 반작용하고, 그것들을 취소하고, 그것들을 억압하며, 그것들에 신화적 표현 이상의 것을 허용하지 않는다. 기호들은 연장된 친자 관계와 방계적 결연들과의 관계 속에서 결정되는 순간 더 이상 모호하지 않게 된다. 이접들은 배타적이고 제한적이 된다('이것/아니면 저것'이 강도적인 '~이거나 ~이거나 ~이거나 ……'를 대체한다). 그것은 이름들, 더 이상 강도적 상태들을 구성하지 않는 호칭들, 그러나 식별 가능한 인칭들이다.[24]

다시 말해서, 『천의 고원』에서 보다 잘 드러나는, 생명에 대한 들뢰즈·가타리의 폭 넓은 이해에서 욕망하는 생명은 강도적 차이다. 한 신체는 차이화하는 역능들로 이루어지고, 이 역능들은 생산적 조우들을 통해 현실화된다. 한 아이는 그 신체가 '어머니'의 부분대상인 가슴과 조우할 때 아이가 된다. 그 어머니는 거꾸로 그녀가 하나의 사회적 장에 접속되어 있는 까닭에 [특정한] 어떤 동일성을 가질 뿐이다. 그리고 다른 모든 인칭적 이미지들과 마찬가지로, 모성성이란 직접적으로 정치적이다. 다시 말해 어머니들이 있는 것은 사회적 관계들과 이미지들 때문이다. 이 사회적 관계들의 조건은 스스로가 생산하는 관계들을 넘어서는 강도적 생명이다. 생명에는 어머니-아이 조직화의 포텐셜이 있지만 그러한 포텐셜들은 다른 관계들 안에서 현실화될 수도 있었을 것이다. 예컨대 자녀를 가진 동성同性의 여성 커플들의 경우, 한 신체를 직접적으로 혹은 배타적으로 어머니의 관계와 결연하기는 어려울 것이다. 이러한 생명의 욕망하는 강도는 아마도 성차性差로서 가장 잘 이해될 것이다. 다시 말해 그것은 두 성들 사이의 차이가 아니라, 신체와 신체의 매 접속이 항들의 짝지음과 관계를 창조하는, 욕망하는 차이의 흐름이다. 예컨대 어떤 여성들을 어머니들로 생산하는 것은 사회적 가족적 관계이다. 그리고 그러한 이해에 따르면 레즈비언들은 '여성'이 남성과 이항二項적으로 관계 맺는 자로서 규정된다는 바로 그 이유 때문에 여성이 아니게 된다.[25] 그러므로 '여성-되기'의 포텐셜을 강조할 때 들뢰즈·가타리는 자명하게 보이는 성적 이분법을 그 이분법을 생산한 변별적 과정들로 열어 젖힌다.[26] 성차는 신체들을 남성과 여성으로 구분한 결과가 아니다. 오히려 모든 생명이 성차이다──욕망하는 관계들 또는 '욕망하는 기계들'을 접속하고 창조하는 생명의 역능이다. 남성-여성의 양자兩者 관계는 하나의 생산이지만, 우리는 다른 생산들을 상상할 수 있다(그리고 상상해야만 한다). 그러므로 여성을 우선 금지되고 그 다음에는 교환되는 대상으로서, 모든 욕망이 그 상실된 대상을 향하게 되는 곳으로 보는 대신에, 욕망을 그것의 효과된 접속들 가운데 어느 것이든 그 이상의 것으로 볼 필요가 있다. 아이의 욕망은 다른 종류의 장으로 열리며, 우리는 그것이 근원적으로 모성적 근원으로 견인된다고 보아서는 안 된다.

우리가, 의사擬似 삼각형의 정점들에서 자기the self가 백인에게 매 맞는 동안 엄마가 선교사와 춤추고, 아빠가 세리稅吏에게 계간당하는 모습을 보는 식민화된 민족들의 꿈을 기다려야 했다는 것은 이상한 일이다. 삼각형이 다시금 닫히지 못하도록, 그 자체로 가치 있는 것이 되지 못하도록, 무의식 자체에서 문제가 되는 작인들의 이런 상이한 본성을 표현하거나 표상하겠다고 주장하지 못하도록 한 것은 바로 이와 같은, 부성적 인물들을 다른 본성과 짝 짓는 작업이다.

…… 아버지, 어머니, 자기는 정치적이고 역사적인 상황의 요소들 ── 군인, 경찰, 점령군, 협력자, 급진주의자, 저항자, 대장, 대장의 아내 ──에 몰두해 있으며, 그것에 직접 짝 지어져 있다. 그들은 모든 삼각형화를 지속적으로 파괴하며, 전체 상황이 가족 콤플렉스와 그 안에 내면화 되기로 물러나는 것을 막는다.[27]

들뢰즈·가타리는 어린이가 모든 종류의 기계들과 맺는 접속을 **실제로** 어머니에 대한 욕망의 의미작용으로 '읽는' 당대의 정신분석학에 대해 매우 비판적이다. 역사적 관점에서 그들은 집단의 욕망이 신체의 부분들, 동물적 강도들, 신성한 대지의 이미지들을 접속함으로써 관계들을 생산하는 원시적 사회체를 기술한다. 그와 같은 강도들 혹은 욕망의 관계들은 연장된 신체들 또는 근대 가족의 어머니-아버지-아이라는 항들에 선행한다. 항들 사이에 연장된 관계들(결연과 교환)이 있기 전에 욕망의 잉여나 과잉이 있어야 한다. 욕망은 그 자체 안에 머무르지 않고 가지를 뻗어 다른 욕망들과 접속한다. 시간 속에서 모든 신체를 상대적으로 안정된 상태로 유지시키는 계산, 교환, 자기-관심의 조건은 과잉 소비이다. 다시 한 번 우리는 그와 같은 과잉 소비를 성차로 규정할 수 있다. 유기체들이 단지 자기-유지에 견인되어 있다면 그것들은 단지 재생산을 위해서 행동하거나 에너지를 소비하겠지만, 섹슈얼리티 그 자체는 생산이나 보상에 대한 예견 없는 다른 신체들과의 관계이다. 프로이트가 『성욕에 관한 세 편의 에세이』에서 상술하듯, 영양분을 섭취하기 위해 젖을 빠는 유아는 그 생명을 유지하지만, 빨기 자체가——영양분 섭취와 무관하게——감각적이고 즐길 만한 것이 될 때 우리는 성적인 것 자체를 잉여로서 성취하게 된다.[28] 생명을 안정성과 평형이 아닌 과잉에 대한 포텐셜로 보는 이러한 주장은 들뢰즈·가타리가 '코드의 잉여 가치'라고 부르는 것을 향한 역사적 경향에서 증명된다. 사회적 기계가 출현하는 것은 금지나 제한에 의해서가 아니라 소비에 의해서이다. 자기 몫 이상을 소비하는 전제 군주는 생명을 위해 분별 있게 요구되는 것을 넘어서는 생명의 역능을 보여 주는 한 사례이다. 즉 과잉으로 소비하고자 하는 욕망은 자기-보존을 넘어서서 상대적 안정성의 지점들을 생산한다. 그런 경우에 역능은 과잉적 소비에 의해 극대화될 수 있으며, 전제 군주는 사회의 생산의 잉여를 이용함으로써 권력을 획득한다. 그러나 역사는 또한 과잉 소비 안에서 그 자신을 파괴해 버린, 즉 권력의 위치를 유지하기보다는 자기-파괴에 이르기까지 생명의 풍요를 누린 전제 군주들로 넘쳐난다. 심지어 모든 잉여가 점점 더 많은 생산을 창조하는 방향으로 재견인되었던 초기 자본주의가 과잉의 허용을 거부한 것조차도, 그 극한에 다다르면 체제를 위기로 넘어뜨릴 수 있음을 상상할 수 있다. 그러나 후기 자본주의에서 일어난 것처럼 과잉 소비는 그 자체로 생산의 흐름의 일부가 되었다. 즉 패션, 유행, 여가, 심지어 섹스 산업에 의한 성적 도착의 상품화와 같이 불필요하고 비생산적이라 보이는 지출이 자기-유지를 위한 모든 포기와 무시를 자본주의 체제의 유지로 되갚은 것이다.[29] 그러므로 자본주의의 역능은 그것이 우리의 쾌락을 억압하는 데 있는 것이 아니라 그것이 그 모든 쾌락들을 화폐로 코드화하는 데, 그리고 그 코드의 잉여 가치를 생산하는 데 있다. 왜냐하면 우리는 이제 우리가 원하는 것을 거절당함으로써가 아니라, 원하도록 제조됨으로써 예속되었기 때문이다. 나의 욕망은 구매 가능한 이러저러한 쾌락을 향한 것이어야 한다. 자본주의는 생산으로부터 포착되어 자본주의 기계를 강화하는 데 쓰이는 잉여가 어떤 지출이나 향유에 의해 균형 잡히게 될 때 비로소 안정되게 유지될 수 있다. 그러나 여하한 향유와 생산의 증대하는 결연——우리 시대의 모든 쾌락들이 시장과 교환에 종사하는 곳——이 체제의 혁명적 붕괴를 일으킬 수 있으리라는 것도 가능하다.

들뢰즈·가타리에게 요점은, 코드의 잉여 가치의 지점을 창조하는 것이 우리가 생산하지 않은 (그리고 욕구하지 않는) 것의 절취 혹은 몰수라는 점이다. 전제 군주는 바로 과잉의 몰수를 통하여 막강해지고, 사회적으로 귀하게 여겨지게 되고, 사회체를 조직화할 수 있게 된다. 그때 들뢰즈·가타리가 교환에 의해 조직화되고 실용성의 극대화에 의해 지배되는 세계의 이미지에 앞서서 기술하는 것은 접속들을 생산하는 강도적인 과잉된 욕망이다. 그것은 불연속적 항들의 관계가 아니다. 차라리 어떤 흐름들이 접속하여 하나의 장(신성한 대지의 '탈기관체')을 생산하고, 흐름의 한 점(전제 군주)이 관계들을 초과하는 한 점을 생산하고 코드의 잉여 가치를 야기하면서 흐름들의 연계nexus가 되면 비로소 이 장 또는 영토가 탈영토화될 수 있다.[30] 과잉적 생산은 전제 군주에 의해 축적되고, 이것은 그를 특권화된 신체로 생산하는 동시에 그를 대지와 친자적 관계를 가진 인물로 형성한다. 그는 대지의 신들의 직계 자손이므로 신성한 통치의 권력을 가진 왕 또는 지도자가 된다. 보다 많이 취함으로써(절취) 한 신체는 단순히 그 고유한 역능을 증대시키는 것이 아니라 그 자체를 뛰어넘고 강화한다. 코드화가 상대적으로 안정되고 일정한 것으로서 욕망의 접속들을 생산한다면, 과잉 소비는 코드의 잉여 가치를 생산한다——전제 군주는 흡사 자본이 우리 체제의 의미 또는 이유이듯이, 체제와 신적인 관계를 가진 자의 위치에 있게 된다.

첫번째 종합이 생산적인 것이고, 거기서 욕망이 어떤 이미 주어진 존재를 향한 욕망이 아니라 그 접속을 만드는 가운데 하나의 '영토'를 생산하는 것이라면, 두번째 종합은 이접적이다. 다시 말해 그것은 항들의 계열을 기록하고, 그 위를 가로질러 욕망이 지나간다——입 또는 가슴 또는 남근 또는 항문 또는 대지. 세번째 종합은 통접적이며, 욕망의 잉여 또는 과잉적 역능에서 효과된다. 신체들이 순전한 삶에 요구되는 것 이상을 생산한다면, 이 과잉적 흐름들은 역능의 장소들을 생산한다(그리고 우리는 여기서 무엇에 대한 역능*power over*으로서가 아니라 무엇을 향한 역능*power to*으로서 역능을 사유해야 할 것이다.[31]) 즉 단순히 생존을 유지하는 유기체는 그 이상의 것을 하지 않지만, 보다 많이 창조하는 데 과잉 에너지를 지출하는 유기체는 또한 그것이 할 수 있는 것을 증대시킨다. 하지만 이 모든 것이 생성될 수 있을 것을 위해 현재의 유지를 버리는 것 혹은 **사변**을 요구한다). 자기 자신을 어머니의 욕망의 대상으로서 인식하고 흐름들의 목적지/통접으로 여기는 아이는, 그 아이가 단순한 생명 이상의 것으로 존재하고 어머니의 욕망의 수용자가 될 때 비로소 나타난다. 이것은 그 아이가 음식을 단순한 영양분 이상의 것으로, 그리고 선물 혹은 잉여로 받아들일 때 일어난다. 그때 그 아이는 효과나 관계들보다는 중심이나 원인으로 나타난다. 여기서, 들뢰즈·가타리는 오이디푸스적 논리를 전복시킨다. 오이디푸스 논리에서 아이는 우선 자기-현시적 근원, 스스로와 완전히 하나인 존재로 상상되고, 그러고 나서 비로소 그가 상실하고, 결여하고, 그에게 금지된 것으로 느끼는 어머니로부터 떨어져 나간다. 들뢰즈·가타리는——입에 대한 음식의, 입술에 대한 가슴의, 뺨에 대한 손가락의——관계들이 있고, 그것이 그 아이가 그로부터 궁극적으로 재인될 수 있고, 자신을 통접의 지점으로 재인할 수 있는 어떤 일정한 흐름들을 창조한다고 본다. 유사하게, 화폐나 노동의 흐름들로부터 자본주의가 생명의 법이자 논리로, 그리고 잉여가 역능을 이용하는 장소로 나타나게 되는 것이라면(더 이상 외적 과잉의 계기를 허용하지 않는 근대적 삶에서 자본의 축적에서와 같이)흐름들의 통접 또는 효과는 관계들이 그로부터 출현하는 체계로 나타나게 될 것이다. 이것이 교환에 기반한 사회에 대한 설명에서 일어나는 일이다. 일단 절취가 흐름들이 코드화되도록 해주는 어떤 점을 생산하면 교환만이 있을 수 있다. 항들 간의 교환 또는 관계들은 강도적 근친성을 억압한다. 상점常點들은 오직 독특성들——관계들의 특정한 장을 조직화 또는 창조하는 포텐셜들 때문에 출현할 수 있다. 즉 그러한 독특한 점들은 언제나 효과된 체제의 과잉 속에 존속한다.

정신의 허구

들뢰즈가 가타리와 합작하기 이전의 저작은 정신분석학에 두드러지게 의존했다. 감각에 대한 우리의 정향이 신체적 조우들로부터 생산되는 방식을 강조한 점에서나(『의미의 논리』) 『차이와 반복』에서 반복을 어떤 형식이나 동일성의 반복이 아니라, 동일함과 통일성을 파괴하는, 자기를 버리는 도착적이고 '치명적인' 충족으로서 다양하게 참조하는 점에 있어서 모두 그러했다. 들뢰즈의 프로이트에 대한 참조와 고도로 정신분석학적인 논문인 『안티 오이디푸스』는 모두 보다 큰 철학적 기획의 일부이다. 정신분석학은 우리가 완전히 형성된 자기들로 시작해 세계를 알게 된다는 생각을 받아들이지 않는다. 프로이트는 에고, 혹은 사유하는 자기가 의식의 반성이나 현전에 결코 도달하지 않는 욕동들로 이루어진 심리적 체계의 이미지의 순전한 일부였음을 주장했을 뿐 아니라, 자기와 세계 사이의 경계가 시간을 통해, 타자들과의 관계 속에서 효과된 것임을 주장했다. 이런 관점에서 들뢰즈의 저작은 그가 일의성의 문제를 개시했던 것으로 여긴 철학자들과 공명한다.[32] 즉 세계를 정신과 세계와 같은 두 존재 사이의 관계로 설명하는 것과는 거리가 멀게, 책임적이고 급진적인 철학은 정신과 세계, 아는 자와 알려지는 것, 지각자와 지각된 것의 구분이 어떻게 출현하는지 설명한다. 이 모든 것에 있어서 결정적인 것은 이미지이다. 다시 말해 프로이트가 에고란 자기가 하나의 통일체로서 자신에 대해 가지는 이미지라고 보았다면, 들뢰즈는 철학의 역사가 사유의 이미지, 합리적이고 조직화된 자기의 이미지로부터 작업함으로써 진행되어 왔다고 본다. 이 이미지의 창조 또는 출현을 이해해야 한다. 뇌와 같은 어떤 것이 어떻게 그 자체를 정신으로 이해하게 되며, 인간의 신체는 어떻게 스스로를 '인류'로 상상하게 되는가? 들뢰즈는 이미지가 어떤 자기-현시적 즉자적-세계에 부가된 잉여나 허구가 아니라고 보는데, 왜냐하면 모든 사유함, 지각작용, 경험, 행위 ——사실상 모든 생명—— 는 이미지화 또는 관계들의 한 과정이기 때문이다. 결국 하나의 이미지 ——정신의 이미지—— 는 어떻게 모든 이미지들의 근원으로 이해되게 되는가?[33]

프로이트와 정신분석학과의 조우 이외에 철학사를 이용함에 있어 들뢰즈는 전-인칭적인 것이던 생명의 종합 또는 과정으로부터 의미의 통일성들의 출현을 설명한 저자들에 의존한다. 즉 정신으로부터 철학을 시작하여 세계의 진실을 묻는 대신에, 그리고 세계가 발견되어야 할 어떤 안정된 논리를 가지고 있다고 가정하는 대신에, 들뢰즈는 자기와 세계에 대한 자기의 지각작용의 창조 또는 발생을 설명한 철학자들에 초점을 맞추었다. 라이프니츠에 대한 책에서 들뢰즈는 주름의 복잡성들을 탐구한다. 거기서 정신과 물질은 존재가 그 속에서 펼쳐지는 방식들이다.[34] 우리는 정신과 물질의 분리된 실체들로부터 시작할 수 없으며, 정신이 지각작용들의 계열로서 어떻게 생산되는지, 그리고 물질은 어떻게 일정하고 합법한 방식으로 지각될 수 있는 것으로서 펼쳐지는지를 이해할 수 있게 되어야 한다. 흄에 관한 책에서 들뢰즈는 정신을 관념들이 접속되거나 종합되는, 그리하여 (자기와 사회적 전체를 내포하는) 허구들이 생명 안으로부터 생산되는 한 장소로 기술한다.[35] 스피노자에 관한 책에서 들뢰즈는 초월성의 환영에 대립되는 내재성에 대한 천착을 되풀이한다.[36] 정신은 세계를 결정하는 분리된 실체가 아니며, 물질도 정신에 의해 형태를 부여받는 어떤 분리되고 생명력 없는 재료가 아니다. 즉 정신과 물질은 하나의 동적인 생명의 속성들이며, 이 속성들은 양태들 안에 표현된다. 그러므로 인간 존재는 사유하는 인간 생명의 한 양태이지만, 인간들은 또한 물질의 속성에 따라서 고려될 수도 있으며, 이것은 우리가 신체를 고려할 때 완벽하게 정당하다. 우리는 생명을 사유함으로, 그리고 구체화된 것으로 볼 필요가 있으며, 속성은 덜 중요한 것도, 후자에 종속된 것도 아니다. 우리는 그때 정신이 '신체의 한 관념'으로 존재하는 스피노자주의 철학을 이해할 수 있는데, 왜냐하면 물질로서 일어나는 것 ──어떤 생리학적 반응들── 은 정신의 수준에서 체험될 수 있기 때문이다. 즉 그 어느 것도 반대편으로 환원될 수 없으며, 이는 정신의 삶이 물질로서 여겨지는 삶과 동일한 실체의 삶이기 때문이다. 생물학은 물질로서의 신체를 다루고, 철학은 정신으로서의 신체를 다룬다. 두 속성들은 상이하며, 이런 이유로 그 어느 쪽도 다른 쪽에 대한 원인이나 설명이 될 수 없다.

　　스피노자의 단자론에 대한 들뢰즈의 천착은 탈신화화의 급진적인 프로그램을 가능하게 해준다는 점에서 그의 철학에서 가장 중요한 측면들 가운데 하나이다. 다시 말해 우리가 살아가는 〔특정한〕이 하나의 표현적 삶 이외에는 어떤 실체나 생명도 없다. 신에 대한 환상들을 이 세계 너머로 극복하는 것은 철학의 과업이다. 그러나 또한 그와 같은 초월성의 환상들이 어떻게 출현하는지를 이해할 필요가 있는데, 그것은 사유가 어떻게 그 자체를 이미지들 속에 표현하는 생명에 내재적인지를 고려할 때 비로소 할 수 있다. 들뢰즈는 철학사에서 이미지에 주목하면서 관념들의 역사에 초점을 맞추지 않는다. 들뢰즈는 자신의 세계를 상상하는 주체나 정신의 관념을 거부하는 몇몇 철학자들에 의존한다. 그러므로 우리는 생명이 특권화된 조망자 또는 주체의 이런 이미지를 어떻게 형성하는지 이해할 필요가 있다. 스피노자의 책은 이 문제를 어느 정도 조명하고 있다. 그는 세 가지 수준의 이해가 있다고 보았다. 최고 수준은 우리에게 나타나는 세계를 넘어서서 가는 것, 우리 자신의 관심적이고 국지화된 관점으로부터 세계를 넘어 영원한 존재로서의 세계를 상상하는 것을 요청한다. 그렇다면 이것은 '인간'에 의해 표상된 것으로서의 세계를 극복하는 것만이 아니라 세계가 그로부터 인식되는 점으로서 '인간'의 이미지를 극복하는 것이기도 하다.

베르그손에 대한 책에서 들뢰즈는 정신을 이미지들을 수용하는 능력으로 기술한다. 즉 정신은 다름 아닌 이러한 개방성 또는 수용성이지만, 그것이 모든 이미지화의 중심 또는 근원으로서 그 자체의 이미지를 형성할 때 오류를 범하는 경향이 있다. 흄에 관한 책에서 들뢰즈는 생명의 허구적 능력을 강조한다. 정신 또는 생명의 중심으로서 '인간'이라는 관념은 상상작용을 통해 일어난다. 즉 정신은 무엇보다 우선 이미지들의 계열에 다름 아니며, 그 후에 비로소 그것이 어떤 방식으로든 1차적인 것으로 상상하는 자신의 이미지를 창조한다. 그리고 그와 같은, 인간에 대한 허구 또는 이미지는 어느 정도, 우리가 역시 이 이미지의 관점에서 인식하는 사람들의 사회들과 집단들을 형성하는 생명을-가능하게-하는 것이다. 그러나 생명은 생명과 세계의 중심으로서의 인간의 이미지를 극복하고 그 자신의 것이 아닌 세계들을 직관함으로써만 그 완전한 역능에 도달할 수 있다.[37] 베르그손적인 직관의 수단은 '인간'의 조직화하는 이미지를 넘어서는 지각작용을 위해 분투함으로써, 뇌의 이미지가 다른 이미지들과 마찬가지로 하나의 이미지임을 인식함으로써 인간중심주의의 환상을 극복한다. 그럴 때 베르그손은 들뢰즈가 쓰는 철학사의 일부이다. 거기서 철학은 정신이 무엇인가를 밝히는 데 종사하는 학문 분과라기보다는, 사유 이미지들의 생산에 대한 질문이고 이미지 없는 사유의 추구이다. 발생의 문제에 지배되어 왔던——어떠한 존재나 이미지도 그러한 이미지가 어떻게 존재하게 되었는지를 묻지 않고는 받아들이지 않는——들뢰즈의 철학적 기획은 그러므로 종합의 문제, 혹은 재인 가능한 형식들이 그로부터 출현하는 과정들과 접속들의 문제에 긴밀히 결부되어 있다. 따라서 그가 정신의 허구적 역능을 강조할 때 그것은 정신이 그 세계를 구성하는 데 대한 강조라기보다는, 서구 사유를 지배해 온 정신의 이미지의 창조와 종합 자체를 검토하는 기획이다.

들뢰즈가 덜 공감하는 듯이 보이는 칸트에 대한 책조차도 총체성, 자유, 불멸성의 이념*들을 창조하는——이성, 이해, 상상작용의——다양한 종합 과정들을 상술하고 있다. 이 이념들은, 칸트에게서와는 달리 선한 판단을 하는 한 주체에 통합되지 않는데, 왜냐하면 그것들이 서로 다른 불일치하는 요구들을 생산하기 때문이다.[38] 칸트에 따르면 자유의 이념이 우리가 도덕적일 수 있게 해준다면, 기원적 원인을 갖는 세계라는 개념은 우리가 우리 자신의 이성과 조화에 일치하는, 과학적으로 질서 지어진 세계를 사유하도록 도와준다. 그리고 우리가,

---

* 칸트적 문맥의 Idea는 일반적 의미의 '관념'으로 옮긴 idea와 구분해 이념으로 옮겼다.

도덕적이고 과학적인 판단에 크게 기여하는 하나의 세계를 생산하는 우리 정신의 능력을 성찰하도록 도와주는 것은 감성적 경험이 될 것이다. 이와는 대조적으로 들뢰즈는 과학, 철학, 예술의 세계들이 통약 불가능하다고 본다. 과학의 기능들, 철학의 개념들, 예술의 감정들은 한 주체의 상이한 측면들이 아니라 면面들을 열어젖힐 사유함의 스타일들이다. 이 면들 사이에는 미리-주어진 조화가 없으며, 그리하여 과학이나 예술과 조우하는 철학자는 과학적이거나 예술적인 사유에 그 새로운 철학적 형식을 부여해야 한다. 들뢰즈가 칸트에게서 찾아낸 것은 능력들의 값진 구분이다. 칸트는 도덕성을 우리가 증명할 수 없는 어떤 것으로 보아서는 안 되며, 예술을 도덕적으로 선하거나 합리적으로 증명 가능한 것으로 보아서도 안 된다고 보았다. 그러나 칸트가 이 능력들을 통합한 기질基質 —— 자신의 추론의 한계를 알고 아름다운 것, 선한 것, 옳은 것을 구별할 수 있는 초월적 주체 ——이 있다고 주장한 반면, 들뢰즈는 우리가 주체의 악의와 적의, 형태가 일그러지고 규준에서 벗어난 부조화한 접속들을 창조하는 능력을 고려해야 한다고 주장한다.

모든 경우에 있어서 들뢰즈가 철학사에서 도출해 낸 것은, 정신을 세계를 대면하는 추론의 중심으로서가 아니라, 이미지들, 접속되고 종합되어 허구들을 생산하는 이미지들의 효과로서 이해하는 것이다. 그런 허구들은 그것들이 실재적인 세계에 부가되는 것이 아니기 때문에 역능을 가진다. 즉 세계는 창조적이고 욕망하며 지각하는 생명이며, 그 생명은 오직 그 상상하는 관계들 속에 실존한다.

집단적 투여와 무리 환상

오직 이미지화의 관계들을 생산하는 한에서만 실재하는, 종합하는 창조적 생명을 강조하는 입장은 이데올로기의 관념과 맞지 않는 정치 철학을 형성하는 데로 향해 간다. 들뢰즈·가타리에 따르면 하나의 실재적 세계가 우선 있고, 비로소 그것이 얼마간 정확하게 지각되는 것은 아니기 때문이다. 모든 것이 지각작용, 이미지화, 표현, 종합이다. 즉 즉자적이며 모든 관계들을 넘어선 존재로서 우리가 가정할 수 있는 것은 아무것도 없다. 우리는 어떤 것을 결코 모든 관계들 이전에 알 수 없을 뿐 아니라 (앎 자체가 한 관계이므로), 아무것도 비-관계적으로 존재할 수 없다. 어떠한 것이 살거나 존재하기 위해서 그것은 시간을 통해 가야 하고, 그것의 장소를 가져야 하며, 이는 심지어 생명의 분자적 수준에서조차 관계들과 접속들의 수립함을 요청한다. 결국, 들뢰즈는 세계를 한정하는 일련의 관계들——말하자면 인식의 인간적 스타일——을 거부한 반면, 그리고 또한 상이한 포텐셜들은 그것들이 수립하는 관계들에 따라 상이하게 현실화될 수 있음을 역설했음에도 불구하고, 생명이 즉자적으로 실존하고 비로소 관계들을 통해 스스로를 표현하는 것이 아님을 주장한다. 이러한 관계성을 지각작용으로 언급하는 것은 관계를 맺는 각각의 역능 또는 포텐셜이 그 고유의 세계를 열어젖힘을 의미하는 것이다. 나는 내 팔을 무는 모기를 지각할 수 있으며, 그럴 때 모기는 내 팔에 대한 어떤 지각작용을 가진다. 그러나 내 지각작용이 시각 이미지와 피부 위의 감각작용의 형식을 취하는 반면, 모기의 지각적 정향은 산酸의 냄새와 내 팔의 표면을 향한다. 내가 보는 세계 너머에는 모기의 세계들만이 아니라 식물의 세계들과 분자의 세계들, 상이한 스타일의 관계나 지각작용이 있다. 사유함의 과업은 가장 참되거나 가장 고원한 세계의 수립이 아니라 다른 세계들을 펼치는 지각작용들의 다양성을 사유하는 것이다.

> 욕망은 그렇게 멀리 뻗어 간다. 다시 말해 자신의 소멸을 욕망하면서, 혹은 소멸시키는 역능을 욕망하면서. 화폐, 군인, 경찰, **국가**의 욕망, 파시스트의 욕망, 심지어 파시즘조차 욕망이다. …… 그것은 이데올로기의 문제가 아니라 순수한 물질, 물리적이거나 생물학적인, 심리적이거나 사회적인, 혹은 우주적인 물질 현상들의 문제이다.[39]

욕망과 이미지 사이의 통상적인 관계를 사유할 때 이것은 직접적인 정치적 결과들을 가진다. 우리는 개인들이 우선 본연의 특유한 욕망들을 가지고, 그 다음에 비로소 — 그들의 덜 고상하거나 저열한 욕망들이 그들을 타락하게 만드는 곳에서 — 그 자신들에 의해서건 — 여성, 군중, 피식민자가 그들의 실제적 이해利害에 대한 곡해에 기만되는 곳에서 — 권력을 가진 자에 의해서건 그 욕망이 왜곡되거나 비껴나갈 수 있다고 생각하는 경향이 있다. 허위 의식 또는 실재에 대한 왜곡이라는 이데올로기에 대한 이러한 관념은 하나의 혁명적 무리 — 맑스주의자들 또는 페미니스트들 — 에게 우리의 실재적 이해利害가 어떤 것이어야 하는지를 지적할 권리를 부여하는 정치적 이점을 실제로 가진다. 그러나 그것은 또한 두 가지 문제들을 창조한다. 다시 말해 그것은 사람들이 환영적일 뿐인 것을 욕망하게 되는 것은 어떻게 해서인가, 그리고 맑스주의나 페미니즘 비평가는 어떤 권리나 권력에 의해 그 환영들의 신화를 해체하는가 하는 문제들이다.

들뢰즈·가타리는 마치 그들(맑스주의나 페미니즘 비평가들)이, 그리고 그들만이 우리가 욕망해야 하는 것이 무엇인지를 식별할 수 있다는 듯이 그들의 저작을 초월성의 지점, 욕망과 환영의 외부에 위치시키기를 거부한다. 그 대신 들뢰즈·가타리는 욕망이 환영이나 억압으로 고통받고 있다는 이데올로기적 전제를 거부한다. 반대로, 그들은 파시즘, 인종주의, 가부장제가 욕망되는 것은 어떻게 해서인지를 설명하고자 한다. 그것은 우리가 속아서 우리의 욕망을 억압하게 된다거나 우리로부터 진실을 은폐하는 이미지들을 창조하는 어떤 무리——자본가들——가 있다는 이야기는 아니다. 오히려 우리는 그 자체가 파시즘과 가부장제인 이미지들을 욕망한다.[40] 즉 우리는 강하고 처벌하는 아버지, 법 너머의 어머니 혹은 여성성, '인간'의 추론하는 하얀 얼굴에 대한 욕망에 적극적으로 투여한다. 정말이지 우리는 그렇다.[41] 들뢰즈·가타리가 해야 하는 것은 그러한 이미지들이 어떤 근원적인 실재를 숨기거나 은폐한다는 것을 지적하는 일이 아니다. 왜냐하면 그들의 내재성의 정치학은 이미지들의 실재를 주장하기 때문이다. 대신에 그들은 그런 욕망하는 이미지들이 어떻게 **작동하는지**를 보여 주어야 한다. 어떤 이미지들은 역능을 그것이 할 수 있는 것으로부터 돌려놓지만, 다른 이미지들은 역능을 그 최대치로 취한다. 예를 들어 여성의 경우를 살펴보자. 전형들에 모순되는 하나의 참된 여성성이 있는 것이 아니다. '여성'은 정치적 관계들의 한 계열의 역사적 결과이며, 거기서 성차는 가족이나 법을 통해 코드화되는 것이기 때문이다. 그러나

'여성'의 이미지가 그로부터 코드화되는, 그리고 그 지배하는 이미지로부터 해방될 수 있는 하나의 잠세성이 있다. 어머니-아버지-아이라는 가족 복합체, 그것을 통해 '여성'의 개념이 규정되고, 거기서 여성이 '인간'의 타자로 존재하는 가족 복합체는 훨씬 더 광범위한 포텐셜들로부터 출현한다. 즉 우리는 신체들이 상이한 관계들로 진입하는 것을 상상할 수 있다. 거기에는 출산, 성차, 이성異姓적 양자 관계에 들어맞지 않는 얼개들을 생산하는 성적 관계들이 수반된다. 우리가 '여성'을 존재하는 어떤——그리하여 우리가 어떤 술어들을 '여성적이지 않은' 것으로 기각할 수 있는——것으로 보는 대신 그로부터 '여성'의 이미지가 출현한 하나의 잠세성으로 사유하게 될 수 있다면, 비로소 우리는 '여성-되기'에 도달할 수 있다. 들뢰즈·가타리는 모든 되기〔생성〕들의 열쇠가 이 개념이며, 그것은 바로 생명의 이미지들의 흐름이 단일한 지배하는 이미지에 집중되도록 해주었던 것이 이성, 사유, 표상, 행위의 이미지로서의 '인간'이기 때문이라고 본다. 하나의 이미지——'인간'——가 모든 이미지화의 바탕이 된다면 접속, 창조, 돌연변이, 굴절, 되기〔생성〕에 대한 생명의 잠세성은 우리가 그것을 통해 다른 모든 이미지들을 지각하는 이미지에 의해 제한되게 된다. 그들의 방법론적 요점은 보다 나은, 혹은 보다 실재적인 이미지를 지적하는 데 있지 않다. 어머니-아버지-아이의 가족적 이미지는 온통 너무나 실재적이고 효과적이기 때문이다. 오히려 그들의 방법론적 요점은, 생명이 이미지화의 포텐셜이라면 그 포텐셜은 오직 어떠한 단일한 이미지도 다른 모든 이미지들을 지배하지 않도록 함으로써 극대화될 수 있다고 주장하는 데 있다. 이것은 생명의 윤리학으로서, 생명이 무엇인가에 의해서가 아니라 이미 주어지지 않은 것으로 스스로를 여는 포텐셜에 의해 정의된다. 들뢰즈·가타리는 생명의 부정을, 혹은 그 자신으로서 존재하지 않거나 극단적으로 미결된 것으로 존재하는 생명의 역능을 찬미하지 않는다. 완전히 그 반대이다. 왜냐하면 생명은 아직 주어지지 않은 것의 이미지들을 창조하는 역능, 그것이 상상하는 경로들에 따라 움직이거나 행동하는 역능을 갖기 때문이다. 다시 말해 생명은 존재도 비非-존재도 아니며, 다만 '?존재'이다.

들뢰즈·가타리는 욕망들이 실재성을 갖지 않는 이미지들 ── 그것들이 오역된다는 점에서 이데올로기적인 이미지들에 의해 그 역능을 빗나가게 되는 그런 것이라고 보지 않는다. 오히려 욕망이 스스로에게 등을 돌리거나 그 자신의 역능을 빗나가게 되는 것은 그것이 창조적이기 때문이다. 바로 이 대목에서 니체에 관한 들뢰즈의 책은 결정적인 중요성을 갖는다. 그 책에 의하면 모든 생명은 행위와 반응이며, 초월적 진실을 갖지 않는 창조적 힘 또는 생성이다.[42] 그러나 어떤 창조들 ── '인간'이나 '고원한 세계' 혹은 심지어 활동의 중심으로서 자기라는 관념 ── 은 창조를 그 자체에 반하게 하면서 생명을 감소시킨다. 『안티 오이디푸스』에서 이것은 반-생산으로 말해진다. 반동적 힘들의 문제가 보다 전통적인 의미에서 철학적인 들뢰즈의 저작들에서 암시되기만 했던 어떤 형식을 갖추게 되는 것은 가타리와 함께 쓴 이 책에서이다. 욕망의 반反-생산 혹은 반응은 어떻게 어떤 외적이거나 우연적인, 혹은 강제된 원인을 참조하지 않고 설명될 수 있는가? 다시 말해 우리는 어떻게 자본주의와 그것의 생명 부정을 생명에 들이닥치는 외적 부패가 아니라 생명의 잠세성들 가운데 하나로서 볼 수 있는가?

생명이 정말 창조하고, 연장하고, 생산하고, 극대화하려는 경향뿐 아니라 그 자체를 파괴하려는 경향 또한 갖는 것이라면 어떻게 우리는 反-생산의 어떤 형식들을 비난할 수 있는가? 생명 너머의 어떤 기준이나 규범에 호소하지 않고서 어떻게 우리는 어떤 형식들이나 이미지들이 생명을 거스르는 것으로 판단하는가? 신, 인간, 선善, 인간성이 효과된 허구들이라면 어떻게 우리는 그 허구들을 평가하거나 비판할 수 있는가?

여기서 『안티 오이디푸스』가 중요한 것은 종합의 전개가 더 이상 지각작용 장소로서의 정신에 있지 않고 무리들에 있기 때문이다. 이것은 개인들의 무리들은 아니다. 왜냐하면 '개인'은 이미 집단적 투여들로부터 도출된 '무리 환상'이기 때문이다. 들뢰즈·가타리의 저작에서 가장 창조적인 대목은 이 급진적인 생명의 정치화이다. 개인들에서 시작해 정치조직의 출현을 설명하는 대신에, 들뢰즈·가타리는 원시적 사회체를 형성하는 신체들의 무리들에서 시작하여 궁극적으로 사적 개인의 발생을 설명한다. 프라이버시는 하나의 무리 환상으로서, 분자적이고 미시 정치적인 생성의 역사를 그 조건으로 한다.[43] 정신분석이 인간 조건에서 시작한다면 ── 어머니와 마주한 유아는 살기 위해 어머니의 욕망을 호출해야 한다 ── 들뢰즈·가타리는 정치학을 설명하는 것으로 기대되는 이 오이디푸스적 장면이 어떻게 해서 그 자체로 정치적 역사의 효과인지를 설명한다. 정신분석학적 견지에서 우리가 문화에 진입하고 법에 종속되는 것은 우리의 어머니들에 대한 욕망을 버리고 아버지들의 권위에 동일화하며 나아가 그 권위를 법 자체로 전사한 결과이다. 거기서 법은 그것이 없었다면 비변별화되고, 매개되지 않고, 무법적이고, 탈인간적이며, 반역사적인 것이었을 생명을 지배하는 관계들 또는 구조들을 대표한다. 이와는 대조적으로, 들뢰즈·가타리는 어머니-아이 관계를 생산하는 신체들 간의 관계 자체가 정치적인 것이지, 정치학을 설명하는 데 사용될 수는 없다고 주장한다. 우리는 우리의 어머니들을 향한 욕망을 버릴 수 없으며, 그러므로 사회적으로 매개된 욕망에 정주한다고 그들은 주장한다. 즉 욕망된 것으로서, 상실된 대상으로서의 어머니의 이미지는 고도로 정치적인 것이며, 그것이 바로 설명되어야 할 것이다. 우리가 어떻게 불가능한 대상을 금지하는 법에 스스로가 종속된 것으로 사유하기에 이르렀는지 그들은 묻는다. 또한 우리는 어떻게 정치학을 이데올로기로, 결코 접근되거나 사유되거나 체험될 수 없는 실재 세계를 매개하는 기호들의 체계로서 사유하게 되었는가?

자본주의의 역사는 사유화의 역사라고 들뢰즈·가타리는 주장한다. 요컨대 생명의 이미지들의 종합의 오류나 단락은 허위 대상 또는 환영적 원인을 생산한다. 즉 효과—'인간'의 이미지—가 원인으로 여겨지고, 그리고는 무질서한 이미지들의 전체 계열이 뒤이어 일어난다. 초월적 진실, 혹은 실제로 우리가 그것에 대해 가지고 있는 이미지들 외부에 있는 것으로서의 생명에 호소하지 않고서, 들뢰즈·가타리는 내재적 비평을 구축한다. 이데올로기 이론과는 달리 그들은 환영이나 배리가 생명에 강제된 것으로 보지 않는다. 그들은 아직 그 완전한 표현에 당도하지 않고 그 자체에 되접혀 생성을 멈추고 스스로를 생명 위에 그것을 초월하여 있는 바탕으로 여기는 생명의 경향으로부터 이미지들의 출현을 설명한다. 이미지화하는 역능으로서의 생명의 창조적 구조에 주목한다면 우리는 '인간'이 이미지들의 어떤 조직화하는 중심으로(여러 환상들 가운데 하나라기보다는 환상의 가정된 바탕과 원인으로) 불합리하게 이용되는 것을 인식하게 될 것이다. 그때 우리는 욕망하는 생산을 사적 자기로부터 해방시키게 되고, 그 대신 프라이버시의 생산을 목도하게 된다. 이 생산은 접속들의 계열을 요구하는 역사적인 것이며, 동시에 판명한 사회적 기계를 생산하는 정치적인 것이기도 하다.

우리는 그들의 지각적 관계들 외부에 어떠한 동일성도 갖지 않는 신체들의 무리 지음——부족적 팔루스 혹은 동물 토템들 주변에 배치된 신체들——을 사유함으로써 집단적 투여들의 원시적 사회체를 상상할 수 있다. 이 단계에서, 항문이 집단적 삶[생명]으로부터 철수된 대상이 되고 의미를 결여한 것으로 다루어지게 됨으로써 사유화된다면, 이것은 자본주의의 사유화가 생명 자체의 제한하는 한 경향이기 때문이다. 요컨대 나의 노동과 욕망이 어떠한 타인의 것과도 거래되고 교환될 수 있는 곳에서, 그리고 개인이 화폐, 상품들, 이미지들의 흐름들이 교차하여 사유화가 출현하는 텅 빈 지점이 되는 곳에서 우리는 화폐의 출현을 기다릴 필요가 없다. 그 자체로 아무런 가치나 동일성을 갖지 않는 순전한 것(배설물)만이 있을 수 있는, 집단적 삶[생명] 외부의 지대들——이를테면 항문——의 창조야말로 근대의 자본주의를 가능하게 해주는 것이다. 집단적 삶[생명]을 아직 단일하고 지배적인 관점으로부터 조직화되지 않은 지각작용들의 다양체로 사유한다면, 우리는 비로소 분리와 추상을 향한 경향으로서 사유화를 사유할 수 있을 것이다. 즉 그것은 무관심적인 순전한 '이것'으로서 혼돈과 차이로부터 스스로를 분리하는 어떤 것이다. 배설물이 항문을 집단으로부터 분리시킨다면, 그러는 가운데 힘들과 정체政體의 협상들의 외부에 숨겨진 공간을 허용한다면, 화폐는 사유화의 극단적 형식이자, 당신이 벌고, 살고, 자신의 것을 지출할 때 나도 벌고, 살고, 내 삶을 영위하도록 해주는 수단이다. 자기들selves은 그들이 화폐와 지출을 통해 그들의 욕망들을 운영하고자 하는 대로 그들 자신의 신체를 운영한다.

그러나 그러한 흐름들이 급진적으로 탈영토화되는 것도 역시 가능하며, 이것이 들뢰즈·가타리가 『안티 오이디푸스』에서 하고자 한 바로 그것이다. 다시 말해 그것은 욕망들, 이미지들, 강도들을 개인에 있어서든 코드화의 특수한 체계들에 있어서든 그 위치로부터 해방시키는 일이다. 원시적 사회체에서 영토들은 코드화되고, 문신, 흉터냄, 그림, 피어싱의 과정들에서 명백하게 표시되었다. 그러한 과정들은 눈이나 남근, 가슴, 머리와 같은 기관들을 집단적으로 경험되도록 해준다. 실로, 나는 한 개별적 신체이고, 그 신체가 낙인에 의해서 한 부족의 일원이 되는 것이 아니다. 오히려 낙인된 기관들이 있고, 이 낙인이 신체들의 배치와 영토를 생산하며, 그때 비로소 한 신체는——그것이 모더니티에 있어서 그러하게 될 것과 같이——그 자신을 한 개인으로 여기게 된다. 그러나 개인이 스스로를 집단적 배치로부터 분리하거나 탈영토화하기에 앞서 들뢰즈·가타리가 전제 군주적 사회체라고 부르는 것이 일어난다. 한 영토의 신체들이 그들의 낙인들을 통해 그 영토의 기관들로서 코드화된다면, 그 하나의 신체가 탈영토화되고——이 영토의 생명으로 여겨지는 것에서 떨어져 나가 탈사회화되고 탈영토화되며——그리고 나서 그 생명의 흐름들 외부의 한 지점으로 나타나는 것은 가능하다. 다시 말해 전제 군주의 경우에 낙인된 신체들은 권력의 장으로, 흐름의 근원으로 지각되는 한 신체에 의해 초코드화된다. 전제 군주가 흉터내기와 문신이라는 집단적 의례들을 향유할 때 그 배치 외부에는 하나의 관점이 수립된다. 그것은 그때 그 배치의 법 또는 질서로 나타나는 관점이다.

사유화, 즉 명백하게 집단적인 삶[생명]에서 분리는 인간 생명의 잠세성이다. 『안티 오이디푸스』에서 들뢰즈·가타리는 흐름들──정액, 음식, 사냥된 동물들, 값진 물건들──을 코드화하는, 그리고 동시에 다른 흐름들이 사회적 기계의 생산에 진입하는 것을 허용하지 않는 경향을 기술한다. 다시 말해 배설물의 흐름은 쓰레기, 비-생명 혹은 반-생산이며, 우리가 사회적이 되기 위해서는 정복 또는 극복되어야 할 흐름이다. 들뢰즈·가타리가 사유화에 초점을 맞추는 기저에는 집단적 투여에 관한 논의가 있다. 처음에 기관들은 집단적으로 투여된다. 즉 부족적 응시의 대상인 할례라는 의례는, 그 기관이 힘으로 충전됨과 동시에 신체들의 배치를 하나의 부족으로서 창조한다. 나중에 모더니티에 이르러서야, 욕망하는 신체들의 초점이던 팔루스는 오이디푸스 징후의 아버지가 거세를 위협하는 남근이 될 것이다.

생명의 심장부에는 집단적 투여 혹은 무리 환상이 있다. 즉 신체는 직접적으로, 그리고 비매개적으로 정치적이다. 모더니티에서 이성의 머리에 지배되고, 영혼의 눈과 얼굴 표정을 통해 표현되며, 사적 성기를 통해 성화性化되는 자기의 경험은 특수한 정치사의 결과이다. 처음으로 신체들은 이 특수한 무리의 존재로서 낙인찍힐 필요가 있고, 그리고는 그 무리가 고양 혹은 탈영토화된 신체에 의해 조직될──그리하여 고통은 이제 군주의 위협하는 처벌로서, 쾌락은 약속된 보상으로서 체험될——필요가 있다. 끝으로 이 조직화하는 도덕적 신체는 그자신의 것으로 내면화되어야 한다. 이것이 모두 '우리'가 오이디푸스, 거세, 항문성애의 초월 등을 체험할 때 정신분석학의 이야기에서 벌어지는 일이다. 예컨대 우리는 '신체'와 같은 어떤 것이 어떻게 사유 가능하게 되는지 물을 수 있을 것이다. 다시 말해 우리는 어떻게 우리 자신을 이 물리적 실체를 지배하는 하나의 정신 안에 조직화하는가? 또 그러한 경계나 분배는 어떻게 효과되었는가? 들뢰즈·가타리는 신체, '인간', 궁극적으로 모든 관계들이 (자본주의에서와 같이) '사적'인 것이 되려면 초코드화의 과정이 탈영토화 또는 투여들의 인각함에 짝 지어져야 한다고 주장한다.[44]

대체로 말해서 하나의 투여는 한 흐름의 일정성, 에너지의 홈 파임이다. 다시 말해 그것은 입이 가슴과 짝 지어지고, 신체들이 하나의 특정한 이미지 주변에서 춤추게 되고, 한 신체의 심박수가 특정한 기억의 침입과 더불어 올라가고, 눈이 어떤 의례를 향하게 되는 것이다——이 모든 접속들은 단순히 점들을 관련 짓는 것만이 아닌데, 왜냐하면 그 흐름이 생명의 혼돈스러운 유동 안에 상대적 안정성을 창조하는 어떤 흥분이나 힘을 생산하기 때문이다. 어떠한 투여가 다른 흐름에 지배된다면 거기에는 초코드화가 있다. 춤추거나 흉터냄의 집단적 의례에 참여하는 신체들은 그 자신을 그 장의 외부에 세우고——탈영토화——그리고는 신체들 사이의 관계들을 폭력의 위협에 참조하는 (초코드화의 잔혹) 하나의 신체에 의해 조망될 수 있다.

'인간'의 시간

들뢰즈·가타리는 니체를 따라 폭력을 통한 기억의 생산을 인간 정치사의 유일무이한 원동력으로 주장한다. 영화에 관한 책들과 베르그손에 대한 저작에서 들뢰즈는 시간에 대한 급진적인 개념을 창조한다. 일상적 삶의 공간화된 시간, 또는 연장되고 등가한 단위들의 계열로서 측정되는 시간 이외에 강도적 시간이 존재한다. 거기에서 각각 독특한 시간적 흐름은 생명의 열린 전체를 재배열한다. 인간의 기억과 역사는 연장되고 인각된 측정 가능한 크로노스의 시간이라는 관점에서 가장 잘 이해된다. 인간의 역사, 실로 인간성 그 자체는 오직 기억의 새겨 넣음을 통해서만 가능하다. 니체는 이 과정을 '축제적 잔혹'이라 기술했다. 다시 말해 하나의 신체가 낙인이 찍히고, 흉터 지어지고 고문되거나 인각될 수 있다면 그 신체는 부채의 관점에서 시간을 살아갈 수 있게 된다. 다시 말해 내가 이전의 내 존재를 설명할 수 있는 상태를 유지한다면, 또는 내가 하나의 약속에 따라 살아가는 것으로 말해질 수 있다면 '나'는 하나의 연속적 자기가 된다.[45] 심지어 신체들을 위협하는 실제 전제 군주가 있기 이전에조차 원시적 인각은 존재하고, 그리하여 한 신체의 현재의 고통은, 신체들이 어떠한 배치든 그것을 하나의 시간의 선線으로 여는 것이다. 신체들의 흉터냄은 한 무리를 낙인 찍어 그것이 재인하고, 반복하고, 스스로 갱신할 수 있게 된다. 개인의 기억 ──나의 것이 되는 경험들을 품고 있는 것 ──은 집단의 기억에 의존한다. 왜냐하면 시간 속에서 안정되게 유지되는 한 신체가, 이후의 시간들이 등가하거나 비교 가능한 과거의 지점에 따라 측정될 수 있게 되는 방식으로 구성된다면 오직 '내-것임' 또는 자기의 개념만이 있을 수 있을 것이기 때문이다. 기억의 장소이자 원인으로서 나타나는 근대적 자기는 사실상 일련의 집단적 인각들의 효과이다. 첫째, 신체들의 무리들을 영토로서 낙인 찍음이 있으며, 그것은 과잉적이거나 축제적이다. 즉 (힘의 행사는 이 힘이) 산업이나 노동 혹은 시간 절약을 향해 견인됨 없이 일어난다. 둘째, 향유하는 눈에 의해 개관되는 낙인들은 향유를 추출함에 있어 그 이상의 고통 역시 약속할 수 있다. 다시 말해 잔혹의 한 장면이 위로부터 명령된다면 그것은 **공포**가 되며, 현재적 힘의 시간은 처벌 속에서 그 근원으로 소급되어 올라가고, 또한 미래의 가능한 위험들로 나아간다. '인간'의 신체는 시간이 연장 속에서 구성될 때──과거에 대해 답할 수 있는 미래 그리고 예견된 미래에 의해 연기되는 과거──비로소 약속들을 품을 수 있게 된다.

그러므로 연장된 기억에 대한 원原-자본주의적 질이 있다. 자본의 시간은 생명의 과잉적 생산들이 상고적이거나 예견되지 않은 관계들을 생산하는 것을 허용하지 않는다. 즉 현재의 에너지는 동일한 형식 안에서 생산의 반복인 미래에 미리 맡겨져 있다. 자본주의가 시간의 양화와 표준화를 명백한, 지배적인 정점으로 가져갔다면, 시간 속에 동일하게 존속하는 인간성의 관념은 표준에 따라 살며, 세계를 정복될 수 있는 균일한 공간으로 여기고, 또한 연장된 시간에 의존한다. 시간을 노동으로 측정하고 창조를 보다 많은 돈(혹은 보다 많이 쓰일 시간)을 이끌어 낼 욕망들을 생산하는 능력에 따라 운영하는 자본주의 생산은 코드화와 초코드화 과정의 극단적인 형식이다. 시간의 모든 지점은 다른 모든 지점과 같고, 유효하게 측정되거나 쓰이고 지불되고 팔릴 수 있다. 우리는 더 이상 외적 규범들——그것들이 종교적이든, 국가적이든, 부족적이든——에 지배되지 않는데, 왜냐하면 자유주의에서 모든 욕망들은 '나의' 삶의 측면들로 운영될 수 있고, 거기서 주체 또는 '나'는 하나의 단순한 시간적 연속성 이외에 아무런 존재도 갖지 않기 때문이다. '나'는 내 행위들이나 기억들, 또는 욕망들 외부에 아무런 존재도 갖지 않으며, 내 신체는 [특정한] 이런 자기-종합하는 초월론적 주체의 장소에 다름 아니다. 들뢰즈·가타리의 정치적이고 사회적인 이론은 동일성들, 형식들, 상대적으로 안정된 점들을 가능하게 만드는 흐름들을 검토하기 위해서 어떠한 구축된 형식도 거부한다.

강도 높은 배아적 유입

대륙 철학을 이해하는 한 방식은 칸트에서 들뢰즈로 흐르는 전통을 후기-형이상학적인 것으로 여기는 것이다. 『순수이성비판』에서 칸트는 형이상학에 대해 비판적이었고——그가 철학자들이 이를테면 신, 자유의지, 영혼의 불멸성과 같이 대답할 수 없는 질문들에 사로잡혀 있다고 주장했으므로——동시에 우리가 형이상학적인 질문들이 어떻게, 그리고 왜 출현했는지 물어야 한다고 생각했다. 사유함이란 무엇이어서 스스로에게 해결 불가능한 문제들, 그 고유한 영역 너머의 문제들을 제기할 수 있는가? 칸트는 우리가 경험을 통해 지식을 갖게 되며, 그러므로 경험 너머에 있는 것——형이상학적인 것과 초감각적인 것에 대해 발언하는 일은 불합리하다고 주장한다. 그는 이론과 실천, 혹은 우리가 알 수 있는 것과 할 수 있는 것을 구분한다. 그는 또한 우리가 경험을 통해 세계에 대해 알 수 있는 것과 순수이성 혹은 우리가 세계에 적용하는 정신의 형식들을 이론 내에서 구분한다. 우리는 **신**이나 무한한 것 혹은 영혼에 대해서 우리가 경험에 의해 제한되는 과학적 현상들에 대해 할 수 있는 것과 같은 방식으로 이론적 지식을 가질 수는 없다. 우리는 그러한 이념Idea에 대해 **사유**할 수 있고——이것은 순수이성이다——신, 자유, 불멸성이 있는 것처럼 행동할 수 있다——이것이 실천[이성]이다. 그러나 우리는 **신**에 대한 어떤 경험으로부터 우리가 무엇을 해야 할지를 아는 데로 이행할 수 없다. 그러므로 순수이성과 실천이성 사이, 우리가 알 수 있는 것과 우리가 해야 할 것 사이에는 간극이 있다. 후기-칸트주의 전통에서는 이 간극을 감성적인 것이 연결한다고 본다. 미에 대한 경험에서 우리는 주어진 것의 질서와 형식을, 마치 우리가 경험한 것이 그것을 개념들로 가져가는 오성의 역능을 위해 완벽하게 형성된 듯이 느낀다. 숭고한 것에서 주어진 것을 의미 있게 만들 수 없는 정신의 무능력을 느낀다.[46] 두 경우 모두 역능을 형성하는 정신의 이러한 감정은 초감각적인 것——우리가 세계의 경험된 형식으로 환원 불가능한 역능들을 형성하고 있음을 암시한다.[47] 이것은 그때 우리가, 마치 우리가 자유로운 것처럼, 마치 우리가 도덕적일 수 있거나 세속적인 자기-관심에 의해 결정되지 않을 수 있는 것처럼 행동할 수 있다는 이념을 강화시킨다.

칸트의 후기-형이상학적 철학이 제기한 것은 당대의 후기구조주의에서 유지되는, 들뢰즈의 여러 비평적 시도에 동기를 부여한 문제이다. 다시 말해 이것은 초월론적인 문제, 철학을 시작함 또는 사유함의 문제이다. 우리가 이미 가정된 이미지들과 더불어 작동하고 있다면, 사실상 어떻게 우리가 무엇을 하고 생각하는지에 대해서 질문할 수 있는가? 그럼에도 우리가 세계에 대해 만드는 형식이나 의미의 이런 문제로부터 단순한 구조주의로, 혹은 모든 진실은 단지 정신의 창조일 뿐이라는 생각으로 이행하는 것으로는 충분치 않다. 이것은 두 가지 문제를 남기기 때문이다. 들뢰즈는 이런 우리가 정신 혹은 주체의 이미지가 어떻게 형성되는지를 물어 볼 필요가 있다고 본다——한 이미지가 그로부터 혼돈이 조직화되는 그 이미지로서 나타나는 이유는 무엇인가? 둘째, 우리는 어떻게 이러저러한 특수한 경험을 무시한 채 순수한 진실 혹은 이성 일반의 역능을 설명하는가? 들뢰즈를 여타의 단순한 포스트모던 상대주의와 분리하는 것은 이 문제이다. 왜냐하면 그는 사유 또는 주체가 세계를 그것이 의지意志하는 것으로 만들 수 있다고 주장하지 않기 때문이다. 즉 그는 유일무이한 주체라는 관념과 과학을 또 하나의 허구로서 거부하는 관념 양쪽 모두에 비판적이었다. 실로, 그의 저작의 지배적인 관심사들 가운데 하나는 혼돈에 일관성을 부여하는 과학의 능력으로, 이 형식들은 주체나 정신 또는 경험으로 환원 불가능하다. 그러나 칸트에게 과학들은 순수한 형식적 진실들을 산출하는 것이었고, 이 순수 형식들, 즉 범주들은 경험에 대하여 초월론적이다. 즉 그것들은 경험을 가능하게 한다. 들뢰즈는 참으로 초월론적인 철학은 주체가 경험에 가져다주는 범주들이나 형식들에 의존하는 것이 아니라 그 형식들이나 범주들의 출현을 설명하는 것이라고 여긴다.

들뢰즈적 형식에 있어서나 데리다적 형식에 있어서나 후기구조주의가 진실의 모든 관념들을 거부하는 것은 아니다. 반대로, 그것은 칸트의 탈인간성의 문제 혹은 순수하게 형식적인 진실의 본질 문제를 연장한다. 예컨대 칸트에게 기하학은 공간의 진실들이 경험 너머에 있기 때문이 아니라 그것이 없다면 아무런 경험도 가능하지 않은 특정한 형식들——이를테면 안과 밖, 여기와 저기의 공간적 구분——이 있기 때문에 가능하다. 기하학의 관념적 진실들이 우리의 현실 세계에 적용되는 것은 바로 우리가 사는 세계가 언제나 이미 우리가 그것에 대해 만드는 의미를 통하여 체험되기 때문이다. 우리는 기하학적 진실들을 그것을 우리의 경험 속에 배치해 본 이후에야 비로소 알 수 있다. 그러나 그것들은 또한 어떠한 특정한 경험을 넘어 경험 일반으로 연장된다. 칸트는 이것이 주체가 계열들을 현실적 경험 너머로 종합하거나 접속하는 역능인 순수이성의 진실 그리고 경험의 관계에 있어서의 이성의 진실들인 오성의 진실 전체를 산출한다고 본다. 우리가 기하학과 같이 정밀한 공간론을 가질 수 있는 것은, 한편으로 종합하고 질서 짓는 능력으로서의 이성을 가지고 있기 때문이고, 다른 한편으로는 직관을, 또는 우리에 의해 종합되는 소여를 가지고 있기 때문이다. 순수이성은 종합하는 역능을 취하고, 그것을 직관될 수 있을 것 너머로 연장한다. 그러므로 원인들과 결과들 없이는 정합적인 경험을 가질 수조차 없다는 이유에서 세계를 인과적 연쇄로서 경험하는 것이 적법하다면, 그 계열을 경험 너머로 연장하는 것은 불합리하다. 어떤 것이 주체에 의해 경험되려면 그것이 주체와 달라야 하고, 그러므로 시간적이고 공간인 점들의 조건 지어진 계열 안에 위치되어야 하기 때문이다. 우리가 어떤 제1원인, 조건들의 계열을 시작하는 어떤 것을 사유하려고 한다면, 우리는 오류를 범하거나 종합을 불합리하게 사용하는 것이다. 우리는 경험을 가능하게 하는, 시간적 질서와 같은 어떤 형식을 취하고, 그 질서의 시작 또는 존재를 사유하려고 한다. 칸트는 이성의 이러한 순수한 사용——계열 자체를 그것이 어떠한 경험된 잡다의 계열도 아닌 상태에서 사유함——이 이론상 불합리하다고 주장한다. 그러나 그것은 **실천적** 중요성을 가진다. 왜냐하면 우리에게 (알 수 있는 대상이 아닌) 자유의 이념을 형성하도록 해주는 것이 인과율 너머를 사유하는 우리의 능력이기 때문이다. 우리가 자유로운 한 존재, 그 자신의 행동하려는 의지 이외에는 어떠한 결정하는 원인도 없이 행동할지를 사유할 수 있다면 우리는 법을 위하여 행동한다는 것이 어떠한 것일지 상상할 수 있다.

현대 도덕 이론의 상당 부분은 여전히 어떤 우연적 연쇄의 일부로서가 아니라 그 자체를 목적으로 상상하는 이런 능력으로 이루어져 있다.[48] 예컨대 자유주의는, 우리가 우리 자신을 자기-입법적인 것으로 다만 상상할 수밖에 없고, 그러므로 타인들의 자기-입법 능력을 방해하게 될 방식으로 행동할 수 없는 것은 바로 우리가 어떻게 행동해야 하는가에 대해 어떠한 결정된 법도 부여받지 않았기 때문임을 받아들이는 일반적인 정치적 원리이다.[49] 그 법은 순수하게 형식적인 것으로, 우리가 어떻게 살아야 한다는 이러저러한 방식을 일러주는 것이 아니라 우리를 어떤 특정한 타인이 어떻게 살아야 하는지를 결정하는 데서 배제시킨다. 그렇다면 유일한 법은 어떠한 가능한 의지에도 적용될 법이다. 즉 우리는 법적이거나 도덕적인 무게를 특정하게 선호하는 것에 둠으로써 자신이나 타인을 예외로 만들지 않을 수 있다. 칸트는 법이 우리가 특정한 상황들을 고려하지 않고 할 수 있는 것의 **이념**이고, 그러므로 도덕적 법칙은 단지 우리가 원인을 갖지 않고서 어떻게 행동할 수 있는가에 대한 **이념**이라고 본다. 이것은 우리에게 도덕성의 **이념**을 준다. 우리가 사실상 이러한 순수한 자유의지의 위치에 결코 당도할 수 없음에도, 우리는——실천적으로——그런 자유가 가능하다는 듯이 행동할 수 있다. 이것은 우리가 스스로 (감정과 욕망에 지배되는) 병리학적 존재로서 행동하지 않고 다만 순수 행위, 그 사람이 경험 내에서 차지하는 위치와 무관하게 어떠한 행위자에 의해서든 행해질 어떤 행동에 따라 행동할 인간성이라는 이념을 준다. 칸트는 이러한 '너머'에 대한 우리의 사유가 우리에게 자유의 이념을 주는 것은 우리가 경험 너머에 무엇이 있는지 알 수 없기 때문이라고 여긴다. 즉 우리가 어떠한 결정된 형식의 법도 알지 못함은 우리에게 우리 자신을 위한 법을 결정할 책임을 부여한다. 그렇다면 우리가 이러저러한 인간 존재나 신체——존재하는 것 혹은 우리가 하는 것——에 대해 아는 것으로부터 우리가 해야 할 것으로 가는 어떤 이행은 없다. 그러나 우리가 지식 너머로 상상할 수 있는 것——나는 나 자신을 자유롭고 원인 없는 의지로 상상할 수 있다——으로부터 우리가 해야 할 것으로 향하는 직접적인 이행은 있다. 다시 말해 '나는 할 수 있다'는 '나는 해야만 한다'를 암시한다.

이제, 한편으로 들뢰즈는 칸트가 '인간' 또는 인간성의 결정된 이미지로부터 일탈해 나갈 때 충분히 멀리 나아가지 않았다고 주장한다. 칸트는 모든 관심적이고 결정된 이미지들로부터 풀려난 순수의지에 대해 생각할 것을 요청한다. 즉 그는 초월론적으로 사유할 것을 요청한다. 그러나 들뢰즈에 따르면 세계를 종합하는 초월론적 주체는 참으로 초월론적이지 않다. 왜냐하면 그것은 하나의 이미지 —— 세계를 정복하고 상이한 경험들을 미리 수립된 모델들로 환원시키려고 애쓰는 이성의 이미지 —— 로부터 움직이는 데 의존하고, 그러고는 그 이미지를 모든 이미지들의 근원으로 보기 때문이다. 그러나 칸트가 상-식과 양-식, 즉 '주체' 란 본래 일치와 조화를 향해 정향되어 있다고 가정할 수 있다는 생각에 의존했음에도, 세 가지 능력에 대한 칸트의 이론은 또한 불일치의 이론에 이념을 허용하기도 했다. 칸트는 오성이 직관된 자료들을 개념들로 정돈하는 능력이라고 본다. 그러므로 내가 지금 보고 있는 색채의 이 잡다는 '나무' 라는 개념 아래 종속될 수 있다. 이성은 우리의 질서 지어진 경험에 형식을 부여하는 능력으로, 모든 사건들을 어떤 우연적 연결고리에 위치시킨다 —— 이것이 어떤 세계의 경험이라는 어떤 관념, 객관적 세계의 관념 자체가 어떤 우연성을 요청한다는 관념이 있다면 (설령 우리가 우리 자신의 세계로부터 매우 다른 우연적 접속들을 상상할 수 있다 해도) 경험을 상상할 수 없으므로 그러하다. 상상작용은 수용된 인상들이 어떤 최소한의 형식 속에 놓여 개념들을 부여받을 수 있게 해주며, 그리하여 우리는 그것을 한 그루의 나무로 개념화하기 이전에 일종의 스타일 속에서 그 잡다를 보아야 하게 된다. 칸트는 미美가 상상작용과 오성의 조화 속에서 일어난다고 주장했다. 다시 말해 내가 조망하고 있는 어떤 풍경은 내가 그것을 판별하기 위해 지적 노력을 기울일 필요가 없는, 대칭적이고 한정되어 있으며 균일하게 분배된 비례의 풍경이며, 그럴 때 나는 내가 그것을 아직 이러저러한 자연 현상으로 개념화하기도 전에 오성과 상상작용의 용이한 관계를 느낄 수 있다. 내가 미에 대해 반성하고 미로서 재인할 수 있는 것은 이러한 느낌이다. 따라서 이런 느낌을 생산하는 미리 주어진 법칙들은 없는 바, 미란 임의적인 것 —그저 내가 특별히 느끼는 것 —도 이론적으로 증명 가능한 것도 아니다. 그것은 독특하고 보편적이다. 그러나 이러한 조화의 느낌은 우리에게 모든 인간성이 어떻게 느낄 것인지에 대한 의미와, 또한 자연은 어떻게 그것에 대한 우리의 경험에 일치하는 듯 보이는지에 대한 느낌을 준다. 칸트가 논하는 능력들의 다른 일치는 숭고이다. 여기서 상상작용은 그것의 경험에 한정된 형식을 주지 못하며, 그러므로 거기에는 오성의 재인이라는 단순한 행동이 있을 수 없다. 그러나 유한하고 한정된 스타일 속에서 직관될 수 있는 것을 넘어서려는 분투의 과정에서 주체는 무한하고 한정되지 않은 것 혹은 재현 너머에 놓여 있는 것에 대한 느낌을 경험한다. 한정없는 것에 대한 이런 경험에 대해 성찰할 때 '우리'는 우리가 물질적이고 유한한 세계에 한정된 주체들이 아님을 느낄 수 있다. 두 경우 모두 감성적이거나 반성적인 경험은 우리가 우연적 시간과 공간에 한정된 사물들의 물리적 세계에 의해 결정되지 않는 주체들로서 우리의 위상을 느끼게 해주지만 우리가 그것을 알 수는 없다.

들뢰즈가 연장하고 수정한 것은 칸트의 능력들에 대한 교의의 이러한 측면이다. 칸트와 마찬가지로 들뢰즈는 종종 이념의 적극성을 표현한다.[50] 우리는 무한을 시간과 공간에 대한 우리 경험 내의 어떤 이미지로 현시할 수는 없겠지만, 우연성의 계열을 어떤 경험된 계열 너머로 연장하는 것을, 한정된 어떤 사물 너머로 공간의 종합을 연장하는 것을 사유할 수 있다.

칸트가 이것이 궁극적으로 우리에게 '우리' 모두인 '인간성의 초감각적 토대' subsrate에 대한 느낌을 주고, 따라서 궁극적인 조화 또는 '공통감' sensus communis을 생산한다고 주장하고자 한다면, 들뢰즈는 종합의 유한하고 속박된 형식들 너머로의 연장이 부조화와 사유에의 충격을 생산하면서 주체의 경첩을 풀어 놓는다고 주장하고자 한다. 우리에게 근원적인 조화나 추론하는 주체를 주는 것과는 거리가 멀게, 종합은 '사유 이미지'로부터 해방되어 인간적 관점 너머로 연장될 수 있다. 이것은 종합들과 이념 모두에 대한 사회적이고 정치적인 이해를 산출한다. 종합은 '인간'의 이미지를 생산하는 조합의 형식들이 될 수 있다. 즉 인간은 종합의 정초자가 아닌 것이다. 『안티 오이디푸스』와 『천의 고원』에서 들뢰즈·가타리는 신체들이 시간에 대한 발생적 종합들의 결과들로 존재하는 방식 ── 유기체들이 상대적으로 안정적으로 형성될 때까지 특정한 혁명적 포텐셜들의 접속들 ── 에 주목하고, 그러고는 '강도 높은 배아적 유입'의 부분들로서 인간 신체들이 모더니티에서 '주체'와 같은 어떤 것이 종합의 근원으로 나타나기까지 영토들 안에서 접속하게 되는 방식들에 주목한다. 그때 그들의 과업은 필연적으로 근대적 주체를 파괴하기보다는 욕망의 흐름들 속에서 그것의 생산을 식별하는 것이다. 이 과업을 성취하는 한 가지 방법은 이념에 대한 칸트적 개념으로 되돌아가되, 그러고는 그 이념을 주체 너머로 연장하는 것이다. 칸트는 우리는 다만 시간과 인과관계 내에서만 사건들을 알 수 있기 때문에 자유를 직관하거나 알 수 없다고 주장했다. 원인에서 초래되지 않은 자유와 순수한 시초는 재현된 시간 내에 위치 지어질 수 없을 것이다. 그러나 설령 우리가 자유에 대한 경험이나 지식을 가질 수 없다고 해도 우리는 자유의 이념을 가질 수 있다. 우리는 이 이념을 우리의 합리적 능력을 연장함으로써 형성할 수 있다. 그 능력은 우리가 세계를 인과적 질서 안에서 경험할 수 있게, 그러고는 원인에 의해 초래되지 않은 것이나 한 계열을 개시하는 것에 대해 사유할 수 있게 해준다. 이념은 경험의 조건들을 경험 너머로 연장함으로써 형성된다. 그것들은 우리가 알고 연구할 수 있는 현실적인 사물들이 아니다. 따라서 이론화될 수는 없지만, 실천적 중요성을 가질 것이다. 우리가 스스로 자유롭다고 사유할 수 있다면 우리는 다르게 행동한다. 다시 말해 우리는 내가 결정된, 관심적인 자동인형이 아니라, 나 자신을 수단이 아닌 목적으로 상상할 수 있는 자로 상상할 수 있다. 그런 경우에 나는 도덕적으로 행동하며, 존중의 감정에 대한 고양을 산출하는 것은 자유롭고 결정된 것이 아닌 목적, '인류'의 일원으로서의 나 자신에 대한 이러한 이미지이다. 하지만 들뢰즈·가타리는 그 이념은 인간이 아니라고 여긴다. 기실, 그것은 우리가 인간적 생명/삶 너머를 사유하게 해준다. 그리고 들뢰즈·가타리의 정치학과 들뢰즈 철학의 이러한 측면이야말로 그들의 저작이 다른 형식의 생기론과 거리를 갖도록 만드는 것일지 모른다.

앙리 베르그손은 『창조적 진화』에서 지성은 근원적으로 생명을 정복하기 위해 형성된 것으로, 따라서 인간의 정신은 세계를 오직 스스로의 관심을 끄는 것의 관점에서만 볼 뿐, 생명의 유입들과 지속들을 그 자신의 것 너머로 지각할 수 없다고 주장한다. 즉 세계는 그토록 비활성적인 물질로서 지각되는 것이다. 그러나 지성이 점차 복잡해지면 그것은 두 가지 경로를 취할 수 있게 된다. 첫째, 정신은 그 자체를 또 하나의 안정된 물리적 사물로서 상상하기 시작할 수 있게 되고, 우리가 정신들이나 지각자들을 결정되고 불변하는 질들을 가진 사물들로 상상할 때 이것은 실로 사회적 결정론, 심리학, 성차별주의, 인종주의, 민족주의라는 잔혹한 형태들로서 나타난다. 이것이 '인간' 이 모든 경험을 하나의 안정되고 불변하는 형식으로 물화物化하는 어떤 규범이나 모델이 될 때 일어나는 일이다. 그렇지 않다면 정신은 물리적 과학들이 아니라 생명의 예를 따라, 그 자체가 변화와 운동과 창조라는 유동의 일부임을 이해할 수 있다. 정신은 더 이상 지나가는 세계를 관망하는 고정된 점이 아니다. 그것은 결코 하나의 대상으로 주어지지 않고, 그로부터 고정되거나 결정되거나 한정적으로 질서 지어지는 어떤 점에도 정박하지 않는 열린, 그리고 살아 있는 전체의 일부로서 그 자체를 직관한다. 실재 세계는 사물들이라기보다는 과정들의 하나이며, 정신은 여러 살아 있는 과정들 가운데 하나의 과정이다. 그러나 베르그손의 저작에서 암시되고 있는 것은 인류가 특권화된 지속이 되어 그 고유하게 위치 지어진 관찰의 지점(자신을 둘러싼 세계의 그 고유한 접기)을 극복하고 다른 살아 있는 흐름들의 지속들을 조망하게 될 것이라는 생각이다. 하지만 들뢰즈, 그리고 들뢰즈·가타리는 더 멀리 나아가 인간성의 극복을 강조한다. 인간성은 스스로를 조망되어야 할 세계에 대하여 설정된 주체로서가 아니라 다른 지속들 가운데 한 지속의 흐름으로 인식하게 될 것이고, 또한 다른 지속들의 외양의 나타남—순수한 상태의 시간 이미지—은 정신의 직관하는 역능을 통해서가 아니라 기계들을 통해서 주어짐을 인식하게 될 것이다. 그것은 신체의 눈에는 불가능한 이미지들의 종합을 창조하는 카메라와 같은 우발적인 물질적 기계들과, 개념들과 감정들과 기능들을 창조하여 유기적 삶으로부터는 출현하거나 펼쳐지지 않는 이미지들을 가능하게 해주는 철학, 예술, 과학과 같이 실천을 허용하는 사회적 기계들이다.

결론 _ 생명과 차이

후기구조주의가 언제나 '우리'가 언어를 통해 세계를 구축한다든지 '우리'가 언어의 효과들이라는 생각에 반대하였음에도 불구하고, 영어권에서 후기구조주의에 대한 독해는 언어에 지배되어 왔다. 어쩌면 사상가들이 후기구조주의를 그토록 조소했던 것도 이런 까닭에서일 것이다. 일례로 위르겐 하버마스는 프랑스 사유의 전통이 철학과 문학 사이의 관계가 붕괴된 직접적인 결과라고, 즉 비평적 이성 따위가 있을 수 있다는 감각이 상실된 결과라고 설명했다. 데리다는 언어적 결정론과 상대주의의 주장들에 대해 강력하게 방어했지만[1] 들뢰즈는 그 같은 의무를 짊어지지도, 데리다·푸코·료타르·보드리야르가 얻었던 광범위한 호소력을 얻지도 않았다. 들뢰즈에 대한 관심이 지연된[2] 이유는 부분적으로 그가 언어에 대해 〔위의 사상가들과〕 다른 태도를 취했기 때문이다. 정치·영화·문학·페미니즘 이론이 '담론', '재현', '의미작용'에 지배되던 때에 들뢰즈 그리고 들뢰즈·가타리의 생명에 대한 강조는 평단을 지배하던 스타일과 통약 불가능했다. 그러나 오늘날 들뢰즈로의 전회는 일종의 언어적 패러다임의 죽음에 의해 창조되

고 가능해졌다. 이것은 다시 문학·사회·정치·영화 이론에서 '생명'
과 생명의 과학에 대한 강조로 이어졌다. 내가 이 책에서 주장하고자
한 바는 들뢰즈가 바로 이러한 까닭에서 값진 사상가라는 점이었다.
다시 말해 그는 담론, 의미작용, 재현, 체제 등을 이론을 위한 적절한
출발점으로 여기는 것을 거부할 뿐 아니라 사유하기가 왜 초월의 환영
으로 빠져들게 되는지를 설명한다. 이미지들이 어떻게 생명으로부터
출현하는지를 질문하는 대신, 우리는 어떤 이미 형성된 이미지로부터
생명을 설명한다. 그러나 담론이나 언어나 주체와 같은 어떤 체계를
참조함으로써 생명을 설명할 수 없음을 인식하게 되는 순간, 체계들이
어떻게 사물들로부터 출현하는지를 설명할 때 유기체의 생명이라는
특권화된 이미지로부터 시작하는 경향은 결코 없을 것이다. 바로 여기
에 들뢰즈 철학의 진정한 도전이 있으며, 내가 그의 저작에서 두 대목
을 인용하여 결론을 맺고자 하는 것도 이런 이유에서다. 그 첫번째는
『안티 오이디푸스』의 한 대목으로 이 책의 서론에서 이미 인용된 바
있다.

> 탈기관체는 죽음의 모델이다. …… 죽음의 모델은 탈기관체가 기관들
> 을 떨쳐 버리고 그것들을 배제할 때, 그러니까 입도, 혀도, 이도 없
> 는——자기-절단의 지점에, 자살의 지점에 이를 때 나타난다. 그러
> 나 탈기관체와 부분대상으로서의 기관들 사이에 실재적인 대립은 없
> 다. 즉 유일한 실재적 대립은 그 둘의 공동의 적인 몰적 유기체에 대
> 한 것이다. …… 따라서 아마도 삶 욕동에 대한 질적 대립일 죽음 욕
> 동에 대해 말하는 것은 부조리하다. 죽음은 욕망되지 않으며, 다만 탈

기관체 혹은 부동의 동력의 힘으로 욕망하는 죽음, 또한 작동하는 기관들의 힘으로 욕망하는 삶[생명]이 있을 뿐이다.[3]

이것이 들뢰즈를, 생명을 유기체의 생명의 관점에서 사유하는 철학의 동시대적 경향으로부터 구분 짓는 점이다. 철학과 뇌신경학의 양분야 모두에서 나온 최근 저작들은 모두 생명이 그 자체를 유지하려고 투쟁한다는 것만큼 명백한 사실은 없다고 주장한다. 앤디 클라크Andy Clack에 따르면 우리는 정신을 일종의 중심화된 '관리자'로 여기는 생각을 버리고 정신을 연장되고 구체화된 것, 능동적이고 생존을 향해 정향된 것으로 보아야 한다. 즉 우리는 [관리자로서의 정신을 우선 상정하고] 비로소 세계로 나아가는 사상가들이 아니라 우리의 환경에 반응하여 연장하고 전개하는 온갖 종류의 능력을 가진 유기체들이다.[4] 자기를-유지하는 생명에의 천착은 안토니오 다마시오Antonio Damasio의 저작에서 명백하게 과학적으로 표현되어 드러난다.

······ 생존하고자 하는 충동은 근대에 발전된 것이 아니다. 그것은 인간만의 전유물이 아니다. 이러저러한 방식으로, 단순한 것에서 복잡한 것에 이르기까지 대부분의 살아 있는 유기체들은 생존에의 충동을 보인다. 다만 유기체들이 그와 같은 충동에 대해 알고 있는 정도가 다양하게 차이를 드러낼 뿐이다. 그것[생존 충동]에 대해 [스스로] 아는 유기체는 거의 없다. 의식을 가진 덕분에 인간은 이에 대해 너무나 잘 알고 있다. 생명은 신체를 규정하는 경계 내부에서 지탱된다. ······ 정신과 의식이 진화의 과정에서 마침내 나타났을 때, 그것들은 우선

그리고 무엇보다도 생명과 〔신체의〕 경계 내에서 생명의 충동에 관한 것이었다. 상당 부분은 여전히 그러하다.[5]

물론 들뢰즈는 오늘날 철학, 과학, 심지어 예술에 대한 설명을 지배하고 있는, 구체화되고 의도를 가진 분투하는 생명에 대한 여러 주장들을 예견하고 뒷받침했다.[6] 그러나 그것이 들뢰즈가 한 일의 전부라면 우리는 이제 우리의 들뢰즈(와 모든 예술, 문학, 영화)를 버리고 생물학적이고 물리학적인 생명의 논리로 되돌아갈 수 있을 것이다. 하지만 들뢰즈가 자신의 설명을 유기체의 자기-유지의 이미지로부터 시작하거나 끝내지 않은 이유야말로 바로 그가 읽을 가치가 있는 이유이다. 이 이유는 영화에 관한 책들에 명백하게 표현되어 있다. 다시 말해 인간의 감각-운동 장치는 자기-유지와 행위에 의해, 자기-유지에 따라 지배되어 왔다. 그러나 인간의 지각 기구 또한 행위와 자기-조직화로부터 벗어날 포텐셜, 이를테면 나의 조직화하고 분투하는 중심 주변에 접혀 있는 관점 없이 그 자체로서 보는 포텐셜을 가진다. 이것은 바로, 들뢰즈가 철학을 지배해 온 유일무이한 환영으로 보는, 그리고 예술의 급진적인 접속들 안에서 극복되는 생명에 한정된 이미지이다. 이것은 우리에게 두 가지 결정적이고 결론적인 도전을 준다. 첫째는 물론 예술의 생명으로부터의 출현을 설명할 수 있다는 것이다. 예컨대 라마찬드란V. S. Ramachandran은 우리가 피카소의 작품을 즐겁게 감상하는 것은 그것이 우리의 생존에 그토록 유용한 신경학적 안면 인식 능력을 활성화시켜 주기 때문이라고 주장했다. 그러나 들뢰즈의 철학은 모든 포텐셜들이 그 출현으로부터 분기하는 방식에 초점을 맞춘다.

일례로 프랜시스 베이컨에 대한 책에서 들뢰즈는 화가가 재인을 향한 경향, 인간 기구의 쾌락과 안정성을 향한 경향에 반하여 작업하는 방식을 기술한다. 인간적 평형을 파괴하는 이러한 기획은 초현실주의 운동에서 명시적으로 드러난다. 초현실주의 운동은 습관적 접속들을 창조하는 뇌의 경향에 직접적으로 반하여 스스로를 정향했다. 그러나 들뢰즈는 또한 라이프니츠와 바로크에 대한 책에서 인간 신체가 그 지각 작용을 고유의 시점을 중심으로 접으려는 경향이 복수적 접음을 창조하고자 한 예술에 의해 해제되었다고도 주장했다. 즉 주름의 바로크 미술이 인물을 물질 고유의 운동의 잠세성들에 주었고, 또한 내부로서의 정신의 이미지의 펼침을 표현하고자 했다는 것이다.[7] 이러한 미술은 구체화된 정신의 이미지로부터 시작한 것이 아니라 물질을 이용해 내부와 외부, 정신과 물질, 접음과 펼침 사이의 관계를 반성했다. 그럴 때 미술은 반성적 잠재적 역능을 가진다. 즉 그것은 자기-유지를 향한 경향들로부터 출현할 뿐 아니라, 조화, 항상성, 평형을 파괴하는 작업 가운데 그 경향들을 대상으로 삼는다.

　두번째 도전은 이 뒤를 잇는 것으로 보다 어렵다. 우리는 어떻게 생명을 위해 생명의 이미지들을 파괴하고자 하는 철학을 정당화할 수 있는가? 상반되는 기획, 곧 단순한 생기론의 기획을 고려해 보자. 그것은 다시 말해 모든 생명은 자기-유지적이며 모든 생명은 고유의 연속성을 위해 분투한다는 것이다. 만일에 그렇다면 살아 있는 모든 것은 선이며, 파괴적인 모든 것은 악이다. 우리는 생명에서 곧장 윤리학으로 넘어간다. 그러나 현대 윤리학과 정치학이 보여 주듯 그와 같은 직접적 이행은 불가능한데, 왜냐하면 그것은 언제나 누구의 생명인가

하는 문제이기 때문이다. 친-생명과 친-선택으로 가정되는 것 사이의 정치적 분열들이 생명에 기반하여 결단될 수 없는 전투인 것만이 아니다(한쪽은 태아의 생명을 지지하지만, 다른 쪽은 어머니의 생명을 지지하기 때문에 그러하다). 이것은 또한 정치적, 윤리적 사유함이 생명에 대한 호소에 의해 종료되는 경우이기도 하다. 우리가 철학과 비평을 생명의 이미지 없이 할 수 있다면 ── 우리가 사유를 인간 감각-운동 장치의 보금자리로부터 해방시킬 수 있다면 ── 그때 우리는 이 어렵고 윤리적인 질문들을 사유하기 시작할 수 있을 것이다.[8] 이것이 생명인가 아닌가를 묻는 것이 아니라, 생명의 어떤 스타일[9]인가를 묻게 될 것이다. 조직화된 조화로운 생명으로부터 얼마만큼의 차이를 ── 얼마만큼의 사유함을 ── 우리는 가질 수 있는가?

"그것들이 무생물이거나, 차라리 비유기체일 때조차도, 사물들은 체험된 경험을 갖는다. 왜냐하면 그것들이 지각작용들이고 감응들이기 때문이다."[10] 『철학이란 무엇인가?』에서 인용한 이 구절은 우리에게 새로운 문제들과 새로운 사유함의 스타일들을 제공한다. 무생물조차 지각작용의 포텐셜을 가진다고 말하는 것은 무엇 때문인가? 그것은 예컨대 하나의 살아 있는 존재 ── '인간' ── 가 자신의 생명을 증진하기 위해 어떤 기계를 창조하는 경우가 될 것이다. 그 기계는 카메라나 언어 혹은 공동체를 하나로 묶는 제의적 춤과 같은 신체적 실천일 수 있을 것이다. 그러나 무생물조차 기능하거나 살 수 있다면 우리는 그와 같은 기계들이 이제 그것들이 출현한 살아 있는 신체에 기반하지 않은 접속들을 창조하기에 이를 수 있는 가능성을 받아들여야 한다. 영화의 실천들은 인간성의 정합성을 파괴하는 이미지들과 접속들을 창조할 수 있다. 언어기계는 소통을 배제하는 왜곡들을 창조할 수 있다. 일례로 우리는 온갖 복사 오류, 문학의 전범에 산포되어 있는 탈자나 가능한 우발적 표식들을 생각할 수 있다. 부족의 춤을 구성하고 신체들의 배치를 생산하는 영토화의 기능에 기여하는 신체의 운동들은 또한 반복되고, 유포되고, 왜곡되고, 인용될 수 있으며, 그리하여 이제 이동하고 달라진다──그 기능적이고 '인간적인' 보금자리로부터 탈영토화된다. 들뢰즈 철학의 도전은 그러므로 이중적이다. 한편에는 창조의 기획, 혹은 한 체제나 배치의 실존을 수용하지 않고 그 체제가 생명으로부터 어떻게 출현했는지를 묻는 질문이 있다. 다른 한편으로 이것은 예술과 철학이 중요해지는 대목으로, 우리는 또한 생명이 어떻게 일련의 차이들을, 그것들이 시작된 충격impulse에 비연속적이고 그로부터 떨어져 나온 차이들을 창조하는지를 볼 수 있다. "모든 생명이 유기적 지층들에 한정되어 있는 것이 아니다. 유기체는 생명이 스스로를 제한하기 위해 자신에 반하여 설정하는 것이며, 무無유기적 anorganic이기에 훨씬 더 강도 높은, 훨씬 더 강력한 생명이 있다."[11]

후주

서론

1) Alain Badiou, *Deleuze: The Clamor of Being*, trans. Louise Burchill, Minneapolis: University of Minnesota Press, 2000.

2) AO, 329.

3) AO, 330.

4) B, 98.

5) 들뢰즈가 미래의 철학자라는 것, 표현을 그 기원으로 소급해 추적하는 철학자가 아니라는 점은 일찍이 엘리자베스 그로츠Elizabeth Grosz에 의해 특별히 언급되었으며, 그녀의 최근 작 *In the Nick of Time*, Sydney: Allen & Unwin, 2004에서 충분히 탐구되었다.

6) DR, xvi.

7) DR, xx.

8) WP, 154.

9) LB, 130.

10) LS, 76.

11) 나는 여기서 탈인간적이라는 어휘를 인간성의 어떤 질을 결여하고 있다는 의미가 아니라, '인간'의 영역을 훌쩍 넘어선 생명·감정·종합의 세계가 있다고 하는 들뢰즈의 현동적 의미에서 쓴다.

12) 들뢰즈를 신-플라톤주의자로 본 알랭 바디우의 비평 이외에 들뢰즈의 철학을 견고한 과학적 원리들에 정초한 분석철학의 방편으로 하는 다양한 설명들도 있다. Manuel DeLanda, *Intensive Science and Virtual Philosophy*, London: Continuum, 2002.

13) 그러므로 들뢰즈의 저작이 문학·영화·정치학과의 폭넓은 조우들 속에서 새롭게 창조되어 온——그리고 단순히 '적용되지' 않은——방식을 고려하는 것이 중요하다. 들뢰즈의 저작에 대한 창조적 정련화의 예들은 매우 많지만 개관을 위해서는 Ronald Bogues, *Deleuze on Cinema*, London: Routledge, 2003; Ronald Bogue, *Deleuze on Literature*, London: Routledge, 2003; Ronald Bogue, *Deleuze on Music, Painting and the Arts*, London: Routledge, 2003 참조. 들뢰즈 철학에 대한 해명이라기보다는 그 연장에 대한

상세한 논의는 Ian Buchanan, *Deleuzism: A Metacommentary*, Edinburgh: Edinburgh University Press, 2000 참조.

1장 시네마, 사유, 시간

1) 들뢰즈에게서 인용한 이 문구에 대한 탐구로는 Gregory Flaxman(ed.), *The Brain is a Screen: Deleuze and the Philosophy of Cinema*, Minneapolis: University of Minnesota Press, 2000 참조.
2) 들뢰즈의 유산을 연장하는 가장 사변적인 기획들 가운데 하나로는 Rosi Braidotti, *Metamorphoses: Towards a Materialist Theory of Becoming*, Cambridge: Polity, 2002.
3) 이 문제에 대한 철학적 배경에 대해서는 Martin Heidegger, *The Question Concerning Technology, and Other Essays*, trans. William Lovitt, New York: Harper & Row, 1977. 그러나 그리스어 어원의 정의에 대해서는 J. O. Urmson, *The Greek Philosophical Vocabulary*, London: Duckworth, 1990 참조.
4) 뇌과학의 최근 연구는 눈-뇌가 실제로 혹은 물리적으로는 불안정하고 불연속적이고 부분적인 것으로부터 완전하고 안정된 하나의 그림을 '봄'으로써, 그러나 또한 '과잉' superabundance으로부터 선별함으로써 그 자료들을 구성하고 종합한다는 베르그손과 들뢰즈의 주장들을 확증한다. L. Pessoa, E. Thompson and A. Noe, "Finding Out about Filling In: A Guide to Perceptual Completion for Visual Science and the Philosophy of Perception", *Behavioural and Brain Sciences*, 21(1998), pp. 723~48.
5) Andy Clark, *Natural Born Cyborgs: Minds, Technologies, and the Future of Human Intelligence*, Oxford: Oxford University Press, 2003.
6) Henri Bergson, *Creative Evolution*, trans. Arthur Mitchell, New York: Henry Holt, 1911, p. 306.
7) C1, 208~9.
8) Jacques Derrida, *Margins of Philosophy*, trans. Alan Bass, Chicago: University of Chicago Press, 1982.
9) Luce Irigaray, *Speculum of the Other Woman*, trans. Gillian C. Gill, Ithaca, NY: Cornell University Press, 1985.
10) PS, 41; TP, 407~8.
11) Jacques Derrida, *Raising the Tone of Philosophy: Late Essays by Immanuel Kant, Transformative Critique by Jacques Derrida*, ed. Peter Fenves, Baltimore, MA: Johns Hopkins University Press, 1993.
12) TP, 277.
13) Henri Bergson, *The Two Sources of Morality and Religion*, trans. R. Ashley Audra and C. Brereton, Indiana: University of Notre Dame Press, 1963.
14) TP, 329.
15) TP, 176.
16) 생명에 대한 관계를 강조하면서 또한 '생명'이 생물학적이거나 물리적인 생명으로 환원 불가능한 것임을 주장하는 베르그손과 들뢰즈의 관계에 대한 철학적 독해로는 Keith Ansell

Pearson, *Germinal Life: The Difference and Repetition of Deleuze*, London: Routledge, 1999 참조.

17) DR, 276.

18) 에드문트 후설은 또한 내재적 삶에 천착하는 현상학의 기획을 정초했다. 기하학과 수학과 같은 실천들은 단순히 참으로 받아들여져서는 안 되고 하나의 흐르는, 일시적으로 자기를- 구성하는 의식적 삶[생명]에 그 발생을 가지고 있음이 보여질 필요가 있다. Edmund Husserl, *The Crisis of European Sciences, and Transcendental Phenomenology: An Introduction to Phenomenological Philosophy*, trans. David Carr, Evanston: Northwestern University Press, 1970. 후설에 앞서 19세기에 급진적으로 역사주의적인 사유함의 개화가 목도되었다. 다시 말해 '인간'은 시간을 통해 유지되지 않는데, 왜냐하면 역사적 변화의 진행 중인 차이에 대하여 있는 불변의 주체는 없기 때문이다. 오히려 시간 과 역사는 초월론적 지평이 되고, 되돌아가 그 자신의 펼쳐짐을 식별할 수 있는 존재로서 의 '인간'이 그 지평에서 출현한다. Michel Foucault, *The Order of Things*, London: Tavistock, 1970.

19) Henri Bergson, *Creative Evolution*, p. 265.

20) Keith Ansell Pearson, *Philosophy and the Adventure of the Virtual: Bergson and the Time of Life*, London: Routledge, 2002, p. 12.

21) TP, 33.

22) Manuel DeLanda, *Intensive Science and Virtual Philosophy*.

23) DR, 177.

24) TP, 485~6.

25) Stephen Kern, *The Culture of Time and Space: 1880~1918*, Cambridge, MA: Harvard University Press, 1983.

26) David Bennett, "Burghers, Burglars and Masturbators: The Sovereign Spender in the Age of Consumerism", *New Literary History*, 30:2(Spring, 1999), pp. 269~94.

27) David Rodowick, *Gilles Deleuze's Time Machine*, Durham, NC: Duke University Press, 1997.

28) DR, 88.

29) PS, 45.

30) WP, 23.

31) B, 2. Henri Bergson, *The Creative Mind*, trans. M. L. Andison, Totowa, NJ: Littlefield; Adams and Company, 1965, p. 11. 들뢰즈와 베르그손의 관계와 직관의 방 법에 대해서는 Keith Ansell Pearson, *Germinal Life: The Difference and Repetition of Deleuze* 참조.

32) LS, 109.

33) K, 41.

34) K, 19.

35) Henri Bergson, *The Two Sources of Morality and Religion*.

36) Henri Bergson, *Duration and Simultaneity*, trans. L. Jacobson, Indianapolis: Bobbs-Merrill, 1956.

37) TP, 4.

2장 운동-이미지

1) C1, 4.
2) Martin Heidegger, *What is a Thing?*, trans. W. B. Barton and Vera Deutsch, Lanham : University Press of America, 1985.
3) 공간과 시간을 직관의 순수 형식들로 보는 임마누엘 칸트의 초월론적 논의는 이 논의의 가장 명료하고 가장 영향력 있는 예로, 1781년에 출간된 『순수이성비판』에서 칸트에 의해 처음으로 명료하게 표현되었다. 에드문트 후설의 *On the Phenomenology of the Consciousness of Internal Time(1893~1917)*은 초월론적 주체라는 관념을 유지하며, 그 주체의 종합들은 하나의 정초적 시간의 흐름을 허용한다.
4) TP, 299, 312.
5) TP, 65.
6) DR, 56.
7) DR, 57.
8) Slavoj Žižek(ed.), *Everything You Wanted to Know About Lacan*: (But were Afraid to Ask Hitchcock), London : Verso, 1992.
9) John Copjec, *Read My Desire: Lacan Against the Historicists*, Cambridge, MA : MIT Press, 1994.
10) 이것이 예를 들면 주디스 버틀러가 종속subjection의 필연성을 주장하는 이유이다. Judith Butler, *The Psychic Life of Power: Theories in Subjection*, Stanford, CA : Stanford University Press, 1997.
11) C2, 262.
12) AO, 327.
13) Jacques Lacan, *Écrits*, trans. Alan Sheridan, London : Norton, 1977.
14) C1, 6.
15) LS, 104~5.
16) C1, 11.
17) DR, 245.
18) C1, 40.
19) B, 104~5.
20) C1, 17.
21) K, 221~2.
22) CC, 5.
23) C1, 46.
24) C1, 48.
25) 포스트모더니즘과, 거기에 가정된 '문학적' 세계관에 대한 과도한 의존을 그처럼 냉혹하게 기각한 경우로는 Jürgen Habermas, *Philosophical Discourse of Modernity: Twelve Lectures by Habermas*, trans. Frederick Lawrence, Cambridge : Polity, 1987 참조.
26) WP, 154.
27) C1, 58.
28) C1, 64.

29) C1, 64~5.

30) C1, 66.

31) B, 27.

32) Brian Massumi, "The Autonomy of Affect", in *Observing Complexity: Systems Theory and Postmodernism*, ed. William Rasch and Cary Wolfe, Minneapolis: University of Minnesota Press, 2000, pp. 273~97.

33) C1, 66.

34) C1, 80~1.

35) C1, 146.

36) C1, 118.

37) C1, 111.

38) C1, 98.

39) C1, 99.

40) C1, 102.

41) C1, 99.

42) C1, 100.

43) C1, 197.

44) TP, 114.

45) C2, 34.

46) TP, 313.

47) C1, 198.

48) C1, 200.

49) C1, 203.

50) Niall Lucy, *Postmodern Literary Theory*, Oxford: Blackwell, 1997.

51) C1, 215.

52) C1, 31.

53) C2, 31.

54) C2, 32~3.

55) C2, 33.

3장 예술과 시간

1) 베르그손은 『사유와 운동』에서 수영의 예를 언급했고, 이것은 들뢰즈에 의해 *Difference and Repetition*, p. 192에서 논해진다.

2) Friedrich Nietzsche, *Untimely Meditations*, trans. R. J. Hollingdale, Cambridge, UK: Cambridge University Press, 1997.

3) C2, 80.

4) C2, 88.

5) C2, 80.

6) C2, 76~7.

7) LS, 161.

8) C2, 77.

9) John Carey, *The Intellectuals and the Masses: Pride and Prejudice among the Literary Intelligentsia, 1880~1939*, London: Faber, 1992; Pierre Bourdieu, *Distinction: A Social Critique of the Judgement of Taste*, trans. Richard Nice, London: Routledge & Kegan Paul, 1984.

10) Germaine Greer, *The Female Eunuch*, London: MacGibbon & Kee, 1970.

11) WP, 99. 강조는 원문의 것임.

12) C2, 78.

13) C2, 78. 강조는 원문의 것임.

14) C2, 78.

15) C2, 81.

4장 _ 예술과 역사

1) LS, 318.

2) 들뢰즈의 개념들과 그것이 데리다와 갖는 관계에 대해서는 Paul Patton, *Deleuze and the Political*, London: Routledge, 2000 참조.

3) WP, 168.

4) WP, 193.

5) WP, 196.

6) 그러므로 그것들은 조이스, 파운드, 엘리엇의 역사와 전통보다는 버지니아 울프와 D. H. 로렌스의 모더니즘에 가깝다. 로렌스와 울프 두 사람 모두가 이론화한 예술은, 그 역사적 구성체 안에 있는 인간 삶의 외부로 물러남으로써 생명 자체가 예술 안에 주어진 형식일 수 있는 것이다. 엘리엇, 파운드, 조이스는 이와는 대조적으로 서구의 전통이나 전범 혹은 목소리들의 역사를 이용해 경험에 대한 근대의 도시적 모습을 기능적이고 효율적인 '인간'으로 넓혔다.

7) Jane Goldman, *Modernism*, London: Palgrave, 2003.

8) WP, 202.

9) WP, 172.

10) Martin Heidegger, *Poetry, Language, Thought*, New York: Harper Colophon, 1971.

11) WP, 172.

12) WP, 174.

13) DR, 245.

14) 블레이크 아카이브를 참조. www.blakearchive.org.

15) TP, 41.

16) 블레이크가 보인 기법의 특징 분석에 대해서는 Robert N. Essick, *William Blake, Printmaker*, Princeton, NJ: Princeton University Press, 1980 참조.

17) WP, 175.

18) WP, 212.

19) WP, 212.

20) WP, 213.

21) WP, 212.

22) WP, 197.

23) WP, 167.

24) Stuart Sim, *Beyond Aesthetics: Confrontations with Poststructuralism and Postmodernism*, Toronto: University of Toronto Press, 1992.

25) Fredric Jameson, *Postmodernism, or the Cultural Logic of Late Capitalism*, London: Verso, 1991.

26) David Bennett, "Parody, Postmodernism and the Politics of Reading", *Critical Quaterly*, 27:4(Winter, 1985), 27~43.

27) Linda Hutcheon, *A Poetics of Postmodernism: History, Theory, Fiction*, London: Routledge, 1988.

28) Ihab Hassan, *The Postmodern Turn: Essays in Postmodern Theory and Culture*, Columbus: Ohio State University Press, 1987.

29) FB, 86.

30) PS, 49.

31) TP, 12.

32) TP, 174~5; 306~7.

33) WP, 197.

34) Gary Genosko, *Félix Guattari: An Aberrant Introduction*, London: Continuum, 2002.

35) WP, 193.

36) WP, 193.

37) 존 프로테비는 『천의 고원』에 분명히 표현된 바에 따라 이 점을 매우 분명히 했다. 그 책에서 들뢰즈·가타리는 선-결정된 형식, 기법, 구조를 가지고 작업하는 건축가와 물질의 잠세성들을 따르는 장인을 구별한다. 프로테비는 이 구분의 정치적 의미를 강조하는데, 그것은 '질료형상' 모델, 혹은 비변별화되고 무형인 혼돈된 질료에 대한 형상의 부여를 특권화해 온 서구 문화에서 혁명적인 힘을 가진다. John Protevi, *Political Physics: Deleuze, Derrida, and the Body Politic*, New Brunswick, NJ: Athlone Press, 2001.

38) WP, 193.

39) WP, 192.

40) WP, 193.

41) WP, 193.

42) WP, 193.

43) WP, 194.

44) WP, 195.

45) PS, 111.

46) WP, 196.

47) WP, 195.

5장 _ 정치학과 의미의 기원

1) 에드문트 후설의 현상학에 대한 개요 그리고 노에시스와 노에마의 정의에 대해서는 Dermot Moran, *Introduction to Phenomenology*, London : Routledge, 2000 참조.

2) LS, 200.

3) 들뢰즈는 *Difference and Repetition*(p. 99)에서도 잠재적 대상을 언급한다.

4) 들뢰즈에 대한 책 *Organs Without Bodies*에서 슬라보예 지젝은 두 들뢰즈가 있다고 주장한다. 다시 말해 한 들뢰즈는 『의미의 논리』에서 의미의 비물체적이고 불모적인 본성에 대한 라캉 이론의 진실을 인식하지만, 가타리와 협업하며 덜 엄밀해진 들뢰즈는 모든 의미를 신체로 소급해 버린다는 것이다. 지젝은 전자의 들뢰즈가 실제로 참된 유물론, 즉 물질이 정신의 분신을 생산하는 방식들을 설명하는 고유한 유물론이라고 주장한다. 나는 지젝이 들뢰즈를 두 가지 통약 불가능한 이론들로 나누고 있다는 점에서 그에게 동의하지 않는다. 왜냐하면 들뢰즈는 가타리와의 공저에서 언제나 잠재적인 것과 모든 생명 — 말하는 주체의 생명뿐 아니라 — 이 현실적이고 잠재적으로 존재하는 방식들을 지속했기 때문이다. Slavoj Žižek, *Organs Without Bodies:Deleuze and Consequences*, London : Routledge, 2004.

5) TP, 154~55.

6) LS, 7.

7) Jacques Derrida, "The Purveyor of Truth", in John P. Muller, and William J. Richardson(eds.), *The Purloined Poe: Lacan, Derrida and Psychoanalytic Reading*, Baltimore, MA : Johns Hopkins University Press, 1988, pp. 173~212.

8) Jacques Lacan, "Seminar on The Purloined Letter" in John P. Muller and William J. Richardson(eds.), *The Purloined Poe: Lacan, Derrida and Psychoanalytic Reading*.

9) 그리고 오늘날 슬라보예 지젝이 라캉을 이용함에 있어 연속적인 점은 이러한 스타일의 읽기이다. 지젝에게서 영화나 이야기 혹은 문화적 현상은 '지배기표' 혹은 '오브제 a'(지연된 보다 충만한 향유 또는 주이상스의 파편이나 일부로 나타나는 대상)의 관계들을 예시하는 것으로 읽힌다.

10) AO, 23.

11) Jaques Derrida, *Of Grammatology*, trans. Gayatri Chakravorty Spivak, Baltimore, MA : Johns Hopkins University Press, 1976.

12) Jacques Derrida, *Dissemination*, trans. Barbara Johnson, Chicago : University of Chicago Press, 1981, p. 206.

13) TP, 117.

14) Félix Guattari, *Chaosmosis: An Ethico-aesthetic Paradigm*, trans. Paul Bains and Julian Pefanis, Bloomington : Indiana University Press, 1995 ; Gary Genosko, *Félix Guattari: An Aberrant Introduction*.

15) AO, 222~40.

16) TP, 460~73.

17) TP, 388.

18) TP, 88.

19) TP, 41.

20) Foucault, *The Order of Things*, p. 128.

21) Michael Hardt and Antonio Negri, *Empire*, Cambridge, MA: Harvard University Press, 2000.

22) 철학적 의미에서의 종합에 대해서는 James Williams, *Gilles Deleuze's Difference and Repetition: A Critical Introduction and Guide*, Edinburgh: Edinburgh University Press, 2003, pp. 86~106 참조.

23) AO, 26.

24) AO, 160.

25) Monique Wittig, *The Straight Mind and Other Essays*, "Foreword" by Louise Turcotte, Boston: Beacon Press, 1992.

26) TP, 277.

27) AO, 96~7.

28) 성적인 것과 그것이 자기-보존적 삶에 대해 갖는 차이의 본질적인 도착적 본성을 드러내는 프로이트의 『성욕에 관한 세 편의 에세이』에 관한 독해에는 Jean Laplanche, *Life and Death in Psychoanalysis*, trans. Jeffrey Mehlman, Baltimore, MA: Johns Hopkins University Press, 1976 참조.

29) Jean-Joseph Goux, *Symbolic Economics: After Marx and Freud*, trans. Jennifer Curtiss Gage, Ithaca, NY: Cornell University Press, 1990.

30) AO, 194.

31) TP, 256.

32) DR, 304.

33) TP, 375~6.

34) LB, 35.

35) ES, 32.

36) S, 131.

37) B, 108.

38) KCP, 75.

39) TP, 165.

40) TP, 228.

41) TP, 178.

42) NP, 74, 103~4.

43) TP, 213.

44) TP, 41.

45) Friedrich Nietzsche, *On the Genealogy of Morality*, trans. C. Diethe, Cambridge, UK: Cambridge University Press.

46) KCP, 52.

47) KCP, 51.

48) Christine Korsgaard, *Creating the Kingdom of Ends*, Cambridge, UK: Cambridge University Press, 1999.

49) John Rawls, "Kantian Constructivism in Moral Theory", *John Rawls: Collected Papers*, Cambridge, MA: Harvard University Press, 1999.

50) DR, 173.

결론

1) Niall Lucy, *Debating Derrida*, Melbourne: Melbourne University Press, 1995; Christopher Norris, *Deconstruction: Theory and Practice*, 3rd edn, London: Routledge, 2002.

2) 이것은 들뢰즈의 저작들이 출현하기 시작한 때부터 등장한, 그의 동시대 프랑스인들에 의해 이루어진 들뢰즈 비평의 중요성을 부정하고자 함도, 들뢰즈·가타리의 이름이 비전문가들 사이에 널리 전파되기 이전에 쓰여진 몇몇 결정적인 초기 연구들의 중요성을 축소하려는 것도 아니다. 로지 브라이도티가 들뢰즈가 페미니즘의 성차性差 이론에 미친 중요성을 주장한 최초의 페미니즘 이론가라면, 엘리자베스 그로츠의 신체에 관한 저작은 부분적으로 들뢰즈를 참조함으로써 언어적 패러다임에 언제나 도전해 왔다. Rosi Braidotti, *Patterns of Dissonance: A Study of Women in Contemporary Philosophy*, trans. Elizabeth Guild, Cambridge: Polity, 1990; Elizabeth Grosz, *Volatile Bodies*, Sydney: Allen & Unwin, 1994 참조. 들뢰즈 사유에 대한 초기의 명쾌한 입문서로는 다음의 책들을 참조. Philip Goodchild, *Deleuze and Guattari: An Introduction to the Politics of Desire*, London: Sage, 1996; Charles J. Stivale, *The Two-fold Thought of Deleuze and Guattari: Intersections and Animations*, New York: Guilford Press, 1998; Ronald Bogue, *Deleuze and Guattari*, London: Routledge, 1989.

3) AO, 329.

4) Andy Clark, *Natural-born Cyborgs: Mind, Technologies, and the Future of Human Intelligence*.

5) Antonio Damasio, *The Feeling of What Happens: Body, Emotion and the Making of Consciousness*, New York: Vintage, 2000, p. 137.

6) V. S. Ramachandran, *The Emerging Mind*, London: Profile Books, 2003.

7) LB, 67.

8) Goodchild, *Deleuze and Guattari*, p. 206.

9) PS, 111.

10) WP, 154.

11) TP, 503.

옮긴이 후기

이 책의 원서인 *Deleuze: A Guides for the Perplexed*는 컨티뉴엄 출판사에서 동명의 총서('Guides for the Perplexed') 가운데 한 권으로 출간되었다. 클레어 콜브룩은 이에 앞서 이미 두 권의 들뢰즈 입문서를 쓴 바 있고, 이 책들이 국내에도 모두 번역, 출간되어 있는 만큼 이제는 공히 로널드 보그와 더불어 가장 친숙한 들뢰즈 주석가가 아닌가 싶다. 앞선 두 권의 책에서 들뢰즈 사상 일반에 대한 개관을 해놓은 상황에서 세번째로 내놓은 입문서인 이 책은 주제의 범위를 좁히면서 논의를 일정 정도 심화하고 있다.

결론부터 말하면 『이미지와 생명, 들뢰즈의 예술철학』은 문학과 영화를 포함하는 예술의 관점에서 들뢰즈 사상을 조망한다는 점에서 앞서 나온 두 권의 책들과 다르다. 또 그렇기 때문에 집중적으로 논의되는 텍스트 역시 『철학이란 무엇인가?』와 『시네마 1』, 『시네마 2』 등이다. 물론 이번 책에서도 콜브룩이 가장 즐겨 사용하는 단어는 '비로소'

then이며, 이 말이 포함된 문장들을 가지고 요컨대 '항들이 먼저 있고 비로소 관계들이 발생하는 것이 아님'을 다양하게 변주하여 예증하고 있다. 그런 기본적인 전제 하에서 부각되는 두 가지 주제어로 '이미지'와 '생명'을 골라 한국어판의 제목으로 삼은 것도 결국 그 두 가지가 이른바 들뢰즈의 예술관을 가장 명료하게 보여 주는 개념들로 여겨진 이유에서다.

들뢰즈가 '개념'이라는 개념을 매우 특수한 의미로 보았음은 잘 알려진 대로다. 그는 일반화의 수단으로서가 아니라 사유의 능동적 행위로서의 개념을 주장했고, 자신의 저작을 통해 많은 고착화된 개념들을 새롭게 창조했다. 그런 만큼 우리에게 친숙하게 들리는 용어들을 그가 어떻게 다르게, 혹은 새롭게 구사하는지에 주목하는 일이야말로 들뢰즈를 읽는 첫 걸음이 될 것이다.

콜브룩은 우선 들뢰즈에게서 '이미지'라는 개념을 베르그손의 관점에서 정리한다. 생명은 생성의 흐름 속에서 지각작용을 통해 차이를 획득하고, 일정한 지속을 가진 존재로 형성된다는 구도는 이미지화하는 생명의 역능을 잘 보여 준다. 이럴 때 중요하게 대두되는 또 하나의 개념이 '테크놀로지'이다. 그것은 '생명의 효율을 극대화하는, 반복 가능하거나 일정한 실천'이며, 따라서 행위와 사유에 노력을 절약하는 효과를 준다. 근본적으로는 생명 자체가 하나의 테크놀로지라고 할 수 있으며, 거기에 역시 무수히 많은 테크놀로지들이 부수한다. 중요한 것은 이 테크놀로지가 습관의 형성을 통해 극단적으로 고착화된 생명 활동의 정체로 나아갈 수도, 반대로 그 변화율을 가속할 수도 있다는 사실이다.

들뢰즈 사상 전반을 관류하는 탈영토화와 재영토화 사이의 끊임없는 밀고 당김이 여기서도 발견된다. 그는 '본질들'이라는 개념을 테크놀로지에 대립되는 것, '분기하는 접속들의 포텐셜'로 설정한다. 본질이란 이제 한 대상의 영구불변하거나 그 대상이 영원히 추구해야 할 어떤 이미지가 아니라 끊임없이 차이를 만들어 내는 생명의 유일한 본성이 된다. 그러나 테크놀로지를 통한 일정한 효율성이 없다면 생명에 '창조적 진화'는 없다. 다만 끊임없이 他他를 통해 我我를 반추하는 순수한 차이만이 있을 뿐이다.

들뢰즈는 이 지점에서 영화라는 테크놀로지에 주목한다. 영화는 우리에게 운동-이미지를, 나아가 시간-이미지를 보여 준다. 물론 이때의 운동-이미지는 어떤 주체의 운동, 예컨대 여인이 계단을 내려오거나 경주마가 달리는 것과 같은 단일한 운동의 연쇄가 만들어 내는 움직임의 환상과는 성격이 다르다. 영화는 다양한 관점에서 바라본 복수의 사건들을 복잡하게 접속시킴으로써 각각의 단편들이 전체와의 관계 속에서 끊임없이 그 의미를 변화시켜 나가도록 한다. 이때 생성 중인 전체로서의 영화는 그 자체로 운동-이미지를 형성하며, 그것은 간접적으로 시간-이미지를 보여 준다. 어느 쪽인가 하면 이 책은 운동-이미지에 주로 초점을 둔다. 다시 말해 들뢰즈의 영화론의 도입부라 할 수 있는 고전 영화와 운동-이미지에 관한 논의가 이어지는 현대 영화의 시간-이미지에 관한 것보다 비중 있게 다루어지고 있다.

대신 이야기는 문학과 미술을 중심으로 하는 예술론으로 전개된다. 들뢰즈는 사유, 즉 철학함과 예술의 의의를 논하면서 특히 예술 작품이 가지는 기념비성monumentality에 주목한다. 그에게 기념비란 '하나의 감각 존재' 로서 '홀로 서 있는' (『철학이란 무엇인가?』) 것이다. 즉 '과거를 함께 기억하는 것이 아니라 오직 스스로 존속하는' , '현재의 감각들로 이루어진 하나의 집적체' 이다. 그런 의미에서 기념비라는 것은 숙명적으로 우리의 현재를 반추하는, 따라서 늘 동시대적인 이미지이며 시간 속에 열려 있다.

물론 이것은 들뢰즈가 영화론에서 전개한 바, 열린 전체 안의 단편들이 만들어 내는 '시야 밖' 의 잠재성과 같은 맥락에 있는 논의다. 나아가 영화라는 테크놀로지는 인간-주체라는 중심을 벗어난 카메라/기계의 눈을 통해 탈인간, 즉 인간임을 벗어나는 경험을 제공한다. 물론 이것 또한 영화의 한 측면이고, 더구나 극히 일부의 탁월한 영화들만이 가진 측면이라고 할 수 있다. 그 때문에 간혹 들뢰즈의 영화론이 지극히 엘리트주의적인 그의 취향에 따라 작성되었다는 비판도 보게 되지만 이런 비판은 논점을 벗어나 있다. 언제나 그렇듯 그가 어떤 대상의 '무엇임' 이 아니라 '무엇일 수 있음' 에, 즉 그 잠재성에 의미를 두기 때문이기도 하지만, 다른 한편으로 그는 결코 영화의 또 다른, 매우 1차적인 요건인 자본의 문제를 간과하지 않는다.

내재성의 철학자로서 들뢰즈는 우리가 자본주의라는 우리 세계의 형식으로부터 벗어날 수 없음을 잘 알고 있다. 자본과 그 흐름은 하나의 고정된 이데올로기가 아니라, 무한한 탈영토화의 욕망으로서 우리들 개개인의 욕망을 그 단편으로 품은 채 빠른 속도로 변이하고 있다. 따라서 고대 이래로 인간을 하나의 단위로, 화폐라는 교환가치의 단위를 소비하는 단위 주체로 규격화해 온 이 시스템으로부터 '탈주'

하는 방법은 바깥으로 나가는 것이 아니라 인간이라는 범주로부터 벗어나 지각 불가능하게 되는 것이라고 들뢰즈는 주장한다. 예술은 우리에게 일탈을, 주체로부터 분리되고 일반성으로 포착되지 않는 감각작용의 가치를 알게 해줌으로써 탈인간의 가능성을 제시한다.

이 책이 또 하나의 '입문서'임은 서두에서 밝혔다. 그러나 들뢰즈 사상의 이런 간편한 요약은 필연적으로 일정 정도의 환원과 왜곡을 대가로 한다. 당연한 얘기지만 입문서는 다만 거대한 사상으로 들어가는 작은 쪽문, 때로는 개구멍에 불과하다. 그 문턱에서 볼 수 있는 것은 그다지 많지 않다. 모쪼록 이 책이 들뢰즈의 방대한 저작들과 그 저작들이 품고 있는 더 크고 많은 다른 세계들로 진입하는 하나의 계기가 될 수 있기를 바란다. 모름지기 '입문'이란 그런 것이 아니던가.

2008년 7월 18일
정유경

참고문헌

Ansell Pearson, Keith 1999, *Germinal Life: The Difference and Repetition of Deleuze*, London: Routledge.[이정우 옮김, 『싹트는 생명』, 산해, 2005]

_____2002, *Philosophy and the Adventure of the Virtual: Bergson and the Time of Life*, London: Routledge.

Badiou, Alain 1997, *Deleuze: La clameur de l'être*, Paris: Hachette.[trans. Louise Burchill, *Deleuze: The Clamor of Being*, Minneapolis: University of Minnesota Press, 2000; 박정태 옮김, 『들뢰즈: 존재의 함성』, 이학사, 2001]

Bennett, David 1985, "Parody, Postmodernism and the Politics of Reading", *Critical Quarterly*, 27:4(Winter), pp. 27~43.

_____1999, "Burghers, Burglars and Masturbators: The Sovereign Spender in the Age of Consumerism", *New Literary History*, 30:2(Spring), 269~94.

Bergson, Henri 1907, *L'évolution créatrice*, Paris, PUF. [trans. Arthur Mitchell, *Creative Evolution*, New York: Henry Holt, 1911; 황수영 옮김, 『창조적 진화』, 아카넷, 2005]

_____1922, *Durée et simultanéité à propos de la théorie d'Einstein*, Paris: Alcan.[trans. L. Jacobson, *Duration and Simultaneity*, Indianapolis: Bobbs-Merrill, 1956]

_____1932, *Les deux sources de la morale et de la religion*, Paris: Alcan.[trans. R. Ashley Audra and C. Brereton, *The Two Sources of Morality and Religion*, Indiana: University of Notre Dame Press, 1963; 송영진 옮김, 『도덕과 종교의 두 원천』, 서광사, 1998]

_____1934, *La pensée et le mouvant: Essais et conférences*, Paris: Alcan.[trans.

M. L. Andison, *The Creative Mind*, Totowa, NJ: Littlefield, Adams and Company, 1965; 이광래 옮김, 『사유와 운동』, 문예출판사, 1993]

Bogue, Ronald 1989, *Deleuze and Guattari*, London: Routledge.[이정우 옮김, 『들뢰즈와 가타리』, 새길, 1995]

_____2003, *Deleuze on Cinema*, London: Routledge.[정형철 옮김, 『들뢰즈와 영화』, 동문선, 2006]

_____2003, *Deleuze on Literature*, London: Routledge.[김승숙 옮김, 『들뢰즈와 문학』, 동문선, 2006]

_____2003, *Deleuze on Music, Painting and the Arts*, London: Routledge.[사공일 옮김, 『들뢰즈와 음악, 회화, 그리고 일반예술』, 동문선, 2006]

Bonta, Mark and John Protevi 2004, *Deleuze and Geophilosophy: A Guide and Glossary*, Edinburgh: Edinburgh University Press.

Bourdieu, Pierre 1979, *La distinction: critique sociale du jugement*, Éditions de Minuit.[trans. Richard Nice, *Distinction: A Social Critique of the Judgement of Taste*, London: Routledge & Kegan Paul, 1984; 최종철 옮김, 『구별짓기』(상·하), 새물결, 2005]

Braidotti, Rosi 1990, *Patterns of Dissonance: A Study of Women in Contemporary Philosophy*, trans. Elizabeth Guild, Cambridge: Polity.

_____2002, *Metamorphoses: Towards a Materialist Theory of Becoming*, Cambridge: Polity.

Buchanan, Ian 2000, *Deleuzism: A Metacommentary*, Edinburgh: Edinburgh University Press.

Butler, Judith 1997, *The Psychic Life of Power: Theories in Subjection*, Stanford, CA: Stanford University Press.

Carey, John, 1992, *The Intellectuals and the Masses: Pride and Prejudice among the Literary Intelligentsia, 1880~1939*, London: Faber.

Clark, Andy 2003, *Natural-born Cyborgs: Minds, Technologies, and the Future of Human Intelligence*, Oxford: Oxford University Press.

Copjec, Joan 1994, *Read My Desire: Lacan Against the Historicists*, Cambridge, MA: MIT Press.

Damasio, Antonio 2000, *The Feeling of What Happens: Body, Emotion and the Making of Consciousness*, New York: Vintage.

DeLanda, Manuel 2002, *Intensive Science and Virtual Philosophy*, London:

Continuum.

Deleuze, Gilles 1953, *Empirisme et subjectivité*, Paris: PUF.[trans. C. V. Boundas, *Empiricism and Subjectivity*, New York: Columbia University Press, 1991]

_____1962, *Nietzsche et la philosophie*, Paris: PUF.[trans. H. Tomlinson. *Nietzsche and Philosophy*, London: Athlone, 1983; 이경신 옮김, 『니체와 철학』, 민음사, 1998]

_____1963, *La Philosophie critique de Kant*, Paris: PUF.[trans. Hugh Tomlinson and Barbara Habberjam, *Kant's Critical Philosophy: the Doctrine of the Faculties*, London: Athlone, 1984; 서동욱 옮김, 『칸트의 비판철학』, 민음사, 1995]

_____1964, *Proust et les signes*, Paris: PUF.[trans. Richard Howard, *Proust and Signs*, London: Athlone, 2000; 서동욱·이충민 옮김, 『프루스트와 기호들』, 민음사, 1997]

_____1966, *Le bergsonisme*, Paris: PUF.[trans. C. Boundas, *Bergsonism*, New York: Zone Books, 1988; 김재인 옮김, 『베르그송주의』, 문학과지성사, 1996]

_____1968, *Spinoza et la probléme de l'expression*, Paris: Minuit.[trans. Martin Joughin, *Expressionism in Philosophy*, New York: Zone Books, 1992; 이진경·권순모 옮김, 『스피노자와 표현의 문제』, 인간사랑, 2002]

_____1968a, *Différence et répétition*, Paris: PUF.[trans. Paul Patton, *Difference and Repetition*, New York: Columbia University Press, 1994; 김상환 옮김, 『차이와 반복』, 민음사, 2004]

_____1969, *Logique du sens*, Pairs: Minuit.[trans. M. Lester, ed. C. V. Boundas, *The Logic of Sense*, New York: Columbia University Press, 1990; 이정우 옮김, 『의미의 논리』, 한길사, 2000]

_____1981, *Francis Bacon: Logique de la sensation*, Paris: Seuil.[trans. Daniel W. Smith, *Francis Bacon: The Logic of Sensation*, London: Continuum, 2003; 하태환 옮김, 『감각의 논리』, 민음사, 1995]

_____1983, *Cinéma 1: L'image-mouvement*, Paris: Minuit.[trans. H. Tomlinson and B. Habberjam, *Cinema 1: The Movement-image*, Minneapolis: University of Minnesota Press, 1986; 유상운 옮김, 『시네마 1: 운동 이미지』, 시각과언어, 2003]

_____1985, *Cinéma 2: L'Image-temps*, Paris: Minuit.[trans. H. Tomlinson and Robert Galeta, *Cinema 2: The Time-Image*, Minneapolis: University of Minnesota Press, 1989; 이정하 옮김, 『시네마 2: 시간 이미지』, 시각과언어, 2004]

_____1986, *Foucault*, Paris: Minuit.[trans. Sean Hand, *Foucault*, London: Athlone, 1988; 권영숙·조형근 옮김, 『들뢰즈의 푸코』, 새길, 1995]

_____1988, *Le pli: Leibniz et le baroque*, Paris: Minuit.[trans. Tom Conley, *The*

Fold: Leibniz and the Baroque, London: Athlone, 1993; 이찬웅 옮김, 『주름, 라이프니츠와 바로크』, 문학과지성사, 2004〕

_____1993, *Critique et clinique*, Paris: Minuit.〔trans. Daniel W. Smith and Michael A. Greco, *Essays Critical and Clinical*, University of Minnesota Press, 1997; 김현수 옮김, 『비평과 진단』, 인간사랑, 2000〕

_____and Félix Guattari 1972, *Capitalisme et schizophrénie 1: L'Anti-Oedipe*, Paris: Minuit.〔trans. Robert Hurley, Mark Seem and Helen R. Lane, *Anti-Oedipus: Capitalism and Schizophrenia 1*, Minneapolis: University of Minnesota Press, 1983; 최명관 옮김, 『앙띠 오이디푸스』, 민음사, 1994〕

_____and F. Guattari 1975, *Kafka: Pour une littérature mineure*, Paris: Minuit.〔trans. Dana Polan, *Kafka: Toward a Minor Literature*, Minneapolis: University of Minnesota Press, 1986; 이진경 옮김, 『카프카』, 동문선, 2001〕

_____and F. Guattari 1980, *Capitalisme et schizophrénie 2: mille plateaux*, Paris: Minuit.〔trans. Brian Massumi, *A Thousand Plateaus: Capitalism and Schizophrenia 2*, University of Minnesota Press, 1987; 김재인 옮김, 『천 개의 고원』, 새물결, 2004〕

_____and F. Guattari 1991, *Qu'est-ce que la philosophie?*, Paris: Minuit.〔trans. Hugh Tomlinson and G. Burchill, *What is Philosophy?*, London: Verso, 1994; 이정임 외 옮김, 『철학이란 무엇인가』, 현대미학사, 1995〕

Derrida, Jacques 1962, *Introducction à Husserl, L'origine de la géometrie*, PUF.〔trans. John P. Leavey, *Edmund Husserl's Origin of Geometry: An Introduction*, Lincoln: University of Nebraska Press, 1989〕

_____1972a, *La Dissémination*, Paris:Seuil.〔trans. Barbara Johnson, *Dissemination*, Chicago: University of Chicago Press, 1981〕

_____1972b, *Marges de la philosophie*, Paris: Minuit.〔trans. Alan Bass, *Margins of Philosophy*, Chicago: University of Chicago Press, 1982〕

_____1980, "Le facteur de la vérité", *La Carte postale: De Socrate à Freud et au-delà*, Paris: Flammarion.〔trans. Alan Bass, "The Purveyor of Truth", *The Purloined Poe*, eds. John P. Muller and William J. Richardson, Baltimore and London: The Johns Hopkins University Press, 1988, pp. 173~212〕

_____1988, *Limited Inc*, Evanston: Northwestern University Press.

_____1993, *Raising the Tone of Philosophy: Late Essays by Immanuel Kant: Transformative Critique by Jacques Derrida*, ed. Peter Fenves, Baltimore, MA:

Johns Hopkins University Press.

Essick, Robert N. 1980, *William Blake, Printmaker*, Princeton, NJ: Princeton University Press.

Flaxman, Gregory(ed.) 2000, *The Brain is a Screen: Deleuze and the Philosophy of Cinema*, Minneapolis: University of Minnesota Press, 2000.〔박성수 옮김, 『뇌는 스크린이다』, 이소, 2002〕

Foucault, Michel 1966, *Les mots et les choses: une archéologie des sciences humaines*, Paris: Gallimard.〔*The Order of Things: An Archaeology of the Human Sciences*, London: Tavistock, 1970; 이광래 옮김, 『말과 사물』, 민음사, 1986〕

Genosko, Gary 2002, *Félix Guattari: An Aberrant Introduction*, London: Continuum.

Goldman, Jane 2003, *Modernism*, London: Palgrave.

Goodchild, Philip 1996, *Deleuze and Guattari: An Introduction to the Politics of Desire*, London: Sage.

Goux, Jean-Joseph 1973, *Freud, Marx: Economie et symbolique*, Paris: Seuil.〔trans. Jennifer Curtiss Gage, *Symbolic Economies: After Marx and Freud*, Ithaca, NY: Cornell University Press, 1990〕

Greer, Germaine 1970, *The Female Eunuch*, London: MacGibbon and Kee.

Grosz, Elizabeth 1994, *Volatile Bodies: Toward a Corporeal Feminism*, Sydney: Allen & Unwin.〔임옥희 옮김, 『뫼비우스 띠로서의 몸』, 여이연, 2001〕

_____2004, *In the Nick of Time*, Sydney: Allen & Unwin.

Habermas, Jürgen 1985, *Der Philosophische Diskurs der Moderne: Zwölf Vorlesungen*, Frankfurt: Suhrkamp Verlag.〔trans. Frederick Lawrence, *Philosophical Discourse of Modernity: Twelve Lectures by Habermas*, Cambridge: Polity, 1987〕

Hardt, Michael 1993, *Gilles Deleuze: An Apprenticeship in Philosophy*, London: UCL Press.〔김상운·양창렬 옮김, 『들뢰즈 사상의 진화』, 갈무리, 2004〕

_____& Antonio Negri 2000, *Empire*, Cambridge, MA: Harvard University Press.〔윤수종 옮김, 『제국』, 이학사, 2002〕

Hassan, Ihab 1987, *The Postmodern Turn: Essays in Postmodern Theory and Culture*, Columbus: Ohio State University Press.

Heidegger, Martin 1927, *Sein und Zeit*, Halle: Max Niemeyer, 1927.〔trans. Joan Stambaugh, *Being and Time*, Alvany, NY: State University of New York Press, 1996;

이기상 옮김, 『존재와 시간』, 까치글방, 1998]

_____1935, *Die Frage nach dem Ding*.[trans. W. B. Barton and Vera Deutsch, *What is a Thing?*, Lanham: University Press of America]

_____1971, *Poetry, Language, Thought*, trans. Albert Hofstadter, New York: Harper Colophon.

_____1977, *The Question Concerning Technology, and Other Essays*, trans. William Lovitt, New York: Harper and Row.

Holland, Eugene W. 1999, *Deleuze and Guattari's Anti-Oedipus: An Introduction to Schizoanalysis*, London: Routledge.

Husserl, Edmund 1936, "Die Krisis der europäischen Wissenschaften und die transzendentale Phänomenologie: Eine Einleitung in die phänomenologische Philosophie", *Philosophia*, Belgrad, pp.77~176.[trans. David Carr, *The Crisis of European Sciences and Transcendental Phenomenology: An Introduction to Phenomenological Philosophy*, Evanston: Northwestern University Press, 1970: 이종훈 옮김, 『유럽학문의 위기와 선험적 현상학』, 한길사, 1997]

Hutcheon, Linda 1988, *A Poetics of Postmodernism: History, Theory, Fiction*, London: Routledge.

Irigaray, Luce 1974, *Speculum de l'autre femme*, Paris: Éditions de Minuit.[trans. Gillian C. Gill, *Speculum of the Other Woman*, Ithaca, NY: Cornell University Press, 1985]

Jameson, Fredric 1991, *Postmodernism, or the Cultural Logic of Late Capitalism*, London: Verso.

Kern, Stephen 1983, *The Culture of Time and Space: 1880~1918*, Cambridge, MA: Harvard University Press.

Korsgaard, Christine 1996, *Creating the Kingdom of Ends*, Cambridge, UK: Cambridge University Press.

Lacan, Jacques 1966, *Écrits*, Paris: Seuil.[trans. Alan Sheridan, *Écrits*, London: Norton, 1977]

Lambert, Gregg 2002, *The Non-Philosophy of Gilles Deleuze*, London: Continuum.

Lucy, Niall 1995, *Debating Derrida*, Melbourne: Melbourne University Press.

_____1997, *Postmodern Literary Theory*, Oxford: Blackwell.

Massumi, Brian 1996, "The Autonomy of Affect" in *Observing Complexity: Systems Theory and Postmodernism*, eds. Dans William Rasch and Cary Wolfe,

Minneapolis: University of Minnesota Press, 2000, pp. 273~97.

Moran, Dermot 2000, *Introduction to Phenomenology*, London: Routledge.

Nietzsche, Friedrich 1873~1876, *Unzeitgemäße Betrachtungen*.[trans. Richard J. Hollingdale, *Untimely Meditations*, Cambridge, UK: Cambridge University Press, 1997; 이진우 옮김, 『비극의 탄생·반시대적 고찰』, 책세상, 2005]

_____1887, *Zur Genealogie der Moral*.[trans. C. Diethe, *On the Genealogy of Morality*, Cambridge, UK: Cambridge University Press, 1994; 김정현 옮김, 『선악의 저편·도덕의 계보』, 책세상, 2002]

Norris, Christopher 2002, *Deconstruction: Theory and Practice*, 3rd edn, London: Routledge.[이기우 옮김, 『해체 비평: 디컨스트럭션의 이론과 실천』, 한국문화사, 1996]

Patton, Paul 2000, *Deleuze and the Political*, London: Routledge.[백민정 옮김, 『들뢰즈와 정치』, 태학사, 2005]

Pessoa, L., E. Thomson and Alva Noe, 1998, "Finding Out about Filling In: A Guide to Perceptual Completion for Visual Science and the Philosophy of Perception", *Behavioural and Brain Sciences*, 21, pp.723~48.

Protevi, John 2001, *Political Physics: Deleuze, Derrida, and the Body Politic*, New Brunswick, NJ: Athlone Press.

Rodowick, David 1997, *Gilles Deleuze's Time Machine*, Durham, NC: Duke University Press.[김지훈 옮김, 『질 들뢰즈의 시간기계』, 그린비, 2005]

Sim, Stuart 1992, *Beyond Aesthetics: Confrontations with Poststructuralism and Postmodernism*, Toronto: University of Toronto Press.

Stivale, Charles J. 1998, *The Two-fold Thought of Deleuze and Guattari: Intersections and Animations*, New York: Guilford Press.

Urmson, J. O. 1990, *The Greek Philosophical Vocabulary*, London: Duckworth.

Williams, James 2003, *Gilles Deleuze's Difference and Repetition: A Critical Introduction and Guide*, Edinburgh: Edinburgh University Press.

Wittig, Monique 1992, *The Straight Mind and Other Essays*, Louise Turcotte (Foreword), Boston: Beacon Press.

Žižek, Slavoj(ed.) 1992, *Everything You Wanted to Know About Lacan: (But were Afraid to Ask Hitchcock)*, London: Verso.[김소연 옮김, 『항상 라캉에 대해 알고 싶었지만 감히 히치콕에게 물어보지 못한 모든 것』, 새물결, 2001]

_____2004, *Organs Without Bodies: Deleuze and Consequences*, London: Routledge.

찾아보기